Via Flaminia
Porta Flaminia
Horti Domitiorum
Via Salaria vetus
Via Salaria
Porta Salaria
Via Nomentana
Porta Pinciana
Tiberis
Horti Aciliorum
Mons Pincius
Templum Veneris Erycinae
Porta Nomentana
Porta Praetoria
Horti Sallustrani
Castra Praetoria
Naumachia Hadriani
Mausoleum Augusti
Horti Lucculliani
Porta Collina
Horti Domitiae
Forum Suarium
Murus Servii Tullii
Porta Principalis sinistra
Mausoleum Hadriani
Horologium Augusti
Castra Urbana
Collis Quirinalis
Thermae Diocletiani
Porta Decumana
Ara Pacis
Pons Neronianus
Pons Aelius
Alta Semita
Porta Vilminalis
Campus Martius
Columna Marci Aurelii
Horti Lolliani
Arcus Gratiani
Murus Aureliani
Arcus Claudius
Porta Salutaris
Vicus longus
Collis Viminalis
Thermae Neronianae
Stadium Domitiani
Vicus Patricius
Pantheon
Via lata
Arcus Diocletiani
Thermae Constantini
Vicus Viminalis
Mons Cispius
Porta Tiburtina
Saepta Iulia
Macellum Liviae
Odeum Domitiani
Thermae Agrippae
Via tecta
Via Septimania
Porta Sanqualis
Templum Iunonis Lucinae
Porta Esquilina
Horti
Via Tiburtina
Theatrum Pompeii
Circus Flaminius
Subura
Tiberis
Kaiser-
Clivus Suburanus
Maecenatis
Porticus Philippi
Porticus Liviae
Mons Esquilinus
Porticus Octaviae
Mons Capitolinus
fora
Argiletum
Via Labicana
Pons Agrippae
Theatrum Balbi
Horti Septimiana
Porta Septimiana
Thermae Titi
Thermae Traiani
Templum Minervae Medicae
Horti Torquatiani
Theatrum Marcelli
Pons Aurelius
Iseum
Getae
Pons Fabricius
Velabrum
Kaiser-
Colosseum
Via Aurelia
Pons Cestius
Ludus Magnus
Arcus Constantini
Castra priora
Forum Boarium
Pagus
Pons Aemilius
Mons Palatinus
Templum Divi Claudii
paläste
Ianiculensis
Mons Caelius
Templum Herculis Victoris
Circus Maximus
Castra nova
Murus Aureliani
Naumachia Augusti?
Clivus Scauri
Septizonium
Praedia Lateranorum
Pons Probi
Porta Querquetulana
Thermae Suranae
Armilustrium
Porta Capena
Macellum
Templum Honoris
Lucus Furrinae
Mons Aventinus
Via Nova
Thermae Decianae
Porta Metrovia
Lucus Stimulae
Via Appia
Emporium
Porticus Aemilia
Porta Portuensis
Porta Raudusculana
Porta Lavernalis
Thermae Caracallae
Horti Caesaris
Horrea Galbiana
Murus Servii Tullii
Via Ardeatina
Porta Ostiensis
Mons Testaceus
Sepulcrum Cestii
Templum Fortis Fortunae
Murus Aureliani
Portuensis
Porta Ardeatina

# Agite 2

Ausgabe A

Herausgegeben von: Jörgen Vogel
Benedikt van Vugt

Erarbeitet von: Barbara Beier
Thomas Dold
Sven Lorenz
Christoph Sauer
Werner Scheibmayr
Karina Scholz
Jörgen Vogel
Benedikt van Vugt

Schöningh

Schöningh Verlag, Jühenplatz 1–3, 33098 Paderborn



Druck 5 4 3 2 1 / Jahr 2017 16 15 14 13
Die letzte Zahl bezeichnet das Jahr dieses Druckes.

Umschlaggestaltung: Nora Krull, Bielefeld
Umschlagabbildung: © Hajo Dietz (U1), akg/Bildarchiv Steffens (U4)
Illustrationen: Maja Wagner, Münster
Druck und Bindung: westermann druck GmbH, Braunschweig

ISBN 978-3-14-010422-7

# Inhaltsverzeichnis


| | | |
|---|---|---|
| | Vorwort 6 | Grammatik und Vokabeln 118 |

## Mythen Europas 8

| Lektion | Thema | Grammatik |
|---|---|---|
| 26 | Der Mythos von Europa 10<br>L: Europa – Die Entführung einer Königstochter | F: ferre und Komposita 119 |
| 27 | Der Mythos von Ödipus 14<br>L: Niemand kann seinem Schicksal entkommen | F: Verben (a-, e-, i-, konsonantische Konjugation; esse): Konj. Imperfekt 121<br>S: Irrealis der Gegenwart (Konditionalsätze) |
| 28 | Orpheus und Eurydike 18<br>L: Gibt es eine Rückkehr aus der Unterwelt? | F: Verben (a-, e-, i-, konsonantische Konjugation; esse): Konj. Plusquamperfekt 123<br>S: Irrealis der Vergangenheit (Konditionalsätze) |
| 29 | Der Trojanische Krieg 22<br>L: Das hölzerne Pferd | F: e-Deklination 125<br>S: dativus commodi, dativus finalis |
| 30 | Vergils Aeneis 26<br>L: Die Flucht des Aeneas aus Troja als göttlicher Auftrag | F: Verben (a-, e-, i-, konsonantische Konjugation; esse): Konjunktiv Präsens 127<br>S: Abhängige Begehrsätze (mit verba timendi); consecutio temporum (I) |
| 26–30 | Plateaulektion: Aeneas in der Unterwelt 30 | Methodenkompetenz (8): Die Bildung der Formen im Konjunktiv<br>Methodenkompetenz (9): Konjunktiv: Funktionen und Übersetzung (I) |

## Die römische Republik im Wandel 34

| Lektion | Thema | Grammatik |
|---|---|---|
| 31 | Die römische Adelsgesellschaft und ihre Bräuche 36<br>L: Die Masken der Verstorbenen | F: Demonstrativpronomina: hic; ille 131<br>S: Doppelter Akkusativ |
| 32 | Die Ämterlaufbahn der römischen Republik<br>L: Marius – ein homo novus 40 | F: u-Dekl. 134<br>S: ablativus qualitatis |
| 33 | Soziale Probleme und innenpolitische Kämpfe in Rom 44<br>L: Tod eines Bandenführers | F: Verben (a-, e-, i-, konsonantische Konjugation; esse): Konjunktiv Perfekt 137<br>S: cum-Sätze: Temporal-, Kausalsätze; consecutio temporum (II) |

| Lektion | Thema | Grammatik |
|---|---|---|
| 34 | Caesar und Pompeius – Verbündete werden Feinde 48<br>L: „Iacta alea est!“ | F: Interrogativpronomina (substantivisch, adjektivisch) 140<br>S: Fragesätze (Satzfragen, Wortfragen) |
| 35 | Das Ende der res publica – Wollte Caesar König werden? 53<br>L: Die Iden des März | S: indirekter Fragesatz 143 |
| 31–35 | Plateaulektion: Aufruf zum Umsturz 58 | Methodenkompetenz (10): Texte analysieren<br>Methodenkompetenz (11): Konjunktiv: Funktionen und Übersetzung (II) |

## Aus der römischen Kaiserzeit 62

| Lektion | Thema | Grammatik |
|---|---|---|
| 36 | Die Herrschaft des Augustus 64<br>L: Die Einweihung der Ara Pacis | F: Verben (a-, e-, i-, konsonantische Konjugation): Passiv im Präsensstamm (Indikativ) 145<br>S: Genera verbi (Diathesen); doppelter Nominativ |
| 37 | Der Dichter Ovid 68<br>L: Ovid – Verbannung fern der Heimat | F: Verben (a-, e-, i-, konsonantische Konjugation): Passiv im Perfektstamm (Indikativ) 148 |
| 38 | Antike Fabeln 72<br>L: Die Dreistigkeit des Stärkeren | F: Pronomina: iste; ipse; Grund- und Ordnungszahlen 153 |
| 39 | Der Brand Roms: Kaiser Nero und die Christen 76<br>L: Wer hat Rom in Brand gesteckt? | F: Partizip Perfekt Passiv 158<br>S: Participium coniunctum |
| 40 | Konstantin der Große 80<br>L: „Hoc signo vinces!“ | Final- und Konsekutivsätze 162<br>Passiv im Präsens- und Perfektstamm (Konjunktiv) |
| 36–40 | Plateaulektion: Wie soll ich mit den Christen verfahren? 84 | Methodenkompetenz (12): Stammformen lernen mit Verstand<br>Methodenkompetenz (13): Konjunktivische Gliedsätze unterscheiden |

## Die Ausdehnung des Imperium Romanum 88

| Lektion | Thema | Grammatik |
|---|---|---|
| 41 | Caesar in Gallien 90<br>L: Caesars Truppen in schwerer Bedrängnis | F: Partizip Präsens Aktiv 167<br>S: Participium coniunctum |
| 42 | Eine bittere Niederlage in Germanien 95<br>L: „Vare, legiones redde!“ | F: Adverb 171<br>S: Adjektive und Substantive als Prädikativum |

| Lektion | Thema | Grammatik |
|---|---|---|
| 43 | **Der Rückzug der Römer aus Germanien** **99**<br>**L: Zwei feindliche Brüder** | S: Der Ablativus absolutus (PPP) **174** |
| 44 | **Römer und Germanen im Grenzgebiet** **104**<br>**L: Besonnenheit in unruhigen Zeiten** | S: Der Ablativus absolutus (PPA); **176**<br>nominaler Ablativus absolutus |
| 45 | **Die Römer in Britannien** **109**<br>**L: „Gierige Römer – unersättliche Eroberer!"** | F: Adjektive der 3. Deklination: **178**<br>dives, vetus, pauper<br>S: genitivus subiectivus und obiectivus; genitivus qualitatis |
| 41–45 | **Plateaulektion: Erinnerungen an die Kindheit in Cambodunum** **113** | Methodenkompetenz (14): Ein Participium coniunctum im Kontext auflösen<br>Methodenkompetenz (15): Einen Ablativus absolutus im Kontext auflösen |

**Grammatik und Vokabeln** **118**

**Formenlehre** **181**

**Anhang**

- Grammatisches Register **200**
- Eigennamenverzeichnis **203**
- Vokabelverzeichnis Latein – Deutsch **215**

Bildquellenverzeichnis **247**

# Vorwort

Liebe Schülerin, lieber Schüler,

mit dem Lehrwerk „Agite" lernst du die lateinische Sprache. Dabei machst du dich nicht nur mit der Grammatik und den Vokabeln vertraut, sondern erfährst auch vom Leben der Römer in der Antike.

Der zweite Band von „Agite" beginnt mit einer Sequenz zu Mythen Europas. Hier erfährst du von Sagen aus der griechisch-römischen Antike, die seit weit mehr als zweitausend Jahren zu unserem kulturellen Erbe zählen. Die folgenden Sequenzen führen dich wieder zurück nach Rom. Du lernst die Bräuche und Werte der vornehmen römischen Adelsfamilien kennen, du erlebst, wie die römische Republik im ersten Jahrhundert vor Christus in eine schwere Krise gerät. Du hörst von Cäsar und Augustus, dessen Herrschaft zu Beginn des ersten Jahrhunderts nach Christus eine kulturelle Blütezeit für die Stadt Rom ist. Anhand der Kaiser Nero und Konstantin erfährst du, wie die Römer mit den Anhängern einer neuen Religion in ihrem Reich, den Christen, umgegangen sind. In den beiden genannten Jahrhunderten wächst das Imperium Romanum weit über die Grenzen Italiens hinaus. Dadurch wird der Grundstock dafür gelegt, dass sich die römische Kultur auch in den Gegenden, die weit von Rom entfernt sind, nachhaltig durchsetzt. Von einigen Begegnungen der fremden Völker mit den Römern, die teilweise auch ganz in der Nähe deines Wohnortes stattgefunden haben, handelt die letzte Sequenz in diesem Band.

Der Aufbau des zweiten Bandes entspricht dem ersten; die Orientierung wird dir daher leichtfallen: Jede Lektion umfasst vier Seiten. Sie beginnt mit einer Sachinformation, die das Thema dieser Lektion erläutert. Dann folgt der Grammatik-Teil (G), der keine neuen Vokabeln enthält, sondern dir den neuen grammatischen Stoff vermittelt. In „ersten Übungen" kannst du die neue Grammatik schon üben. In dem anschließenden Wortschatz-Teil (W) werden einige neue Vokabeln eingeführt, aber keine neue Grammatik. Zentraler Bestandteil jeder Lektion ist das lateinische Lesestück.

S • T • K • M

Die Übungen umfassen alle vier Kompetenzbereiche: Sprachkompetenz (S), Textkompetenz (T), Kulturkompetenz (K) und Methodenkompetenz (M). Die einzelnen Übungen sind diesen Kompetenzen jeweils zugeordnet; dies ist durch die Hervorhebung der jeweiligen Sigle kenntlich gemacht.

1

Alle Übungen sind ein Angebot, aus dem deine Lehrerin oder dein Lehrer entsprechend auswählen kann. Mit einer weiß unterlegten Zahl werden darüber hinaus in jeder Lektion die Übungen gekennzeichnet, die als zusätzliches Angebot dienen. Diese Übungen muss man nicht bearbeiten, kann sie aber je nach Zeit und den Erfordernissen in der Klasse individuell einsetzen.

Fünf Lektionen sind immer zu einer Sequenz zusammengefasst. Am Anfang einer jeden Sequenz führt eine Doppelseite in das Thema ein. Abgeschlossen werden die Sequenzen durch sogenannte Plateaulektionen, die aus vier Teilen bestehen:

- aus der Zusammenfassung des Grundwissens,
- aus dem lateinischen Lesestück, in dem schwerpunktmäßig die Grammatik der letzten fünf Lektionen wiederholt wird,
- aus praktischen Lernhilfen und
- aus Übungen, mit denen du deine Fortschritte selbst überprüfen kannst.

Die Plateaulektionen enthalten keinen neuen grammatischen Stoff und keine neuen Vokabeln. Sie sind daher fakultativ und können je nach Bedarf zum gezielten Wiederholen eingesetzt werden.

Ab Seite 118 findest du zu jeder Lektion die Grammatik mit ihren Erklärungen und den Wortschatz. Die Prinzipien, nach denen die Lernvokabeln aufgelistet sind und wichtige Hinweise zur Wiederholung der Stammformen ab der Lektion 37 findest du ebenfalls auf der Seite 118.

Am Ende des Buches befinden sich ein Register grammatischer Begriffe, ein Eigennamenverzeichnis und ein Verzeichnis aller Vokabeln.

Wir wünschen dir viel Freude und Erfolg bei der Arbeit mit diesem Buch. Und nun geht frisch ans Werk, oder lateinisch ausgedrückt: Agite!

Die Herausgeber

# Lektion 26 – 30

# Mythen Europas

Europa und der Stier, römisches Mosaik aus Sparta, 4. Jh. n. Chr.

Mythen sind mündlich überlieferte Erzählungen von Göttern, Halbgöttern und berühmten Helden. Die Darstellungen von sagenhaften Abenteuern oder übermenschlichen Leistungen sind oft anschauliche Erklärungsversuche zu Fragen, welche die Menschen seit frühester Zeit beschäftigt haben. Sie lauten etwa: Wie ist die Welt entstanden? Wer lenkt das Schicksal der Menschen? Wie ist es gelungen, die Natur zu unterwerfen und ein zivilisiertes Zusammenleben zu erreichen?

Orpheus umgeben von wilden Tieren, die seinem Gesang lauschen, römisches Mosaik (Palermo, Archäologisches Museum)

Gerade die Mythen der Griechen sind von großer Bedeutung für die gemeinsame europäische Kultur. Sie wurden von den Römern übernommen, teilweise umgestaltet, teilweise weiterentwickelt und dann bis in unsere Zeit überliefert, sodass sie bis heute lebendig geblieben sind. In den folgenden Lektionen lernst du einige Mythen der Griechen und Römer kennen, die bis heute zum festen Bestandteil der europäischen Kultur gehören.

Odysseus und das hölzerne Pferd, Vorratsgefäß von der Insel Mykonos mit der ältesten Darstellung des hölzernen Pferdes, etwa 670 v. Chr.

- Informiere dich im Lexikon oder im Internet: Auf welchen Mythos gehen die Wendungen von der Sisyphusarbeit, von den Tantalusqualen, vom Damoklesschwert und vom Danaergeschenk zurück?

Aeneas rettet seinen Vater Anchises aus dem brennenden Troja, von einer schwarzfigurigen Bauchhenkelamphora, attisch, um 500 v. Chr. (Antikenmuseum Basel)

# Lektion 26

## Der Mythos von Europa

Der Mythos vom Raub der Europa gehört zu den ältesten Erzählungen des Abendlandes. Er wird schon im 8. Jahrhundert v. Chr. im Epos „Ilias“ des griechischen Dichters Homer erwähnt. Der Mythos erzählt, dass Zeus (Iuppiter) sich in eine junge Königstochter aus Phönizien (im heutigen Libanon und Syrien) verliebt hat und sie dann in Gestalt eines Stieres über das Mittelmeer auf die Insel Kreta entführt hat.

Diese Erzählung berichtet zunächst nur von einem der vielen Liebesabenteuer des Göttervaters Zeus. Andererseits aber konnte der Mythos von Europa und ihren Verwandten den Menschen in der Antike auch erklären, wie der Mittelmeerraum im Laufe der Zeit besiedelt wurde und warum die verschiedenen Herrscherfamilien in den jeweiligen Ländern zum Teil miteinander verwandt waren: So begründete ein Sohn der Europa, Minos, auf der Insel Kreta eine große Seeherrschaft und eine hohe Kultur, die nach ihm „minoisch“ benannt ist. Ein anderer Sohn der Europa, Sarpedon, wanderte nach Lykien in Kleinasien aus und wurde dort König. Der Vater Europas, der König Agenor, schickte seine Söhne, die Brüder der Europa, im ganzen Mittelmeerraum aus, mit dem Auftrag, ihre Schwester zu suchen. Dabei reisten sie durch die gesamte damals bekannte griechische Welt und gründeten unterwegs zahlreiche Städte, z. B. auf der Insel Rhodos, in Thrakien und in Böotien.

Die Figur des jungen Mädchens Europa, das von einem Stier über das Meer in eine neue Heimat getragen wird, ist bis heute das bekannteste Symbol für unseren Kontinent geblieben.

Europa auf dem Stier, Fresko in Pompeji, 1. Jh. v. Chr.

Moderne griechische Zwei-Euro-Münze

## Das Verbum ferre

G

Catō Rōmānōs mōnet:
„Carneadēs philosophus sapientiam Graecōrum Rōmam trāns-fert. Graecī, quōs bellō vīcimus, mōrēs suōs in urbem nostram īn-ferunt. Quis id ferre potest?
Iam temporibus antīquīs Graecī in Magnā Graeciā urbēs condidērunt et mōrēs suōs in Italiam intulērunt.
Nunc iuvenēs Rōmānī, quī labōrēs bellī semper ferēbant, verba philosophōrum audīre malunt. Sī sententiīs philosophōrum studuerint, labōrēs bellī nōn iam ferent."

# Erste Übungen

**1** apportāre et afferre: Ordne den Formen von apportāre die entsprechenden Formen von afferre zu und übersetze sie dann in deinem Heft:

| | | | | |
|---|---|---|---|---|
| 1. apportō | 2. apportābas | 3. apportābit | 4. apportāvimus | 5. apportāverātis |
| a) afferet | b) attulerātis | c) attulimus | d) afferēbās | e) afferō |

S • T • K • M
Konjugationen beherrschen

**2** Hin und weg! Ersetze die Formen von afferre jeweils durch die entsprechende Form von auferre und übersetze beide Formen:

afferō – afferēbat – afferent – attulimus – attulisse – attulerātis – attuleris

**3** Komposita mit Köpfchen! Ordne ferre und sein Präfix der entsprechenden deutschen Bedeutung zu:

S • T • K • M
Elemente der Wortbildungslehre nutzen

1. re-
2. au- (< ab-)
3. in-
4. trāns-
5. af- (< ad-)

} ferre

a) hinüberbringen
b) herbeibringen
c) zurückbringen
d) hineinbringen
e) wegbringen

W

*Virgō taurō flōrēs offert.*

Taurus *virginem* ā *lītore aufert.*

Taurus *virginem* per mare *fert.*

# L Europa – Die Entführung einer Königstochter

Der aus Griechenland stammende Eutychus erzählt Nonia und Quintus die Sage von Europa:

Eutychus narrat: „Aliquandō Eurōpa, fīlia Agēnōris rēgis, cum amīcīs in lītore ludēbat. Subitō taurus pulcher appāret et virginibus appropinquat. Amīcae māgnō in timōre sunt, Eurōpa autem fōrmā taurī stupet et sentit eum placidum[1] esse. Itaque taurum adit et flōrēs eī offert. Dēnique etiam corpus taurī tangit, eum palpat[2], in taurō cōnsīdit.

Statim taurus surgit, cum virgine abit, marī appropinquat, fīliam rēgis in mare īnfert. Eurōpa autem clāmat: ‚Afferte mihi auxilium, amīcae! Taurus mē ad lītus nōn refert. Quō mē auferet?'“

Quīntus: „Quō taurus virginem miseram abstulit?“

Eutychus: „Taurus, ut Graecī ferunt, Eurōpam in Crētam īnsulam trānstulit, ubī virgō multōs annōs procul ā patriā vivēbat.“

Nōnia: „Quōmodo Eurōpa fortūnam miseram perferēbat?“

Eutychus: „Eurōpa valdē dolēbat sē nōn iam in patriam redīre posse.“

Nōnia: „Cūr nēmō Eurōpae auxilium attulit vel eam in patriam rettulit?“

Eutychus: „Nēmō Eurōpae auxilium afferre poterat, nam taurus Iuppiter erat, quī Eurōpam abīre nōn sīvit.“

Quīntus: „Cūr Iuppiter fōrmam suam mūtāvit?“

Eutychus: „Deus summus Eurōpam amābat, sed virginem māiestāte suā terrēre nōn voluit. Itaque sē in taurum pulchrum mūtāvit.“

[1] **placidus, a, um** sanft, friedfertig

[2] **palpāre** streicheln

Europa und der Stier, Nolanische Amphora, um 490 v. Chr. (Berlin, Staatliche Museen)

## Übungen

S • T • K • M
Textaussagen reflektieren

**1** Erläutere, wie Europa auf das Erscheinen des Stieres reagiert. Nenne dazu die entsprechenden Wörter im Text.

**2** Beschreibe die sprachliche Gestaltung des Satzes Z. 6 f. und bringe sie in Zusammenhang mit dem Inhalt des Satzes.

**3** Verwandle die Präsensformen von ferre der Reihe nach in die angegebenen Tempora:

Imperfekt → Futur I → Perfekt → Plusquamperfekt → Futur II

a) ferō b) offert c) auferunt d) refers e) trānsferimus

S • T • K • M
Konjugationen beherrschen

**4** Liebesschwüre: Was Jupiter zu Europa gesagt haben könnte, bekommst du heraus, wenn du von apportāre ausgehst und die entsprechenden Formen von afferre bildest. Trage in deinem Heft die angegebenen Buchstaben in die Lücken ein.

| | | | | | | | | | |
|---|---|---|---|---|---|---|---|---|---|
| V | E | ? | ? | ? | ? | ? | ? | ? | ? |
| | 1. | 2. | 3. | 4. | 5. | 6. | 7. | 8. | 9. |

Beispiel: 1. apportat → affert (4. Buchstabe)

2. apportant → (7. Buchstabe)
3. apportāvimus → (8. Buchstabe)
4. apportābas → (9. Buchstabe)
5. apportāmus → (7. Buchstabe)
6. apportābat → (6. Buchstabe)
7. apportābō → (6. Buchstabe)
8. apportābunt → (6. Buchstabe)
9. apportāvistis → (7. Buchstabe)

**5** Wähle die richtige Übersetzung:

S • T • K • M
Verwechselbare Formen unterscheiden

| | | |
|---|---|---|
| 1. offert | a) du bietest an | b) er bietet an |
| 2. auferunt | a) sie tragen herbei | b) sie tragen weg |
| 3. tulistī | a) ich habe getragen | b) du hast getragen |
| 4. rettulerāmus | a) wir haben zurückgebracht | b) wir hatten zurückgebracht |
| 5. pertulī | a) ich habe ertragen | b) ich habe vorgezogen |
| 6. ferte | a) ihr bringt | b) bringt |
| 7. fortis | a) tapfer | b) ihr tragt |

**6** Suche im Lexikon oder im Internet nach einem weiteren griechischen Mythos, in dem eine Frau entführt wird. Als Folge dieser Entführung kommt es zu einem großen Krieg. Trage das Ergebnis deiner Suche in deiner Klasse vor.

S • T • K • M
Verschiedene Quellen nutzen und Arbeitsergebnisse präsentieren

**7** Versuche, die Beschriftungen auf der griechischen Zwei-Euro-Münze (S. 10) zu entziffern. Überlege, warum die Griechen dieses Motiv für ihre Münze gewählt haben.

S • T • K • M
Fortleben antiker Sagen kennen

**8** Welches lateinische Wort liegt den folgenden Wörtern jeweils zugrunde? Erkläre ausgehend vom lateinischen Wort die heutige Bedeutung. Nimm auch ein Fremdwörterbuch zu Hilfe.

Offerte – sensibel – Tangente – Transfer – Form – Mutation – Referat

S • T • K • M
Fremdwörter erkennen und erklären

# Lektion 27

## Der Mythos von Ödipus

Der Mythos von Ödipus enthält alle Elemente einer klassischen Tragödie. Denn diese Geschichte veranschaulicht die antike Auffassung, dass kein Mensch seinem vorbestimmten Schicksal entkommen kann. Je mehr er sich bemüht, vor dem drohenden Unglück zu fliehen, umso mehr gerät er in die unausweichliche Katastrophe.

Laius, der König von Theben (Thēbae), war einst gewarnt worden: Wenn er mit seiner Frau Iokaste einen Sohn bekomme, werde dieser ihn später töten. Daher ließ Laius sofort nach der Geburt eines Sohnes dem Kind die Fußknöchel durchbohren und befahl, es im Kithairongebirge bei Theben auszusetzen. Aber ein Hirte (pāstor) fand den Säugling und übergab ihn Polybus, dem König von Korinth (Corinthus), der selbst kinderlos war. Polybus zog das Kind wie seinen eigenen Sohn auf und nannte ihn wegen seiner Fußverletzungen Ödipus („Schwellfuß").

Als Ödipus viele Jahre später im Streit mit einem Korinther vorgeworfen wurde, er sei gar nicht der leibliche Sohn des Königs, wollte er sich darüber Gewissheit beim Orakel von Delphi (ōrāculum Delphicum) verschaffen. Doch statt einer deutlichen Auskunft erhielt er die drohende Antwort, er werde seinen Vater töten und seine Mutter heiraten. Entsetzt beschloss Ödipus, nicht nach Korinth zu seinen vermeintlichen Eltern zurückzukehren, um so dem Unheil aus dem Weg zu gehen. An einer Kreuzung, die nach Theben führte, traf er aber einen alten Mann (senex), mit dessen Dienern Ödipus in Streit geriet. Voller Zorn tötete er die Diener und den Alten, ohne zu wissen, dass dieser sein leiblicher Vater Laius war und er damit schon den ersten Teil der Prophezeiung erfüllt hatte!

Als Ödipus in Theben ankam, wurde die Stadt gerade von der Sphinx belagert. Dieses Ungeheuer fraß alle Einwohner der Stadt, die ihr Rätsel nicht lösen konnten. Ödipus jedoch gelang es leicht, die Frage der Sphinx zu beantworten, und so rettete er die Stadt. Zum Dank erlaubten ihm die Thebaner, die Königin Iokaste zur Frau zu nehmen. So erfüllte sich auch der zweite Teil des Orakels an Ödipus.

Ödipus löst das Rätsel der Sphinx, rotfigurige Kylix des sog. Oedipus-Malers, um 470 v. Chr. (Rom, Vatikanische Museen)

## Der Konjunktiv Imperfekt/Der Irrealis der Gegenwart

G

Eurōpa in lītore taurum pulchrum videt. Amīcīs dīcit:
„Fōrmā taurī stupeō. Sī taurō flōrēs obtulerō, corpus eius tangere poterō. Sī corpus eius tetigerō, in taurō cōnsīdere poterō."
Amīcae autem Eurōpam monent: „Sī taurō appropinquāveris, multa perīcula tibi īnstābunt: Nam sī taurō flōrēs offerrēs, taurum lacesserēs. Taurus, sī in eō cōnsīderēs, in mare tē auferret. Sī autem in marī essēs, nēmō tibi adesse posset."

# Erste Übungen

**1** Vergleiche: laudāre → laudārem; timēre → timērem; audīre → audīrem; agere → agerem; capere → caperem.
Nenne die Bestandteile, aus denen der Konjunktiv Imperfekt gebildet ist.
Erkläre, inwiefern der Infinitiv für die Bildung der neuen Form hilfreich ist.

S • T • K • M
Grundelemente lateinischer Formen benennen

**2** Bilde die entsprechende Form im Konjunktiv:
dolēbat – mūtābam – sentiēbās – abībant – cōnsīdebātis – tangebāmus – afferēbat – erant

S • T • K • M
Konjugationen beherrschen

**3** Formenstaffel. Bilde die entsprechenden Verbformen:

parō → 1. Plural → Futur I → 3. Singular → Perfekt → 3. Plural → Futur II → 2. Singular → Imperfekt → Konjunktiv → 2. Plural → Indikativ → 1. Singular → Präsens

sunt → 2. Plural → Futur I → 1. Singular → Imperfekt → 3. Singular → Konjunktiv → 1. Plural → Indikativ → Perfekt → 2. Singular → Futur II → 1. Singular → Präsens → 3. Plural

W

Iocasta, uxor rēgis Thēbārum, fīlium *parit*. Sed Lāius rēx eum in montibus *expōnit*. *Cāsū pāstor* Polybī, rēgis Corinthī, fīlium *invenit*. *Pāstor* puerum servat et Polybō rēgī fert. Quī *cōnstituit* puerum ut fīlium suum *alere*.

# L Niemand kann seinem Schicksal entkommen

Ōlim Lāius, rēx Thēbārum, ōrāculum mīrum accēperat: „Sī Iocasta, uxor tua, fīlium pepererit, is puer aliquandō tē occīdet." Itaque Lāius, postquam Iocasta puerum peperit, servum fīdum arcessīvit et: „Sī fīlium alerem", inquit, „mihi mortem offerret. Itaque iubeō tē īnfantem[1] in montibus expōnere." Quī fēcit, quod rēx iusserat.

Cāsū autem pāstor Polybī, rēgis Corinthī, īnfantem[1] in montibus invēnit et sēcum cōgitāvit: „Nisī puerum miserum servārem, certē īram deōrum excitārem! Īnfāns[1] perīret, nisī eī adessem." Itaque puerum ad Polybum rēgem tulit. Quī eum Oedipum[2] nomināvit et ut fīlium suum alēbat.

Ödipus wuchs bei König Polybus zu einem jungen Mann heran, der bald alle Gleichaltrigen an Kraft und Intelligenz übertraf. Dies rief den Neid einiger junger Männer hervor. Eines Tages geriet ein Korinther mit ihm in Streit und machte sich dabei über dessen Herkunft lustig:

„Tū, quī putās tē omnēs adulēscentēs vīribus corporis et animī superāre, nōn fīlius rēgis, sed pāstōris es. Nam sī fīlius rēgis essēs, tibi etiam mōrēs rēgis essent."

Oedipus, postquam ea verba audīvit, cōnsilium cēpit ōrāculum Delphicum adīre et Apollinem deum cōnsulere. Ibi sacerdōs eī respondit: „Sī in patriam redieris, patrem occīdēs, mātrem uxōrem dūcēs." Tum Oedipus dīxit: „Sī Corinthum redīrem, parentibus māgnam calamitātem īnferrem" et cōnstituit Thēbās iter facere.

Sed in itinere senex cum servīs eī occurrit. Quī adulēscentem iussērunt senī viam dare[3]. Oedipus autem, quī nescīvit senem Lāium patrem esse, īrātus eum et servōs eius occīdit.

[1] **īnfāns, īnfantis m.** der Säugling, das Kleinkind

[2] **Oedipus** „Schwellfuß". Der Sklave des Laius hatte dem Kind die Knöchel an den Füßen durchbohrt, um zu verhindern, dass es weglief.

[3] **viam dare** (jemandem) den Weg frei machen

Ödipus tötet seinen Vater Laios, Römischer Sarkophagdeckel, 3. Jhd. n.Chr. (Rom, Katakomben an der Via Latina)

# Übungen

**1** Schreibe aus dem Lesestück alle Konditionalsätze heraus und ordne sie nach Realis und Irrealis.

S • T • K • M
Lateinische Modi analysieren

**2** Erkläre aus dem Lesestück (Z. 17–27), warum man das Schicksal des Ödipus als tragisch bezeichnen kann.

S • T • K • M
Textaussagen reflektieren

**3** Bilde die entsprechenden Formen im Indikativ und Konjunktiv Imperfekt:

arcessit – alunt – sum – nominātis – nescīs – fers – sumus – studet – facitis

S • T • K • M
Konjugationen beherrschen

**4** Falsche Zwillinge! Nur jeweils eine Form ist eine Verbform im Konjunktiv Imperfekt, die andere ist ein Substantiv. Bestimme alle Formen genau:

| | | |
|---|---|---|
| clāmārem – clāmōrem | dolōrēs – dolērēs | regerem – rēgem |
| cōnsulem – cōnsulerem | imperārem – imperātōrem | salūtem – salūtārem |
| dūcerem – dūcem | labōrem – labōrārem | timērem – timōrem |

S • T • K • M
Verwechselbare Formen unterscheiden

**5** Vorsicht Falle! Ordne die folgenden Formen den richtigen Infinitiven zu und bestimme sie genau:

parant – pārent – parient – pariunt – parārent – pārērent – parerent – parat – pāret – parāret – pareret – pariet – pārēret

**6** Was wäre, wenn ...? Nachdem Ödipus das verhängnisvolle Orakel erhalten hat, überlegt er, was passieren würde. Ergänze die jeweils passenden Verben und übersetze:

S • T • K • M
Verbformen im Kontext einsetzen und übersetzen

adīrem – dūcerem – essent – facerem – īnferrem – excitārem – neglegerem – occīderem – redīrem – servārem – viverem

a) Sī verba sacerdōtis ?, īram deī ?.
b) Sī in patriam ?, parentēs meī in māgnō perīculō ?.
c) Sī autem Thēbās iter ?, calamitātem mihi nōn ?.
d) Sī parentēs meōs nōn ?, patrem nōn ?, mātrem uxōrem nōn ?.
e) Sī multōs annōs procul a patriā ?, mē parentēsque ?.

**7** Informiere dich in einem Lexikon oder im Internet: Welches Rätsel hat die Sphinx den Thebanern gestellt und wie hat Ödipus es gelöst? Wie geht der Mythos von Ödipus weiter, nachdem er König von Theben geworden ist?

S • T • K • M
Berühmte Persönlichkeiten der antiken Mythen kennen

# Lektion 28

## Orpheus und Eurydike

Orpheus, der Sohn des thrakischen Königs Oiagros und der Muse Kalliope, galt in der Antike als der berühmteste Sänger. Man erzählte, dass er das Spiel mit der Lyra und der Kithara bei dem Gott Apollo gelernt hatte und diese Kunst so gut beherrschte, dass sich ihm sogar wilde Tiere friedlich näherten, um ihm zuzuhören. Selbst Bäume und Steine sollen von seinem Gesang (carmen) angelockt worden sein.
Am bekanntesten ist der Mythos des Sängers Orpheus und der Nymphe Eurydike. Kurz nach ihrer Hochzeit mit Orpheus wurde Eurydike von dem Hirten Aristaeus verfolgt, der sich ebenfalls in die Nymphe verliebt hatte. Auf ihrer Flucht trat sie auf eine Schlange, wurde von ihr tödlich gebissen und starb durch das Gift. Orpheus war über den Verlust seiner frisch vermählten Ehefrau untröstlich und beschloss daher, in die Unterwelt hinabzusteigen. Dort wollte er Eurydike mithilfe seiner Sangeskunst in die Welt der Lebenden zurückholen. Für diesen Wunsch wagte Orpheus etwas, was außer ihm nur ein Held wie Herakles geschafft hatte: den Eintritt in das Totenreich. Unerschrocken trat der Sänger vor Pluto, den König der Unterwelt, und dessen Gattin Proserpina.
Der Mythos von Orpheus und Eurydike spiegelt auch die uralte Sehnsucht der Menschen wider, den Tod eines geliebten Menschen rückgängig machen zu können. Der Ausgang der Geschichte zeigt aber, dass es den Menschen trotz aller Anstrengungen und Opfer eben doch nicht gegeben ist, die Endgültigkeit des Schicksals zu verändern.

Orpheus singt vor thrakischen Soldaten, Kolonettenkrater aus Gela des sog. Orpheus-Malers, um 440 v. Chr. (Berlin, Antikensammlung)

G

## Der Konjunktiv Plusquamperfekt/Der Irrealis der Vergangenheit

Oedipus, postquam ōrāculum audīvit, sēcum cōgitat: „Sī Corinthum redīrem, parentibus māgnam calamitātem īnferrem.“ Itaque cōnstituit Thēbās iter facere. Post multōs annōs autem cōgnōvit:
„Sī Corinthum redīssem, parentibus calamitātem nōn īntulissem. Nam sī Corinthum redīssem, Lāius pater mihi numquam occurrisset. Nisī servī regis mē lacessīvissent, Lāium nōn occīdissem. Nisī Sphinx Thēbānōs terruisset, cīvēs māgnō in timōre nōn fuissent. Nisī Sphingem superāvissem, mātrem uxōrem nōn dūxissem.“

# Erste Übungen

**1** Vergleiche:

S • T • K • M
Grundelemente lateinischer Formen benennen

superāvī → superāvissem; redīstī → redīsses; terruit → terruisset; lacessīvērunt → lacessīvissent

Nenne die Bestandteile, aus denen der Konjunktiv Plusquamperfekt gebildet ist. Erkläre, inwiefern der Indikativ Perfekt für die Bildung der neuen Form hilfreich ist.

**2** Bilde die entsprechende Form im Konjunktiv:

S • T • K • M
Konjugationen beherrschen

nomināverās – fuerāmus – arcessīverat – pepererant – invēnerat – cōnstituerāmus – obtulerās – abīeram

**3** Vom Präsensstamm in den Perfektstamm. Verwandle die folgenden Formen (Präsens → Perfekt, Imperfekt → Plusquamperfekt, Futur I → Futur II). Achte dabei auch auf den Modus.

tangō – sentiēbās – erit – ferimus – dolerētis – expōnent – dūcis – nescīret – lacessēbant

W

Omnēs hominēs, quī *carmina* Orpheī audiēbant, poētam et *vōcem* eius laudābant. Post mortem uxōris Orpheus diū per agrōs *errābat* et fortūnam suam *carminibus trīstibus flēbat*. Tandem in Tartarum iit et Plūtōnem, rēgem Tartarī, rogāvit: „*Redde* mihi meam uxōrem! Sī mihi licuerit cum eā ad *lūcem* redīre, semper tibi grātiās agam.“

# L Gibt es eine Rückkehr aus der Unterwelt?

Orpheus, postquam Eurydicēn[1] uxōrem dūxit, paulō post māgnam calamitātem accēpit. Nam Eurydicē, dum Aristaeum pāstōrem fūgit, in altā herbā[2] serpentem[3] nōn vīdit et periit.

Orpheus, quī dē uxōris morte valdē doluit, māgnā vōce clāmāvit: „Heu[4], mē miserum! Quantam calamitātem deī mihi īntulērunt! Eurydicē, nisī Aristaeum fūgisset, numquam perīsset. Sī ego affuissem, certō uxōrem servāvissem!“ Diū per agrōs errābat et fortūnam trīstem flēbat.

Tandem Plūtōnem et Prōserpinam, quī Tartarum regēbant, adiit et animōs eōrum carminibus movēbat: „Etiam mihi, deī immortālēs“, inquit, „nōtum est omnēs hominēs mortuōs in Tartarum pervenīre. Sī Eurydicē uxor post vitam longam perīsset, vōs nōn adīssem. Sī eī licuisset multōs annōs mēcum vīvere, nōn flērem. Nunc autem mortua est. Itaque vōs rogō: Reddite mihi Eurydicēn[1]! Sī nōnnūllōs annōs mēcum vīxerit, hūc redībit.“

Ac profectō Plūtō respondit: „Tibi licet Eurydicēn[1] tēcum ad lūcem dūcere. Sed eam condiciōnem tibi pōnō: In itinere tibi nōn licet cōnsistere et ad uxōrem tē vertere.“

Māgnō cum gaudiō Orpheus cum Eurydicē[5] ē Tartarō iter fēcit. Iam lūcem vidēbat, cum sē subitō ad uxōrem vertit. Statim Eurydicē vōce trīstī clāmāvit: „Heu[4], mē miseram! Nisī tē ad mē vertissēs, mē servāvissēs! Nunc autem in Tartarō vītam agere debeō.“

[1] **Eurydicēn** Akk. Sg. zu Eurydice

[2] **herba, ae f.** das Gras

[3] **serpēns, serpentis m.** die Schlange

[4] **heu!** O weh! Ach!

[5] **Eurydicē** Abl. Sg. zu Eurydice

Hermes, Eurydike und Orpheus, römische Kopie eines attischen Reliefs um 409 v. Chr. (Neapel, Archäologisches Nationalmuseum)

Gerhard Marcks, Eurydike, Orpheus, Hermes, Holzschnitt 1948

# Übungen

**1** a) Gib mit eigenen Worten wieder, wie Orpheus Pluto dazu bewegte, ihm Eurydike zurückzugeben.

b) Was wäre, wenn Orpheus sich nicht umgedreht hätte? Schreibe die Geschichte weiter.

S • **T** • K • M
Textaussagen reflektieren

**2** Falsche Zwillinge! Bestimme jeweils die Verbform und unterscheide dabei genau, ob sie zu reddere oder redīre gehört:

reddō – redeō reddidissēmus – redīssēmus redderem – redīrem
redit – reddit reddunt – redeunt

**S** • T • K • M
Verwechselbare Formen unterscheiden

**3** Vom Präsensstamm in den Perfektstamm. Bilde die entsprechenden Formen im Perfektstamm:

a) cōnsistunt b) vertēbās c) invenient d) ferēmus e) arcesserētis
f) tangēbam g) auferrēs h) affert i) sentient j) abītis

**S** • T • K • M
Konjugationen beherrschen

**4** Ō tempora, ō modī! Ergänze jeweils die fehlenden Verbformen:

| | Ind. Imperfekt | Konj. Imperfekt | Ind. Plusquamperfekt | Konj. Plusquamperfekt |
|---|---|---|---|---|
| a) | errābat | ? | ? | ? |
| b) | ? | flērent | ? | ? |
| c) | ? | ? | ? | fuissēmus |
| d) | ferēbam | ? | ? | ? |

**5** Was wäre, wenn …? Nachdem Orpheus allein aus der Unterwelt zurückgekehrt ist, macht er sich Vorwürfe. Ergänze die jeweils passenden Verben und übersetze die Sätze:

appropinquāvisset – ēgissem – fūgisset – mōvissem – pāruissem – reddidisset – redīsset – rettulissem – servāvissem – vertissem

a) Eurydicē nōn per herbās ?, nisī Aristaeus pāstor eī ?.
b) Nisī Plūtōnem carminibus meīs ?, Eurydicēn mihi nōn ?.
c) Sī verbīs Plūtōnis ?, Eurydicē mēcum ad lūcem ?.
d) Nisī mē in itinere ad uxōrem ?, Eurydicen ?.
e) Sī uxōrem meam ad lūcem ?, semper deīs grātiās ?.

**S** • **T** • K • M
Verbformen im Kontext einsetzen und übersetzen

**6** Vergleiche die beiden Abbildungen (S. 20) miteinander und erläutere, welche Szene aus dem Mythos jeweils dargestellt ist. Überlege, warum die Künstler jeweils diesen Moment gewählt haben.

S • T • **K** • **M**
Fortleben antiker Mythen vergleichen

# Lektion 29

## Der Trojanische Krieg

Zur Vorgeschichte des Trojanischen Krieges gehört ein Streit zwischen den Göttinnen Juno (Hera), Minerva (Athene) und Venus (Aphrodite), wer die schönste sei. Der trojanische Königssohn Paris, der um sein Urteil gebeten worden war, entschied sich für Venus, weil sie ihm Helena, die schönste Frau der Welt, versprochen hatte. Da Helena jedoch mit Menelaos, dem König von Sparta, verheiratet war, musste Paris sie von dort nach Troja entführen. Als Paris Helena ihrem Mann nicht zurückgeben wollte, stellte Agamemnon, der König von Mykene und Bruder des Menelaos, mit anderen Königen Griechenlands ein Heer auf. Sie zogen gemeinsam gegen Troja.

Zehn Jahre lang belagerten die Griechen vergeblich die Stadt Troja. Da hatte Odysseus, der listige König von Ithaka, die Idee, ein hölzernes Pferd zu bauen; in seinem Bauch sollten sich die tapfersten griechischen Kämpfer verbergen. Das griechische Heer täuschte seinen Abzug vor, sodass die Trojaner glaubten, sie hätten den Krieg gewonnen. Am Strand ließen die Griechen ein großes hölzernes Pferd zurück. Der Priester Laokoon warnte jedoch die Trojaner davor, dieses Pferd in die Stadt zu ziehen. Der Sage nach wurden er und seine Söhne sofort nach dieser Warnung von zwei Seeschlangen getötet. Die Trojaner erkannten die Gefahr dagegen nicht: Sie zogen das Pferd in die Stadt und feierten den ganzen Abend ihren Sieg.

Mitten in der Nacht kletterten Odysseus und seine Gefährten aus dem Pferd heraus und öffneten für die übrigen Griechen, die sich auf ihren Schiffen hinter einer nahen Insel versteckt hatten, die Stadttore. Sie überfielen die wehrlosen Trojaner im Schlaf. Viele, unter ihnen der König Priamus, wurden getötet, nur wenige konnten entkommen. Troja wurde dem Erdboden gleichgemacht.

Auf der Grundlage älterer mündlicher Erzählungen über den trojanischen Krieg hat im 8. Jahrhundert v. Chr. der griechische Dichter Homer sein Epos Ilias geschrieben. Ilion war der griechische Name für Troja. Heinrich Schliemann, der schon als Kind begeistert die Ilias las und an die Erzählungen Homers glaubte, hatte den Traum, Troja zu finden und auszugraben. In den Jahren 1871–73 fand er den Ort des antiken Troja (heute: Hisarlık).

Die Laokoon-Gruppe (Rom, Vatikanische Museen)

## Der dativus finalis

G

Orpheus dē morte uxōris doluit. Mors uxōris Orpheō dolōrī erat.
Diū clāmābat: „Cūr nōn affuī uxōrī meae? Cūr uxōrī auxiliō nōn vēnī?
Aristaeō pāstōrī īrātus sum. Aristaeus pāstor mihi semper odiō erit!"
Tandem Orpheus in Tartarum iit et Plūtōnem deum carminibus mōvit. Verba deī Orpheō summō gaudiō fuērunt: Nam Orpheō uxōrem sēcum dūcere licuit.

## Die e-Deklination

W G

Orpheus amīcō dē fortūnā suā nārrat:
„Herī calamitātem gravem accēpī. Nam is *diēs* uxōrī meae *perniciēī* fuit: Eō *diē* Eurydicē periit. Deī immortālēs calamitātem eius *diēī* nōn prohibuērunt. Eam *perniciem* perferre nōn possum! Ante paucōs *diēs* Eurydicēn uxōrem dūxeram. Multōs *diēs* cum eā vīvere in animō habuī.

# Erste Übungen

**1** In jeder Reihe sind vier Dativformen enthalten. Suche sie heraus:

S • T • K • M
Verwechselbare Formen unterscheiden

a) vōcī, dominī, flēvī, uxōrī, deī, senī, aluī, ōrāculī, flōrī
b) mortuō, sentiō, virgō, gaudiō, sociō, consīdō, nūntiō
c) fōrmīs, carminis, mortuīs, trīstis, dīvitiīs, lūcis, nautīs, māiestātis

**2** Schreibe die folgenden Sätze ab. Unterstreiche dann jeweils den Dativ der Person und den Dativ des Zwecks mit einer unterschiedlichen Farbe und übersetze die Sätze wörtlich. Formuliere anschließend jeweils eine angemessene deutsche Übersetzung.

S • T • K • M
Konstruieren: Wortgruppen bestimmen

a) Salūs uxōris Orpheō cūrae est.
b) Amīcae Eurōpae flōrēs dōnō dant.
c) Sphinx Thēbānīs odiō fuit.
d) Respōnsum sacerdōtis Laiō rēgī māgnō dolōrī erat.

**3** Bilde jeweils mit māgna perniciēs und diēs ultimus die folgende Formenkette:

S • T • K • M
Deklinationen beherrschen

Genitiv Singular → Plural → Ablativ → Singular → Dativ → Akkusativ → Plural → Dativ → Nominativ → Singular

# L Das hölzerne Pferd

Graecī, quamquam iam decem annōs urbem Trōiam oppūgnābant, tamen eam expūgnāre nōn poterant. Tandem Ulixēs cōnsilium cēpit Trōiānōs dolō superāre. Rēgēs Graecōrum convocāvit et: „Iam diū“, inquit, „frūstrā urbem hostium oppūgnāmus. Sed mox nōbīs spēs victōriae erit. Equum līgneum[1] aedificābimus et ...“

Post paucōs diēs Graecī castra relīquērunt et nāvēs solvērunt. Trōiānī, postquam eam rem comperērunt, statim castra hostium petīvērunt. Sed nihil vīdērunt nisī ingentem equum līgneum[1]. Dum dē eā rē mīrā disserunt, subitō vir, cui faciēs trīstis erat, appāruit et dīxit: „Mihi nōmen est Sinōn. Graecus sum. Rēs incrēdibilēs vōbis nārrābō: Graecī, quia spem victōriae deposuērunt, in patriam navigāvērunt. Mē hīc relīquērunt, quia Ulixī odiō sum. Eum equum līgneum Minervae deae dōnō dant. Is, sī eum in urbem tuleritis, vōbīs praesidiō erit.“

Trōiānī valdē gaudēbant. Tum Lāocoōn sacerdōs māgnā vōce clāmāvit: „Numquam fidem habēte Graecīs! Nam timeō Danaōs et dōna ferentēs![2] Equus urbī nostrae perniciēī erit!“

Trōiānī, sī verbīs sacerdōtis pāruissent, urbem servāvissent. Sed equum in urbem trāxērunt et mediō in forō posuērunt. Sīc is diēs ultimus diēs urbis fuit: Nam in equō Ulixēs cum multīs mīlitibus latēbat[3]. Quī mediā nocte ex equō exiērunt et portās urbis cōpiīs Graecōrum, quī clam redierant, aperuērunt. Tum Graecī tōtam urbem dēlēvērunt.

1 **līgneus, a, um** hölzern, aus Holz

2 **timeō Danaōs et dōna ferentēs!** Ich fürchte die Danaer (Griechen), auch wenn sie Geschenke bringen!

3 **latēre** verborgen sein

Amphora aus Mykonos mit der Darstellung des Trojanischen Pferdes, um 670 v. Chr. (Mykonos, Archäologisches Museum)

Die Trojaner ziehen das Pferd in ihre Stadt. Filmszene aus W. Petersens „Troja“ (2004)

# Übungen

**1** Richtig oder falsch? Entscheide dich und korrigiere die falschen Aussagen:

S • **T** • K • M
Textaussagen reflektieren

a) Graecī urbem Trōiam novem annōs oppūgnābant.
b) Tum Ulixēs Trōiam dolō expūgnāre voluit.
c) Mīlitēs Trōiānōrum castra hostium petīvērunt et ibi equum parvum vīdērunt.
d) Subitō vir appāruit, cui nōmen Achillēs erat.
e) Is vir equum dōnum deae Minervae esse dīxit.
f) Quamquam Trōiānī valdē gaudēbant, Lāocoōn sacerdōs Trōiānōs māgnā vōce monuit.
g) Trōiānī verbīs sacerdōtis pāruērunt et equum in mare trāxērunt.

**2** Ersetze durch die passende Form von perniciēs:

**S** • T • K • M
Deklinationen beherrschen

calamitāte – calamitātī – calamitās – calamitātis – calamitātem – calamitātēs

**3** Ordnung muss sein. Bestimme jeweils den Kasus und ordne die folgenden Substantive den richtigen Deklinationen zu:

cōnsulem – fidem – noctem – spem; diērum – flōrum – ingenium – ōrāculum – pāstōrum – rērum; amīce – māiestāte – perniciē – sene – serve – spē; condiciōnēs – diēs – faciēs – vīrēs

**4** Ordne den Substantiven das richtige Adjektiv zu. Achte dabei auf KNG-Kongruenz:

**5** Lateinischer Doppel-Dativ und seine Übersetzung. Nenne in den folgenden Sätzen die beiden Dative und gib an, welcher von ihnen der dativus commodi (incommodi) und welcher der dativus finalis ist. Übersetze dann:

S • T • K • **M**
Konstruieren: Wortgruppen bestimmen

a) Fōrma taurī Eurōpae māgnō gaudiō fuit.
b) Sed taurus pulcher virginī perniciēī fuit.
c) Amīcae Eurōpae auxiliō venīre nōn potuērunt.
d) Trōiānī Graecīs odiō fuērunt.
e) Trōiānī equum līgneum Minervae deae dōnō dare voluērunt.
f) Putavērunt mūrōs altōs urbis sibi praesidiō esse.
g) Perniciēs Trōiae cīvibus māgnō dolōrī fuit.

# Lektion 30

## Vergils Aeneis

Der griechische Dichter Homer überliefert in seinem Epos Ilias eine Episode aus dem Mythos vom Kampf um Troja. In der Odyssee berichtet derselbe Dichter von der Heimkehr des Odysseus auf seine Insel Ithaka und von den Abenteuern, die Odysseus dabei auf seiner zehnjährigen Irrfahrt zu bestehen hatte.
Der wichtigste Ependichter der Römer war Publius Vergilius Maro (Vergil), der von 70 bis 19 v. Chr. lebte und zu den bedeutendsten Dichtern zur Zeit des Kaisers Augustus zählt. Sein lateinisches Epos trägt den Titel Aeneis und berichtet vom Schicksal des Trojaners Aeneas, des Sohnes der Liebesgöttin Venus. Vergil erzählt vom Fall Trojas und der Flucht des Aeneas gemeinsam mit seinem Vater Anchises und seinem Sohn Ascanius sowie von langen Irrfahrten und Abenteuern der Trojaner. Besonders berühmt ist die Geschichte von der Liebe der karthagischen Königin Dido zu Aeneas, die jedoch unglücklich endet: Aeneas muss Dido verlassen, denn die Götter haben ihm eine neue Heimat in Italien vorbestimmt. Dort wird sein Sohn Ascanius (Iulus) nach langen Kriegen die Stadt Alba Longa gründen, und unter den Nachfahren des Ascanius werden dann Romulus und Remus, die Gründer Roms, sein. Diese ruhmreiche Zukunft hebt auch Jupiter hervor, als er der besorgten Venus erklärt, warum ihr Sohn auf den gefährlichen Meeren die lange Reise nach Italien unternehmen muss: Immerhin ist Aeneas der Ahnherr des römischen Volkes – eines Volkes, das einmal große Teile der Welt beherrschen wird. So lässt Vergil den Göttervater prophezeien: Imperium sine fīne dedī. („Ich habe ihnen ein Reich ohne Grenzen gegeben.")
Für Kaiser Augustus war die Aeneis ein besonders wichtiges Werk. Der mächtige Herrscher stellte sich nämlich gerne als Nachkommen des Aeneas dar, dessen Zielstrebigkeit und Pflichtbewusstsein für jeden Herrscher vorbildhaft waren.

Aeneas' Flucht aus Troja, Gemälde von Federico Barocci (1598)

## Konjunktiv Präsens/Abhängige Begehrsätze

G

Lāocoōn sacerdōs clāmāvit: „Urbs nostra māgnō in perīculō est.
Trōiānī, vōs rogō: Servāte urbem nostram, pārēte verbīs meīs, relinquite equum ad lītus!
Vōs rogō, ut urbem nostram servētis, verbīs meīs pareātis, equum ad lītus relinquātis.
Vōs moneō, ut callidī sītis. Vōs rogō, nē equum in urbem trahātis.
Nam perīculum est, nē Graecī eō modō in urbem nostram perveniant et eam dēleant. Sed timeō, nē equum in urbem ferātis."
Lāocoōn timuit, nē equus urbī Trōiae perniciēī esset, sed Trōiānī eī nōn pāruērunt.

# Erste Übungen

**1** Unterscheide Indikativ Präsens, Indikativ Imperfekt, Konjunktiv Präsens und Konjunktiv Imperfekt. Lege in deinem Heft eine Tabelle an und ordne die Formen zu. Markiere danach mit verschiedenen Farben das jeweilige Modus- und Tempuskennzeichen.

S • T • K • M
Segmentieren: Grundelemente lateinischer Formen bestimmen

a) a- und e-Konjugation: adiuvat – dābat – tenēret – prohibet – putet – adhibeat – rogat – excitet – pūgnāret – respondēbat – videt – properet – servāret
b) i- und konsonantische Konjugation und ferre: audiat – invenit – mittit – referat – reddat – regat – reperiat – fugiēbat – veniat – vinceret – refert
c) esse und posse: sunt – sint – possint – possunt – possent – essent – erant – poterant

**2** Indikativ Präsens – Konjunktiv Präsens – Indikativ Imperfekt – Konjunktiv Imperfekt: Stelle fest, welche Form in jeder Reihe fehlt, und ergänze sie. Alle vier Verbformen müssen in Person und Numerus übereinstimmen.

S • T • K • M
Formen sicher bestimmen

a) adsum – adsim – adessem
b) condit – condēbat – conderet
c) studēs – studeās – studēbās
d) petāmus – petēbāmus – peterēmus
e) venītis – veniēbātis – venīrētis
f) vincunt – vincant – vincerent
g) fugiat – fugiēbat – fugeret

W

Quia Graecī Trōiam diū oppūgnābant, rēs Trōiānōrum secunda nōn erat. Itaque Trōiānī *rēs adversās* timēbant, *rēs secundās* dēsīderābant. Venus in somnō Aenēae appāruit et dīxit: „*Dēsere* Trōiam et *quaere* patriam novam!" Tum fīlius Veneris cum nōnnūllīs *comitibus fugā* salūtem petīvit. Post longōs errōrēs ad lītora Ītaliae pervēnit.

# L Die Flucht des Aeneas aus Troja als göttlicher Auftrag

Das hölzerne Pferd der Griechen bedeutet das Ende von Troja: Die Feinde wüten in der brennenden Stadt. Aber die überlebenden Trojaner spielen im antiken Mythos noch eine wichtige Rolle – vor allem für die Geschichte Roms.

Dum Graecī Trōiam dēlent, Aenēās dormīvit. Subitō in somnō[1] Hector, quem Achillēs occīdit, adest et eum monet, ut fugiat: „Fuge, Aenēa[2], hostis habet mūrōs! Servā rēs sacrās penātēsque[3] Trōiānōs! Quōs cape et quaere eīs patriam novam!"

Aenēās, postquam ea verba audīvit, prīmō dē salūte dēspērāvit. Tum autem Venus dea appāruit et dīxit: „Fīlī, es bonō animō! In rebus secundīs tibi semper aderam. Etiam in rēbus adversīs tē tuōsque nōn dēseram. Ōrō tē, ut ex urbe Trōiā fugiās! Moneō tē, nē frūstrā patriam dēfendere studeās! Rogō tē, ut tē tuōsque servēs! Itaque vōbīs imperō, ut fugā salūtem petātis!"

Aenēās verbīs mātris pāruit: Anchīsem patrem, quī iam senex erat, umerīs portat, Ascanium fīlium manū[4] tenuit. Tum sē cum nōnnūllīs comitibus ad nāvēs contulit et ē patriā fūgit.

Venus dea etiam Iovem adiit et implōrāvit, ut fīlium servāret. Nam timuit, nē Aenēās in marī tempestātibus perīret. Iuppiter autem Venerī respondit: „Bonō animō es, mea fīlia! Perīculum nōn est, nē Aenēās in marī pereat. Tempestātēs adhūc Aenēam impediēbant, nē patriam novam reperīret. Sed brevī tempore ad lītora Italiae perveniet. In Latiō bellum longum geret, multōs hostēs vincet. Postrēmō Ascanius fīlius Albam Longam condet."

Flucht des Aeneas mit seinem Sohn und seinem Vater, der die Penaten hält. Marmorgruppe von Gianlorenzo Bernini, um 1619 (Rom, Museo Borghese)

[1] **somnus, ī m.** der Schlaf
[2] **Aenēa** Vokativ zu Aeneas
[3] **penātēs, um m.** die Hausgötter
[4] **manū** (Abl.) an der Hand

# Übungen

**1** Namen, Namen, Namen – Dīc mihi nōmen ...

a) ... virī Trōiānī, quem Achilles occīdit.
b) ... patris Aenēae.
c) ... fīliī Aenēae.
d) ... deae, quae timuit, nē Aenēās perīret.
e) ... terrae, in quā Aenēas patriam novam invēnit.
f) ... deī, quī Rōmānīs imperium sine fīne dedit.

S • T • K • M
Textaussagen reflektieren

**2** Moduswechsel: Indikativ – Konjunktiv
Trenne die folgenden Formen in einer Tabelle nach Indikativ und Konjunktiv. Bestimme dann das Tempus und die Konjugationsklasse und setze die jeweilige Form in den anderen Modus. Übersetze die Indikativformen.

tenēret – ēgisset – gesserat – dēfendēbat – lacesseret – monueram – pāream – rīdēbam – sciās – tacuerās – portās

S • T • K • M
Konjugationen beherrschen

**3** īre – esse – posse. Setze die Konjunktivformen in den Indikativ.

eam – īrem – īssem – esset – est – sīs – potuissēs – possīs – posset – īret

**4** Begehrsatz oder Konditionalsatz? Schreibe vor der Übersetzung die Konjunktivformen und die Subjunktionen heraus. Bestimme, ob ein Begehrsatz oder ein irrealer Konditionalsatz vorliegt, und übersetze dann:

„Aenēās comitēs, quī tempestātem ingentem timēbant, monuit, nē dēspērārent: „Deī nōbīs semper aderant; etiam nunc adsunt. Nisī deī nōbis affuissent, iam in marī perīssēmus. Nisī deī nōbīs adessent, nunc in perīculō essēmus. Vōs implōrō, ut deīs fidem dētis. Nunc deōs rogābō, nē nōs dēserant.“

S • T • K • M
Satzarten und ihre Funktion unterscheiden

**5** Wünsche über Wünsche. Setze sowohl in den Hauptsätzen als auch in den Nebensätzen die passenden Prädikate ein. Übersetze dann den Text.

a) agō – b) perīculum est – c) dēseram – d) dēspērāret – e) impediēbam – f) monuit – g) pereat – h) perīret – i) perveniat – j) rogō – k) servēs – l) timēs

Venus Iovī patrī dīxit: „Tē **1**, ut fīlium meum ē perīculō **2**. **3**, nē in marī **4**.“ Pater deōrum deam amōris **5**, nē **6**: „Cūr **7**, nē ego fīlium tuum **8**? Semper **9**, nē Aenēās **10**. Etiam nunc **11**, ut fīlius tuus in Italiam **12**.“

S • T • K • M
Verbformen im Kontext einsetzen und übersetzen

**6** Beschreibe die Darstellung des Aeneas auf dem Gemälde Baroccis (S. 26) und die Statue Berninis (S. 28). Nenne Gemeinsamkeiten und Unterschiede.

S • T • K • M
Fortleben antiker Mythen kennen und vergleichen

# Plateaulektion 26 – 30

## Grundwissen: Griechische und römische Sagenwelt

Die Römer übernahmen zahlreiche griechische Sagenstoffe in die römische Mythologie und setzten die griechischen Götter mit ihren eigenen Gottheiten gleich. Sie werden sowohl mit griechischen als auch lateinischen Namen bezeichnet, z. B.:

**Zeus/Iuppiter** **Hera/Iuno** **Athene/Minerva** **Artemis/Diana** **Apollon/Apollo** **Hermes/Mercurius** **Aphrodite/Venus** **Ares/Mars**

### Bekannte Sagenstoffe der Griechen

- **Europa:** Eine phönizische Königstochter, die **Jupiter in Gestalt eines Stieres** nach Kreta entführte. Sie gab unserem Kontinent den Namen.
- **Ödipus:** Der Königssohn aus **Theben**, der seinem vorbestimmten Schicksal entgehen wollte und gerade dadurch die tragische Katastrophe für sich und seine Familie auslöste.
- **Orpheus:** Der großartigste Sänger in der antiken Mythologie bewegte durch seinen Gesang die Unterweltgottheiten dazu, dass seine verstorbene Frau **Eurydike** die Unterwelt verlassen konnte. Da Orpheus aber auf dem Rückweg die Bedingungen Plutos und Proserpinas missachtete, verlor er seine Frau zum zweiten Mal.

### Der trojanische Sagenkreis

- **Paris**, ein Sohn des Königs von **Troja**, erklärte in einem Wettstreit der Göttinnen **Juno**, **Minerva** und **Venus** die Liebesgöttin für die schönste („**Parisurteil**") und erhielt zur Belohnung **Helena**, die schönste sterbliche Frau. Deren Mann **Menelaos** rief seinen Bruder **Agamemnon** zu Hilfe. Dieser führte voller Zorn die Griechen zum Krieg gegen Troja.
- Nach zehn Jahren brachte eine List des Griechen **Odysseus** die Entscheidung: Verborgen in einem hölzernen Pferd („**Trojanisches Pferd**") gelangten griechische Soldaten in die Stadt, öffneten die Tore und zerstörten Troja.
- Sowohl **Odysseus**, der zehn Jahre benötigte, um zu seiner Ehefrau **Penelope** nach Hause zurückzukehren, als auch der junge Held **Aeneas**, einer der wenigen überlebenden Trojaner, mussten nach Ende des Krieges lange **Irrfahrten** über die Meere erdulden.

- **Aeneas** hatte die Bestimmung, nach **Italien** zu fahren, Diesen Auftrag vergaß er, als er in **Karthago** (Nordafrika) strandete und sich dort in Königin **Dido** verliebte. Auf Druck der Götter verließ er Dido, die sich daraufhin das Leben nahm.
- Nach der Ankunft in Italien gründete Aeneas' Sohn **Ascanius** die Stadt **Alba Longa**. Später haben dessen Nachfahren **Romulus und Remus** Rom gegründet.

# Aeneas in der Unterwelt

Der Dichter Vergil berichtet, wie Aeneas mithilfe der Apollopriesterin Sibylle in die Unterwelt hinabsteigt, um seinen inzwischen verstorbenen Vater Anchises wiederzusehen. Nachdem ihn der Fährmann Charon über den Unterweltsfluss Acheron gebracht hat, muss Aeneas jedoch zunächst die Unterweltsregion durchwandern, in der sich die zu früh Verstorbenen aufhalten. Doch dort befindet sich der Schatten Didos, die sich aus Kummer darüber, dass Aeneas sie verlassen hat, das Leben genommen hat.

Aenēās per Tartarum iit, cum subitō Dīdōnem vīdit. Statim eam adiit et multīs cum lacrimīs clāmābat: „Salvē, Dīdō! Tē rogō, nē abeās! Tē ōrō, ut cōnsistās et verba mea audiās!“

Quamquam Dīdō nihil respondit, Aenēās dīxit: „Ergō nūntius vērus fuit: Tū mortua es! Tē ipsam[1] interfēcistī. Sed ego causa mortis tuae fuī. Nisī patriam relīquissem, adhūc vīverēs. Nisī tē dēseruissem, vītā tē nōn prīvāvissēs[2]. Sī Carthāgō patria mea esset, ibi nunc tēcum vīverem.

Sed deīs immortālibus pārēre dēbuī: Iuppiter cōnstituit, ut cum comitibus patriam novam in Italiā quaererem. Itaque pater deōrum impedīvit, nē tēcum in urbe tuā vīverem. Per Mercurium, nūntium deōrum, Iuppiter mihi imperāvit, ut tē relinquerem et Italiam peterem.

Mercurius mē monuit, nē glōriam gentis Trōiānōrum neglegerem. Nōs enim in Italiā urbem novam condēmus. Hoc cupiunt deī immortālēs.

Ego autem tē dēserere nōluī. Crēde mihi! Numquam ā lītore tuō abīre voluī. Tēcum vīvere cupīvī, sed mihi nōn licuit. Neque crēdere possum mē tibi tantum dolōrem parāvisse. Sed cūr mē fugis? Cūr nōn cessās? Tē implōrō, ut respondeās.“ Dīdō autem tacēbat atque fūgit.

Äneasmosaik aus einer römischen Villa in Low Ham (Südengland) mit Motiven des Liebesgeschichte von Dido und Aeneas, 2. Jh. n. Chr. (Taunton, Museum of Somerset)

[1] **tē ipsam** (Akk. Sg. f.) dich selbst

[2] **sē vītā prīvāre** Selbstmord begehen

- Beschreibe mit eigenen Worten, wie Dido sich verhält und welche Wirkung dies auf Aeneas hat.
- Lies die Sachinformation zu Lektion 30 durch und sammle mögliche Gründe, die dafür sprechen, dass Aeneas Dido verlässt, sowie solche, die dagegen sprechen. Veranstaltet in der Klasse eine Diskussionsrunde, in der einige von euch für Aeneas Partei ergreifen und andere die Gegenposition vertreten.

S • **T** • K • M
Textaussagen reflektieren

S • T • **K** • M
Sich in Verhaltensweisen antiker Menschen hineinversetzen und Perspektivenwechsel vollziehen

# Methodenkompetenz (8): Die Bildung der Formen im Konjunktiv

Zur Wiederholung stellen wir noch einmal die wichtigsten Regeln zur Bildung der Konjunktivformen zusammen (vgl. die Grammatikkapitel zu den Lektionen 27, 28 und 30).

**1. Der Konjunktiv Präsens**

Der **Konjunktiv Präsens** ist ein Tempus des Präsensstamms. Er wird zumeist durch das **Moduszeichen -a-** gebildet, z. B.:

| Indikativ | Konjunktiv |
|---|---|
| monet | moneat |

Nur bei Verben der a-Konjugation lautet das Moduszeichen des Konjunktiv Präsens **-e-**. Dieses ersetzt das -a- des Präsensstamms, z. B.:

| Indikativ | Konjunktiv |
|---|---|
| vocat | vocet |

Hilfsverben bilden den Konjunktiv Präsens zumeist unter Verwendung des Buchstaben -i-:

esse → sim, sīs, sit, ...
posse → possim, possīs, possit, ...
velle → velim, velīs, velit, ...
nōlle → nōlim, nōlīs, nōlit, ... usw.

**2. Der Konjunktiv Imperfekt** ist ebenfalls ein Tempus des Präsensstamms. Er wird zumeist durch das Moduszeichen **-re-** gebildet. Noch einfacher ist folgende Faustregel:
Konjunktiv Imperfekt = Infinitiv Präsens + Personalendungen

monēre → monērem, monērēs, monēret, ...
vocāre → vocārem, vocārēs, vocāret, ...
esse → essem, essēs, esset, ...
posse → possem, possēs, posset, ...
velle → vellem, vellēs, vellet, ...
nōlle → nōllem, nōllēs, nōllet, ... usw.

**3. Der Konjunktiv Plusquamperfekt** ist ein Tempus des Perfektstamms. Er wird mit dem Moduszeichen **-isse-** gebildet:

monēre → monu**issem**, monu**issēs**, monu**isset**, ...
vocāre → vocāv**issem**, vocāv**issēs**, vocāv**isset**, ...
esse → fu**issem**, fu**issēs**, fu**isset**, ...
īre → **īssem**, **īsses**, **īsset**, ... usw.

## Übungen

S • T • K • M
Konjugationen beherrschen

**1** Im Übersetzungstext findest du insgesamt 15 Verben im Konjunktiv. Zeichne eine dreispaltige Tabelle in dein Heft und ordne diese Verben nach den Tempora Konjunktiv Präsens, Konjunktiv Imperfekt, Konjunktiv Plusquamperfekt.

**2** Im Übersetzungstext stehen 10 Verben im Indikativ Präsens und Imperfekt.
a) Schreibe diese heraus und setze sie in den entsprechenden Konjunktiv.
b) Ergänze zu diesen Verbformen jeweils den Konjunktiv Plusquamperfekt.

## Methodenkompetenz (9): Die Funktionen des Konjunktivs und seine Übersetzung I

Die unterschiedlichen Funktionen des Konjunktivs wirken sich auch auf die Übersetzung aus.

1. **Abhängige Begehrsätze** werden mit **ut** (verneint: **nē**) eingeleitet. Sie gehören zu den Gliedsätzen, die immer im Konjunktiv stehen. Bei der Übersetzung solcher Gliedsätze wird der Konjunktiv normalerweise mit dem **deutschen Indikativ** wiedergegeben:

   | | |
   |---|---|
   | Tē ōrō, **ut** verba **audiās**. | Ich bitte dich, **dass** du die Worte **anhörst**. |
   | **Konjunktiv Präsens** | **Indikativ Präsens** |

   Das Tempus des lateinischen Konjunktivs im Gliedsatz folgt den Regeln der **consecutio temporum**: Steht im Hauptsatz **Präsens oder Futur**, so steht im Gliedsatz der **Konjunktiv Präsens**. Steht im Hauptsatz ein **Tempus der Vergangenheit**, steht im Gliedsatz der **Konjunktiv Imperfekt**.

   | | |
   |---|---|
   | **Ōrat**, ut verba **audiant**. | Er bittet, dass sie die Worte **anhören**. |
   | **Präsens** **Konjunktiv Präsens** | **Indikativ Präsens** |
   | **Ōrāvit**, ut verba **audīrent**. | Er bat, dass sie die Worte **anhörten**. |
   | **Perfekt** **Konjunktiv Imperfekt** | **Indikativ Imperfekt** |

2. **Der Irrealis** kommt in Hauptsätzen und in konditionalen Gliedsätzen vor. Er drückt aus, dass eine Handlung **nicht wirklich** oder **nicht möglich** ist. Bei der Übersetzung wird er auch mit einem deutschen Konjunktiv wiedergegeben. Der **Konjunktiv Imperfekt** steht für den **Irrealis der Gegenwart** und der **Konjunktiv Plusquamperfekt** für den **Irrealis der Vergangenheit**.

   | | |
   |---|---|
   | Sī Aenēās cum Didōne **viveret**, | Wenn Aeneas mit Dido **zusammenlebte (zusammenleben würde)**, |
   | glōriam gentis Trōiānae **neglegeret**. | würde er den Ruhm des trojanischen Volkes **vernachlässigen**. (Gegenwart) |
   | Nisī Aenēās Dīdōnem **relīquisset**, | Wenn Aeneas Dido nicht **verlassen hätte**, |
   | glōriam gentis Trōiānae **neglexisset**. | **hätte er** den Ruhm des trojanischen Volks **vernachlässigt**. (Vergangenheit) |

## Übungen

**1** Gib zu jeder der 15 Konjunktivformen aus dem Übersetzungstext an, ob der Konjunktiv im abhängigen Begehrsatz steht oder als Irrealis der Gegenwart bzw. Vergangenheit verwendet wird.

S · T · K · M
Satzarten und ihre Funktionen unterscheiden

**2** Übersetze und verwandle in den folgenden Sätzen das Prädikat des übergeordneten Hauptsatzes jeweils in die entsprechende Form des Perfekts. Inwiefern verändert sich dadurch auch der Gliedsatz?

Tē rogō, nē abeās! – Tē ōrō, ut cōnsistās et verba mea audiās! – Iuppiter mē monet, ut patriam novam quaeram. – Mihi imperat, ut tē relinquam.

# Lektion 31 – 35

# Die römische Republik im Wandel

Grabmal des Poblicius, ca. 40 n. Chr. (Köln, Römisch-Germanisches Museum)

Nach der Vertreibung der Könige wurde die römische Republik über Jahrhunderte von einer Gruppe adeliger Familien regiert. Ein Kennzeichen dieser angesehenen Familien war, dass sie eine lange Ahnenreihe hatten und über großen Grundbesitz verfügten. Mitglieder dieser Familien übernahmen auch die wichtigsten Ämter des Staates. Politiker aus nichtadeligen Familien konnten nur selten hohe Ämter bekleiden.

Der Stolz der adligen Familien auf ihr Alter und auf die Angehörigen, die seit mehreren Generationen politische Ämter bekleidet hatten, kam in besonderer Weise beim Begräbnis eines vir nobilis zum Ausdruck, wie es auf dem Relief dargestellt ist.

Die Verstorbenen wurden außerhalb der Stadt bestattet, oft an beiden Seiten einer Straße. Wie vor Rom z. B. die Via Appia, so gab es auch in den römischen Provinzen Gräberstraßen, an denen Grabdenkmäler nach römischem Vorbild errichtet wurden. Das Grabmal des Poblicius wurde in Köln an einer Straße gefunden, die nach Bonn führte.

- Informiere dich, wie die Verstorbenen bestattet wurden, die nicht aus adeligen Familien stammten, und berichte darüber in deiner Klasse.
- Informiere dich über das Grabmal des Poblicius und berichte darüber in deiner Klasse.

Pompeji, Gräberstraße (Via dei Sepolcri), die vom Herculaner Tor stadtauswärts führte

Grabrelief aus Amiternum (Abruzzen) mit der Darstellung eines Leichenzuges, 1. Jh. v. Chr. (L'Aquila, Museum)

- Beschreibe das Grabrelief von Amiternum und informiere dich, wer an einem Leichenzug teilnahm.

In der Spätzeit der römischen Politik kam es zwischen den politischen Gruppen zu Straßenschlachten und sogar Bürgerkriegen. In den letzten Jahrzehnten waren es vor allem zwei Persönlichkeiten, die das politische Leben bestimmten: Pompeius und Caesar. Zuerst miteinander verbündet, wurden sie zu Rivalen um die führende Stellung in Rom. Beiden gemeinsam waren eine hohe Feldherrnkunst und der Ehrgeiz, wie Alexander der Große neue Gebiete zu erobern.

Gaius Iulius Caesar (100–44 v. Chr.), zeitgenössisches Porträt (Turin, Archäologisches Museum)

Gnaeus Pompeius Magnus (106–48 v. Chr.), Porträt in Anlehnung an eine Statue aus dem Jahr 55 v. Chr. (Kopenhagen, Ny Carlsberg Glyptotek)

- Beschreibe die beiden Porträts von Caesar und Pompeius und vergleiche sie in ihrem Ausdruck miteinander.

# Lektion 31

## Die römische Adelsgesellschaft und ihre Bräuche

Der römische Staat (rēs pūblica) war nach Vertreibung der Könige Jahrhunderte lang eine Adelsrepublik. Die adligen gentēs, die zur Zeit der Republik lange nur aus etwa 300 Familien bestanden, bestimmten das gesellschaftliche und das politische Leben des gesamten imperium Rōmānum.

Vornehmer Römer mit Büsten seiner Vorfahren (sogenannter Togatus Barberini), spätes 1. Jh. v. Chr. (Rom, Kapitolinische Museen)

In den Wertvorstellungen der Adligen (nōbilēs) spielten Traditionen eine bedeutende Rolle. Die Ahnen (māiōrēs), die Großes für den Staat geleistet hatten, wurden in jeder Adelsfamilie besonders verehrt. Ihrem Beispiel (exemplum) galt es nachzueifern. Dabei orientierte man sich stets an den Sitten der Vorfahren (mōrēs māiōrum), die man bewahren wollte. Denn gute Sitten, so glaubte man, förderten die Tugendhaftigkeit (virtūs), mit der sich adlige Männer im Idealfall auszeichnen mussten, wenn sie Ruhm (glōria) erringen wollten. Der tugendhafte Einsatz für den Staat – sowohl im Krieg als auch im Frieden – wurde von den Römern als Grundlage des gemeinschaftlichen Zusammenlebens angesehen. Dies veranschaulichen die berühmten Worte des Dichters Ennius: Mōribus antīquīs rēs stat Rōmāna virīsque: „Auf alten Sitten und auf Männern ruht der römische Staat."

Ein besonderes Zeugnis der römischen Adelsgesellschaft ist der Totenkult. Die Gesichtszüge verstorbener Adliger hielt man auf Wachsmasken fest. Diese wurden als Ahnenbilder (imāginēs) von Generation zu Generation weitergereicht und bei festlichen Anlässen, insbesondere bei Leichenzügen und Bestattungsfeierlichkeiten, öffentlich gezeigt. In der Leichenrede wurden nicht nur die Leistungen des Verstorbenen gewürdigt, sondern auch die seiner Ahnen. Auf diese Art und Weise verbreitete sich der Ruhm einzelner herausragender Persönlichkeiten und ganzer Adelsgeschlechter.

## Die Demonstrativpronomina hic, haec, hoc und ille, illa, illud/ Der doppelte Akkusativ

G

Aenēās, postquam in Italiam pervēnit, sociōs monuit: „In hāc terrā nōbīs nōn sōlum hostēs sed etiam amīcī sunt. Hīs māgna virtūs est, sed illīs odium māgnum. Hī nōs adiuvāre possunt, sed illī castra et nāvēs nostrās dēlēre volunt.
Trōia, patria nostra, periit. Nunc hanc patriam novam contrā hostēs illōs dēfendere volumus.

Este bonō animō! Amīcī nostrī semper fīdī erant. Etiam vōs virōs fortēs et bonōs dūcō. Itaque hostēs vincēmus. Aliquandō Iuppiter nōs dominōs Italiae faciet!“

# Erste Übungen

**1** Dekliniere die folgenden Beispiele:

a) hic cōnsul  b) haec cūra  c) illud corpus  d) ille discipulus

S • T • K • M
Deklination der Pronomina beherrschen

**2** Ergänze die jeweils passende Form des Demonstrativpronomens hic, haec, hoc:

spem, īnsulās, carminis, lūcī, virginum, nōmina, pāstōrēs (2), reī (2)

**3** Ergänze die jeweils passende Form des Demonstrativpronomens ille, illa, illud:

fugam, flōrem, comitibus, fide, ōrāculum, lītorum, noctēs (2)

**4** Forme die folgenden Sätze entsprechend dem Beispiel um:

a) Aenēās dīcit: „Amīcī fīdī sunt.“ → Aenēās dīcit: „Amīcōs fīdōs dūcō.“
b) „Vōs omnēs fortēs estis.“
c) „Latīnus rēx bonus est.“
d) „Etiam Latīnī amīcī nostrī sunt.“

S • T • K • M
Konstruktionen beherrschen

W

Multī *nōbilēs* dīcunt: „Virtūs māiōrum praeclāra est. Eōrum *facta ēgregia* semper *commemorāre* et *pūblicō ostendere* dēbēmus. Ea *facta ēgregia* animōs hominum *commovēre* et *incitāre* possunt. Ita *rem pūblicam cōnservāmus.*“ Post mortem virī nōbilis, quī bonum et fortem sē *praestiterat,* familiārēs corpus et imāginēs māiōrum in forum tulērunt. Fīlius ōrātiōnem habuit et *facta* patris laudāvit.

## L Die Masken der Verstorbenen

Der Grieche Polybios (lat.: Polybius), der im 2. Jahrhundert v. Chr. als kriegsgefangener Sklave nach Rom kam, studierte die ihm unbekannten Gebräuche mit großer Genauigkeit. Er beschäftigte sich vor allem mit der römischen Geschichte. Sein Herr, der jüngere Scipio Africanus, schätzte ihn wegen seiner philosophischen und historischen Bildung sehr. Zwischen beiden kann es sicherlich zu einem Gespräch wie dem folgenden gekommen sein:

Polybius: Ego, domine, audīvī Rōmānōs imāginēs māiōrum māgnā cūrā cōnservāre et certīs diēbus palam[1] ostendere. Hic mōs mihi īgnōtus est.

Scipio: Saepe, mī[2] Polybī, mē rogābās, ut tibi mōrēs populī nostrī explicārem. Hoc etiam nunc libenter faciam et tibi haec explicābō:
Nōs illum virum, quī in bellō sē fortem praestitit aut reī pūblicae praefuit, post mortem in pūblicō laudāmus. Etiam illōs virōs, quōs populus iterum imperātōrēs fēcit aut cōnsulēs creāvit, laudāmus et illōrum gentem celebrāmus: In pompā fūnebrī[3] familiārēs virum mortuum et eius imāginem in forum ferunt, ubi populus convenit. Tum aut fīlius aut nepōs huius virī, quī ē vītā discessit, in forō ōrātiōnem habet, in quā praeclāra eius facta commemorat. Omnēs, quī adsunt, nōn sōlum mortuī imāginem, sed etiam imāginēs māiōrum illīus virī spectāre possunt.

Römischer Leichenzug

Polybius: Quot imāginēs gentibus nōbilibus sunt?

Scipio: Nōbilibus gentibus plūrimae imāginēs antīquae sunt. Hās imāginēs et in ātriō villae et in pompā fūnebri ostendunt. Hae imāginēs fīliōs et nepōtēs commovent et hōrum animōs incitant ad virtūtem. Nam exempla māiōrum adulēscentēs trahunt. Itaque glōria ēgregiōrum virōrum et gentium nōbilium crēscit in annōs[4].

Polybius: Ac profectō perīculum nōn est, nē glōria illārum Rōmānārum gentium pereat.

[1] **palam** öffentlich, in der Öffentlichkeit

[2] **mī** Vokativ: mein (lieber)

[3] **in pompā fūnebrī** bei der Beerdigung, beim Leichenzug

[4] **in annōs** von Jahr zu Jahr

# Übungen

**1** Stelle aus dem Lesestück (Z. 7–12) alle lateinischen Begriffe zusammen, die aufzeigen, wie man in der römischen Adelsgesellschaft Ruhm erwerben konnte. Erkläre, auf welche Bereiche des Lebens sich die ruhmreichen Taten beziehen.

S • **T** • K • M
Semantische Merkmale eines Textes benennen

**2** Erkläre aus dem Lesestück (Z. 21–26), welche Funktion der Brauch hat, bei dem Begräbnis eines Adligen die Abbilder aller Vorfahren mitzutragen.

S • **T** • K • M
Textaussagen reflektieren

**3** Ersetze die nachfolgenden Formen des Pronomens hic, haec, hoc durch die entsprechenden des Pronomens ille, illa, illud und umgekehrt:

hōrum, hāc, illō, illīs, hunc, hoc, hōc, ille, illīus, huic, hōs, illa.

**S** • T • K • M
Deklination der Pronomina beherrschen

**4** hic oder ille? Ergänze die jeweils fehlenden Pronomina und übersetze dann:

a) Scīpiō nūper in ? bellō hostēs vīcit, pater eius ōlim in ? bellō rem pūblicam dēfenderat.
b) ? ōrātiō, quam nunc audiō, mihi nōn placet. Sed ? ōrātiō, quam Scīpiō herī habuit, mē valdē commōvit.
c) ? cīvēs, quī nōn adsunt, ōrātiōnem Scīpiōnis audīre nōn possunt. ? cīvēs, quī adsunt, eam audīre nōlunt.
d) Quis ? Scīpiōnis īgnōrat: „Imāginēs mē ad virtūtem incitant."

**S** • **T** • K • M
Pronomina im Kontext einsetzen und übersetzen

**5** Ordne die folgende Ausdrücke dem passenden Satzzusammenhang zu und übersetze:

Albam Longam – dūcem – fīdōs – fīdum – hostēs – īnfēstōs

a) Graecī Trōiānōs ? putāvērunt.
b) Trōiānī Graecōs ? habuērunt.
c) Aenēās semper sē ? praestābat.
d) Etiam comitēs eius sē ? praestābant.
e) Postrēmō Trōiānī Ascanium quoque ? fēcērunt.
f) Ascanius urbem novam, quam condiderat, ? nōmināvit.

**S** • **T** • K • M
Konstruktionen im Kontext beherrschen

**6** Entwickle, welche typischen Werte eines römischen Adligen an der Statue auf S. 36 zum Ausdruck kommen.

S • T • **K** • M
Wesentliche Merkmale der römischen Gesellschaft erläutern

**7** Nenne Bereiche des heutigen Lebens, in denen Bildnisse berühmter Personen eine wichtige Rolle spielen, und erläutere deren Funktion. Vergleiche die Möglichkeiten, heute zu Ruhm zu gelangen, mit den Möglichkeiten der Römer in der Antike.

S • T • **K** • M
Perspektivenwechsel vollziehen

# Lektion 32

## Die Ämterlaufbahn der römischen Republik

Zu Beginn der Republik lenkten nur die alten adligen Familien die Geschicke der Stadt Rom. Nachdem der Zugang zum Konsulat (cōnsulātus) auch Plebejern eröffnet worden war, gab es vor allem im 4. und 3. Jahrhundert v. Chr. Aufstiegsmöglichkeiten für all diejenigen, die sich durch militärische und politische Leistungen auszeichneten. Ein Römer wurde von nun an immer dann zur obersten Schicht der Adligen (nōbilēs) gezählt, wenn einer seiner Vorfahren (māiōres) das höchste politische Amt des Konsuls erlangt hatte.

Der politische und gesellschaftliche Aufstieg war aber schwierig und gelang nur selten. Man musste wohlhabend sein und in der Regel die Reihenfolge der höheren römischen Ehrenämter, den sog. cursus honōrum, durchlaufen. Zunächst hatte man sich als quaestor in der Finanzverwaltung zu bewähren, dann als aedīlis bei der Ausrichtung von öffentlichen Spielen und in der Aufsicht über die Marktpolizei sowie das Bauwesen. Wenn man daraufhin praetor wurde, war man für die Rechtsprechung zuständig. Nur wenigen gelang es, cōnsul zu werden, um zusammen mit einem Kollegen die Leitung der rēs pūblica zu übernehmen.

In alle Ämter (magistrātūs) wurde man in den jährlich abgehaltenen Volksversammlungen gewählt. Es war meist sehr kostspielig, sich im Wahlkampf zu behaupten und in Absprache mit mächtigen Politikern eine ausreichend große Anhängerschaft zu gewinnen. Als Beamter (magistrātus) war man noch dazu in einen politischen Prozess eingebunden, in dem der Senat (senātus) als Versammlung der mächtigen Adelsfamilien und ehemaligen Beamten einen beträchtlichen Einfluss besaß. Im Amt, das man ein Jahr lang ausübte (Prinzip der Annuität), hatte man stets mindestens einen Kollegen (Prinzip der Kollegialität).

Ab dem 2. Jahrhundert v. Chr. wurde es für ehrgeizige junge Römer aus dem Volk immer schwerer, in oberste politische Ämter zu gelangen. Ein politischer Aufsteiger, ein sog. homō novus, wurde zur Seltenheit. Zu den wenigen, die Erfolg hatten, zählte C. Marius (157–86 v. Chr.), der aufgrund seiner überragenden militärischen Fähigkeiten und Verdienste sogar siebenmal das Konsulat erlangte.

C. Marius (Rom, Vatikanische Museen)

## Die u-Deklination/Der Ablativus qualitatis

W

G

*Exercitus* Rōmānōrum fīnēs imperiī dēfendit. Glōria *exercitūs* Rōmānōrum māgna fuit. Imperātōrēs aut dūcēs *exercituī* praefuērunt. In perīculīs populus Rōmānus semper auxilium ab cōnsule et *exercitū* petēbat. Postquam *exercitus* Rōmānōrum *impetū* ācrī hostēs vīcit, omnēs cīvēs cōnsulem et *exercitum* celebrāvērunt.

Cōnsulēs summī *magistrātūs* erant. Cōnsulēs cēterīs *magistrātibus* praefuērunt. Sed etiam cōnsulēs *senātuī* parēre dēbēbant.

Rōmānī in summō perīculō virōs ēgregiōs imperātōrēs creāvērunt. Hī summō ingeniō erant. Virī summā virtūte cīvitātem rēxērunt.

Römische Beamte und Senatoren (Relief an der Ara pacis)

# Erste Übungen

**1** Bilde jeweils die passende Form des Substantivs zu den Pronomina:

S • T • K • M
Deklinationen beherrschen

a) exercitus: illīus, illīs, illum, illōrum, illō, illī (2), illōs
b) magistrātus: hunc, hōrum, hōc, hī, huius, huic, hīs

**2** Formenstaffel. Bilde jeweils die angegebene Form:

a) exercitus Rōmānus → Plural → Akkusativ → Singular → Genitiv → Plural → Ablativ → Singular → Dativ → Plural
b) impetus celer → Akkusativ → Plural → Genitiv → Singular → Dativ → Plural → Nominativ → Ablativ → Singular

**3** Übersetze:

S • T • K • M
Kasusfunktionen zielsprachengerecht übersetzen

a) Eurōpa virgō fōrmā pulchrā fuit. b) Oedipūs māgnō ingeniō erat. c) Orpheus poēta māgnā ēloquentiā fuit. d) Ulixēs, vir audāciā incrēdibilī, dolum praeclārum adhibuit. e) Aenēās nōn semper bonō animō fuit.

# L Marius – ein homo novus

Kurz nach dem Tod des C. Marius unterhalten sich zwei Soldaten, die zu seinen Anhängern zählen, über die Leistungen des großen Feldherrn und mächtigen Politikers. Dieser führte eine bedeutende Heeresreform durch und besiegte die Kimbern und Teutonen, die Italien bedrohten.

Mīles I: C. Marium subitō in cōnsulātū septimō ē vītā discessisse herī audīvī. Nunc populus, ut crēdō, cōnsulem māgnō animō et virum summā virtūte āmīsit.

Mīles II: Ita est, amīce! Nisī Marius exercitum nostrum iterum atque iterum incitāvisset, ut māgnā fortitūdine pūgnāret, multōs hostēs, quī nōbīs paene perniciēī fuērunt[1], fīnibus imperiī Rōmānī nōn arcuissēmus.

Mīles I: Hoc nōn īgnōrō. Quia Marius imperātor maximō ingeniō fuit, et Iugurtham et Germānōs, barbarōs ingentī māgnitūdine corporis, vīcimus.

Mīles II: In cōnsulātū quīntō Marius ad Vercellās[2] impetū vehementī exercituum Rōmānōrum cōpiās Cimbrōrum dēvīcit et fugāvit. Tum et amīcī et inimīcī cōgnōvērunt: Is, quī rem mīlitāriam[3] mūtāverat, etiam rem pūblicam servāvit. Multī dīxērunt Marium urbem Rōmam iterum condidisse.

Mīles I: Nōn sōlum rem pūblicam servāvit, sed etiam plēbem semper adiūvit. In magistrātū patrōnus plēbis et mīlitum fuit. Cum in senātū lēgēs, quae nōbīs ūsuī erant, ferēbat, numquam timuit, nē nōbilēs virōs, quī aut cōnsulēs aut praetōrēs aut aedīlēs[4] aut quaestōrēs[5] erant, lacesseret.

Mīles II: C. Marius, quamquam nōn ē nōbilī genere erat, tamen cōnsulātum petīvit. Ac profectō homō novus[6] summum magistrātum obtinuit et cursum honōrum complēvit. Is cōnsul, quī nōbīs et cīvitātī semper cōnsuluit, etiam post mortem vīvet!

1 **fuērunt** übersetze als Irrealis der Vergangenheit

2 **ad Vercellās** bei Vercellae

3 **rēs mīlitāria** das Militärwesen

4 **aedīlēs** die Ädilen (siehe Einführung)

5 **quaestōrēs** die Quästoren (siehe Einführung)

6 **homō novus** als Aufsteiger

# Übungen

**1** Gib an, welche körperlichen und geistigen Eigenschaften Marius im Text des Lesestücks zugeschrieben werden und welche Leistungen mit seiner politischen Karriere in Verbindung gebracht werden.

S • T • K • M
Textaussagen reflektieren

**2** Schreibe aus dem Lesestück die Wendungen heraus, die einen ablativus qualitatis enthalten, und bestimme jeweils, ob er dabei als ein Attribut oder ein Prädikatsnomen verwendet ist.

S • T • K • M
Kasusfunktionen erkennen und bestimmen

**3** Vervollständige die Reihen der Substantive jeweils mit der passenden Form des Wortes exercitus.

S • T • K • M
Formen sicher bestimmen

a) mīlitum, ?, dūcum, sociōrum
b) armīs, victōriīs, ?, dūcibus
c) praedā, bellō, clāde, ?
d) exercitus, exercitūs, ?, exercitum
e) ?, exercituum, exercitibus, exercitūs

**4** Bestimme die folgenden Formen nach Kasus, Genus, Numerus und bilde jeweils den Nominativ Singular. Ordne das Substantiv dann der richtigen Deklination zu:

cōnsulum, cōnsulātum, cūrārum, cursuum, ūsūs, umerōs, exemplī, exercituī, magistrātibus, mercātōribus, inimīcōs, impetūs, senātōrī, senātuī.

**5** Übersetze und gib die Funktion der unterstrichenen Ablative an:

S • T • K • M
Kasusfunktionen im Kontext erkennen und zielsprachengerecht übersetzen

Marius imperātor <u>summā fortitūdine</u> fuit. Is, postquam Germānōs cum mīlitibus suīs dēvīcit, Rōmānōs <u>timōre</u> līberāvit. Omnēs cīvēs <u>victōriā</u> laetī fuērunt. Virtūtem eius <u>multīs verbīs</u> laudābant. <u>Māgnō gaudiō</u> imperātōrem et huius exercitum in omnibus viīs urbis Rōmae salūtāvērunt.

**6** Informiere dich in einem Lexikon oder im Internet, in welchen modernen Staaten es heute noch einen Senat gibt.

S • T • K • M
Fortleben der Antike kennen

# Lektion 33

## Soziale Probleme und innenpolitische Kämpfe in Rom

Die Jahre zwischen der Ermordung des Volkstribunen Tiberius Gracchus 133 v. Chr. und dem Sieg des Augustus über Antonius und Kleopatra in der Seeschlacht bei Actium 31 v. Chr. waren in Rom von zahlreichen Auseinandersetzungen und Bürgerkriegen geprägt. Wie kam es dazu?

Durch viele siegreiche Kriege hatte Rom seine Herrschaft im 3. und 2. Jahrhundert ausgedehnt. Nach dem Sieg über Karthago im Jahr 146 v. Chr. beherrschte es das gesamte westliche Mittelmeer. Vor allem die römischen Bauern mussten unter den Folgen der Kriege leiden: Da sie als Soldaten kämpften und oft nicht auf ihren Höfen waren, konnten sie ihre Äcker nicht mehr bewirtschaften und machten hohe Schulden. Daher mussten sie ihr Land oft an reiche Patrizier verkaufen, die so ihren Besitz weiter vergrößern konnten. Die Bauern selbst arbeiteten dann als Tagelöhner oder wanderten nach Rom ab, wo sie in Armut lebten.

Tiberius Gracchus, der aus der sehr angesehenen und reichen Patrizierfamilie der Cornelier stammte, erkannte die wachsenden sozialen Probleme und wollte vor allem mit Unterstützung der Volksversammlung Reformen durchführen. Er ließ sich zum Volkstribunen wählen und versuchte, durch eine Landreform den Bauern wieder zu Landbesitz zu verhelfen. Sein Plan stieß jedoch bei den Senatoren, die größtenteils Patrizier waren, auf so großen Widerstand, dass sie Tiberius und seine Anhänger schließlich erschlugen.

In der Folgezeit entstanden in der politischen Führungsschicht zwei Gruppierungen: die Popularen, die sich politisch auf die Seite des Volkes stellten, und die Optimaten, die die Herrschaft des Senats beibehalten wollten. Unter diesen beiden Gruppierungen kam es in den folgenden Jahrzehnten häufig zu heftigen Auseinandersetzungen und zu Bandenkriegen.

Die Via Appia heute

Zwei der berühmtesten Bandenführer dieser Zeit waren Publius Clodius Pulcher (ca. 92–52 v. Chr.), der auf der Seite der Popularen stand, und Titus Annius Milo († 48 v. Chr.), der mit Cicero befreundet war und die Optimaten unterstützte. Ihre Banden kämpften immer wieder in regelrechten Straßenschlachten gegeneinander, bei denen es um die Kontrolle verschiedener Stadtviertel Roms ging.

Eines Tages trafen sich Clodius und Milo mit ihren Männern auf der Via Appia vor den Toren Roms. Dort kam es zu einem folgenschweren Kampf.

## Konjunktiv Perfekt/Die Subjunktion cum mit dem Konjunktiv

G

Cum Germānī exercitum Rōmānōrum devīcissent, populus Rōmānus Marium cōnsulem creāvit. Marius, cum legiōnēs contrā cōpiās Germānōrum cōnstituisset, mīlitēs hīs verbīs incitāvit:
„Mīlitēs! Cum Iugurtham, rēgem potentem, vīcerim, etiam nunc vōbīscum Germānōs vincam. Cum vōs semper maximā fortitūdine pūgnāveritis, vōbīs fidem habeō. Deī nōs servābunt, cum eīs semper sacrificāverimus."

# Erste Übungen

**1** Stelle aus dem Text die Formen des Konjunktivs Perfekt zusammen und nenne die Bestandteile, aus denen sie gebildet sind. Konjugiere dann diese Verben vollständig im Konjunktiv Perfekt.

S • T • K • M
Segmentieren: Grundelemente lateinischer Formen benennen

**2** Konjunktiv Perfekt oder Futur II? Suche aus den folgenden Verbformen diejenigen heraus, die eindeutig Konjunktiv Perfekt oder eindeutig Futur II sind:

complēverint, obtinuerō, cōnservāverim, discesseritis, commōverō, ostenderis, fuerim, ieris

S • T • K • M
Konjugationen beherrschen

**3** Formentausch: Verwandle die Konjunktiv-Formen in die entsprechende Indikativ-Form und umgekehrt!

dēseruistī, ōrāverint, quaesīvī, affuerimus, condidistis, sē praestiterit, discesserim, fuī

W

Clōdius Pulcher et Titus Milō inimīcī erant. Ille cum servīs saepe in viīs Rōmae *tēlīs* et *gladiīs* cum Milōne et servīs eius pūgnābat. Aliquandō virī Clōdiī Milōnem impetum fēcērunt et nōnnūllōs servōs eius *interfēcērunt*. Milō autem et servī eius multōs sociōs Clōdiī *cecīdērunt*.

# L Tod eines Bandenführers

In den letzten Jahren der römischen Republik wurde die Politik in Rom zunehmend von brutalen Bandenkämpfen überschattet. Manchmal endeten die Begegnungen sogar tödlich, wie Titus Annius Milo seinem Verteidiger Marcus Tullius Cicero erzählt:

Mē et Pūblium Clōdium semper inimīcōs fuisse nōn īgnōrās. Cum ego cōnsulātum peterem, ille praetūram[1] petīvit. Clōdius autem, cum cōgnōsceret mē summō cōnsēnsū[2] populī Rōmānī cōnsulem fierī[3], mihi īnsidiās parāvit. Et in senātū et in conciliō plēbis[4] ille iterum iterumque dīcēbat: „Etsī cōnsulātum Milōnī ēripere nōn possum, tamen vītam eī ēripiam!“ Tantum erat odium Clōdiī in mē.

Nunc tibi dē fīne Clōdiī narrābō:

Clōdius, cum compererit mē in animō habēre iter Lānuvium[5] facere, subitō Rōmam cum comitibus relinquit et ad vīllam suam contendit. Ego autem, cum eō diē in senātū diū fuerim, domum veniō, vestēs mūtō. Tum cum uxōre meā Rōmam relinquō. Ad Bovillās Clōdius nōbīs occurrit, in equō, sine currū, sine uxōre, cum ego cum uxōre in currū sedeam. Statim complūrēs comitēs Clōdiī cum tēlīs impetum in nōs faciunt, raedārium[6] occīdunt. Cum ego autem dē currū dēsiluerim mēque ācrī animō dēfendam, servī Clōdiī gladiōs ēdūcunt et ad currum currunt. Ibi mē a tergō petunt et servōs meōs caedere parant. Tum nōnnūllī ē servīs meīs, cum Clōdium mē occīdisse audīverint et putāverint rem vēram esse, Clōdium interficiunt.

Cōnstat: Ego vim Clōdiī vī vīcī, ego virtūte meā nōn sōlum vītam meam servāvī, sed etiam rem pūblicam.

[1] **praetūra, ae f.** die Prätur, das Amt des Prätoren

[2] **cōnsēnsus, ūs m.** die Zustimmung

[3] **cōnsulem fierī** zum Konsul gewählt werden

[4] **concilium plēbis** die Volksversammlung

[5] **Lānuvium** nach Lanuvium

[6] **raedārius, ī m.** der Kutscher

## Übungen

S • T • K • M
Textaussagen reflektieren

**1** Beantworte die folgenden Fragen:

a) Cūr Clōdius Milōnī īnsidiās parāvit?
b) Quō Milō iter facere in animō habuit?
c) Quis cum Milōne iter fēcit?
d) Ubī Clōdius Milōnī occurrit?
e) Quis impetum in Milōnem fēcit?
f) Cūr nōnnūllī ē servīs Milōnis Clōdium interfēcērunt?

**2** Stelle aus dem Lesestück alle Verben zum Sachfeld „Angriff, Kampf und Verteidigung" zusammen.

S • T • K • M
Sachfelder erstellen

**3** Wie perfekt bist du im Perfektstamm? Übertrage die unten stehende Tabelle in dein Heft und ordne die Formen richtig ein. Vorsicht: Einige Formen kannst du mehrfach zuordnen.

S • T • K • M
Formen sicher bestimmen

| | **Indikativ** | **Konjunktiv** |
|---|---|---|
| Perfekt | ? | ? |
| Plusquamperfekt | ? | ? |
| Futur II | ? | |

īgnōrāverāmus – īgnōrāverimus – īgnōrāvimus – īgnōrāvissēmus – petīverim – petīverō – petīveram – petīvī – dēsiluerit – dēsiluit – dēsiluerat – dēsiluisset – fuit – fuisset – fuerat – fuerit – potuissēs – potuistī – potuerās – potueris

**4** Vom Präsens- in den Perfektstamm. Verwandle die folgenden Formen (Präsens → Perfekt, Imperfekt → Plusquamperfekt, Futur I → Futur II):

S • T • K • M
Konjugationen beherrschen

dēfendunt – eram – relinquit – sedeam – faciant – currerent – esse – ēripiet – ēdūcunt – caederet – putent – dēfendet – relinquāmus – sedērem – faciam (2) – possēs – ēdūcit – caedunt – putābātis

**5** Verbinde die folgenden Hauptsätze mit den passenden Gliedsätzen. Übersetze anschließend die Sätze.

S • T • K • M
Textaussagen reflektieren und kontextgerecht präzisieren

| | |
|---|---|
| 1. Clōdius urbem Rōmam relīquit, | a) ... cum vēstes mūtāverit. |
| 2. Milō vestēs mūtat ... | b) ... cum virī pūgnent. |
| 3. Milō cum muliere domum relinquit, ... | c) ... cum domum vēnerit. |
| 4. Servī Clōdiī impetum in Milōnem faciunt ... | d) ... cum dē currū dēsiluerit. |
| 5. Uxor Milōnis in currū sedet et clāmat ... | e) ... cum dominum mortuum esse putent. |
| 6. Milō cum servīs Clōdiī pūgnat ... | f) ... cum Milō in senātū esset. |
| 7. Servī Milōnis Clōdium interficiunt ... | g) ... cum Milō inimīcus Clōdiī sit. |

**6** Nimm Stellung zu der Aussage des Milo in Zeile 19 f.: „Ego nōn sōlum vītam meam servāvī, sed etiam rem pūblicam."

S • T • K • M
Textaussagen reflektieren und beurteilen

# Lektion 34

## Caesar und Pompeius – Verbündete werden Feinde

Münze mit dem Porträt des Cn. Pompeius, ca. 46 v. Chr. (London, Britisches Museum)

Im 1. Jahrhundert v. Chr. gehörte Cn. Pompeius (106–48 v. Chr.) zu den wichtigsten Politikern in Rom. Besondere Verdienste und Anerkennung erwarb er sich vor allem durch zwei Erfolge: Er überwand im Jahre 67 die Seeräuber, die das Mittelmeer unsicher machten, und besiegte in Kleinasien die mächtigen Könige Mithridates und Tigranes, gegen die römische Feldherren viele Jahre vergeblich gekämpft hatten. Nach seiner Rückkehr feierte Pompeius in Rom einen glänzenden Triumph, bei dem er einen erbeuteten Mantel Alexanders des Großen trug und dem Volk die Beute von 20 000 Talenten Gold (dies entspricht etwa 524 Tonnen!) zeigte. Das Volk verglich ihn mit Alexander dem Großen und feierte ihn mit dem Ruf: Māgnus! Beim Senat jedoch fand Pompeius für seine Maßnahmen, die er in Kleinasien getroffen hatte, nicht die gewünschte Unterstützung. In dieser Situation bot ihm der Politiker C. Iulius Caesar (100–44 v. Chr.) die Zusammenarbeit an. Caesar war zu der Zeit noch nicht so berühmt wie Pompeius, aber er war sehr ehrgeizig.

Münze aus der Zeit 55/54 v. Chr. mit dem Hinweis auf den Sieg des Pompeius über die Seeräuber (London, Britisches Museum)

Caesar und Pompeius besprachen sich noch mit Crassus, einem mächtigen und sehr reichen Politiker in Rom, und schlossen im Jahre 60 ein geheimes Bündnis, das Triumvirat (abgeleitet von: trēs virī). Sie vereinbarten, „dass nichts im Staat geschehen solle, was einem der drei missfalle" (Sueton, divus Iulius 19). So gelang es den drei Männern, den Einfluss des Senates weitgehend auszuschalten.

Nun begann die politische Laufbahn Caesars: Im Jahr 59 wurde er Konsul und sorgte dafür, dass die Maßnahmen des Pompeius durch Gesetze genehmigt wurden. Diese waren vor allem die Neuordnung der Provinzen im Osten und die Versorgung der Veteranen, die für Pompeius gekämpft hatten, mit Land.

Nach seinem Konsulat wurde Caesar im Jahr 58 prōcōnsul in Illyrien und in den gallischen Provinzen (Gallia Cisalpīna und Gallia Nārbōnēnsis). In den folgenden Jahren eroberte er das ganze Gebiet zwischen Rhein und Atlantik und machte es zur römischen Provinz.

Denar, ca. 49 v. Chr. für Caesar in Gallien geprägt. Der Elefant, Symbol der Herrschaft Caesars, zertritt eine Carnyx, die gallische Kriegstrompete.

Inzwischen war nach dem Tod des Crassus (im Jahr 53, im Kampf gegen die Parther) das Triumvirat zerbrochen. Pompeius stand nicht mehr auf Caesars Seite, sondern hatte sich dem Senat angenähert. Caesar wollte sofort nach seiner Statthalterschaft, die im Jahr 50 endete, in Rom Konsul werden, was der Senat jedoch nicht zuließ. Aber ohne ein Amt hätte Caesar seine bisherige Macht verloren, seine politische Laufbahn wäre beendet gewesen. Deshalb weigerte er sich, seine ihm treu ergebenen Soldaten zu entlassen, wie es der Senat von ihm forderte. Nun musste es zur Entscheidung kommen.

## Interrogativpronomen (substantivisch, adjektivisch)/ Fragesätze (Wortfragen, Satzfragen)

G

Nōnia: Quis impetum in Clōdium fēcit? Quī vir eum interfēcit?
Quīntus: Ego īgnōrō. Quid cīvēs dē morte Clōdiī nārrant?
Nōnia: Multī dīcunt comitēs Milōnis Clōdium interfēcisse. Num nunc pāx in cīvitāte est?
Quīntus: Pāx nōn est. Pūgnās novās sustinēre debēmus. Nōnne fīnem reī pūblicae timēs?
Nōnia: Fīnem reī pūblicae timeō. Quī cōnsul rem pūblicam servāre potest? Cuī cōnsulī fidem habēmus? Potestne Pompēius pūgnīs fīnem facere?

# Erste Übungen

**1** Dekliniere und achte bei den Interrogativpronomina auf den Unterschied in der adjektivischen und der substantivischen Verwendung:

a) quis? quī vir? quae fēmina? b) quid? quod cōnsilium?

S · T · K · M
Deklination der Pronomina beherrschen

**2** Ergänze das passende adjektivische Interrogativpronomen und übersetze:

| | | |
|---|---|---|
| a) ? rēx? | b) ? imperātōrem? | c) ? populōs? |
| d) ? prōvincia? | e) ? templa? | f) ? exercituī? |
| g) ? glōriam? | h) ? cōnsilium? | i) ? lēgēs? (2) |

**3** Ergänze die fehlenden Interrogativpronomina bzw. Fragepartikel und übersetze die Sätze:

nōnne – quae – quis – -ne

a) Nōnia: ? Clōdium interfēcit?
b) Quīntus: Comitēs Milōnis Clōdium interfēcērunt. Cōgnōvistī ? Cicerōnis ōrātiōnem prō Milōne?
c) Nōnia: Ōrationem nōn cōgnōvi. ? cōnsīlia Clōdius et Milō habuērunt? ? summum imperium petīvērunt?
d) Quīntus: Ita est. Et Clōdius et Milō cōnsulātum petīvērunt.

S · T · K · M
Fragewörter im Kontext einsetzen und übersetzen

W

Et Caesarī et Pompēiō maxima *auctōritās* fuit. Hic māgnās *regiōnēs* Asiae expūgnāvit. Caesar, cum *prōcōnsul* in Galliā esset, tōtam *ferē* Galliam *ūsque* ad Ōceanum *subiēcit*. Quō modō *potentiam* et glōriam *auxit*. Senātus autem Pompēiō *fāvit*. Itaque Caesar, cum Galliam relinqueret, exercitum nōn dīmīsit, ut senātus *popōscerat*, sed cum mīlitibus in Italiam contendit et bellum *cīvīle commīsit*.

# L „Iacta alea est!“

Lucius möchte von Quintus mehr über die unruhigen Jahrzehnte in Rom und über das Verhältnis zwischen den drei Männern im Triumvirat, Crassus, Cäsar und Pompeius, wissen:

Lūcius: Cuī ex tribus virīs tum maxima auctōritās erat?

Quīntus: Tum Pompēius maximam auctōritātem habuit, nam paucīs annīs ante in Asiā multās regiōnēs expūgnāverat.

Lūcius: Quās regiōnēs Pompēius expūgnāverat? Quōs rēgēs et imperātōrēs vīcerat?

Quīntus: Pompēius Mithridātem et Tīgrānem rēgēs superāverat, Bīthȳniam et Pontum, Syriam, Iūdaeam expūgnāverat.

Lūcius: Nōnne Pompēius triumphum celebrāvit, postquam Rōmam rediit?

Quīntus: Ita est. Pompēius triumphum praeclārum celebrāvit. Populus eum cum Alexandrō Māgnō comparāvit.

Lūcius: Nōnne etiam Caesar imperātor clārus erat?

Quīntus: Ita est. Caesar, cum prōcōnsul in Galliā Cisalpīnā[1] esset, tōtam ferē Galliam ūsque ad Ōceanum subiēcit. Quō modō potentiam suam et glōriam auxit.

Lūcius: Num senātōribus placuit Caesarem tam potentem esse?

Quīntus: Ita nōn est. Eō tempore, cum Caesar Galliam expūgnāvit, senātus Pompēiō fāvit et populus Rōmānus eum ter[2] cōnsulem creāvit. Ā Caesare autem senātōrēs popōscērunt, ut sine exercitū Rōmam redīret.

Lūcius: Placuitne Caesarī hoc cōnsīlium? Parātusne erat exercitum dīmittere?

Quīntus: Hoc cōnsīlium prōcōnsul recūsāvit. Quī ā senātōribus popōscit, ut sibi iterum cōnsulātum dēferrent. Id autem senātus negāvit.

Lūcius: Quid Caesar tum fēcit? Cur bellum cīvīle commīsit?

Quīntus: Caesar, cum exercitum ad Rubicōnem[3] flūmen dūxisset, ad rīpam flūminis cōnstitit et: „Etiam nunc“, inquit, „redīre possumus. Sī pontem trānsierimus, dē summā rērum dēcertāre[4] dēbēbimus.“ Dum mīlitēs cessant, Caesar ad alteram rīpam trānsiit et clāmāvit: „Iacta ālea est!“[5] Tum cum exercitū in Italiam contendit.

[1] **Gallia Cisalpīna** das diesseitige Gallien

[2] **ter** zum dritten Mal

[3] **Rubicō, Rubicōnis** der Rubikon

[4] **dē summā rērum dēcertāre** um die letzte Entscheidung kämpfen

[5] **Iacta ālea est.** Der Würfel ist geworfen.

Caesar am Rubikon (Paris, Louvre, Cabinet de Dessins). Diese mittelalterliche Illustration spiegelt wider, wie der Maler sich Caesar am Rubikon vorgestellt hat. Dabei fügt er zwei antike Berichte in sein Bild ein: Der römische Schriftsteller Lucan berichtet, dass der Geist von Rom – in Gestalt einer jungen Frau – Caesar gebeten habe, am Fluss Halt zu machen. Sueton erzählt, dass ein überirdisches Wesen auf einer Rohrpfeife gespielt habe, dann aber verschwunden sei.

# Übungen

**1** Stelle aus dem Lesestück alle Wörter zusammen, die zum Sachfeld „Herrschaft, Kampf, Sieg/Niederlage“ gehören, und ordne sie in einer Tabelle nach Wortarten.

S • T • K • M
Sachfelder erstellen

**2** Stelle aus dem Lesestück in einer Tabelle alle Wortfragen und alle Satzfragen zusammen und gib jeweils die lateinische Antwort an.

S • T • K • M
Fragesätze erkennen und unterscheiden

**3** Wortfrage oder Satzfrage? Übersetze und bestimme die Art des Fragesatzes:

Nōnia ē Quintō quaerit:

a) Quīnte, nōnne audīvistī C. Marium ē vītā discessisse?
b) Quōs hostēs Marius vīcit?
c) Iterumne Marius condidit Rōmam?
d) Nōnne Marius fuit patrōnus plēbis?
e) Num Marius virōs nōbilēs timuit?
f) Quem Marius semper adiūvit?

**S • T • K • M**
Satzarten umformen

**4** Zurück zur Frage: Formuliere eine Frage, auf die die unterstrichenen Wörter eine Antwort geben. Verwende das substantivische Interrogativpronomen.

Beispiel: Antwort: Pompēius <u>Mithridātem et Tigrānem</u> rēgēs in Asiā vīcit.
Frage: Quem Pompēius in Asiā vīcit?

a) Pompēius post victōriās <u>triumphum</u> celebrāvit.
b) Māgna potestās Caesaris <u>senātuī</u> nōn placuit.
c) Senātōrēs <u>ā Caesare</u> popōscērunt, ut exercitum dīmitteret.
d) <u>Caesar</u> cum mīlitibus Rōmam contendit.
e) Postrēmō legiōnēs <u>Caesaris</u> exercitum Pompēī vīcērunt.

**S • T • K • M**
Wörter im Kontext einsetzen und bestimmen

**5** Vielfältiges quī, quae, quod. Setze die jeweils passende Form ein, bestimme die Wortart (Interrogativpronomen, Relativpronomen oder Subjunktion) und übersetze den Satz.

quem – quod – quae – quī – quī – cuius – quī – quās – quod – quī

a) Pompēiō et Caesarī et Crassō maxima potestās erat. ? cōnstituērunt, ut senātus sibi parēret.
b) Pompēius, ? populus Rōmānus Māgnum dīcēbat, in Asiā multās regiōnēs expūgnāverat.
c) ? ille prōvinciās cōnstituit.
d) ? senātuī nōn placuit.
e) Potentia Caesaris valdē crēverat, ? tōtam ferē Galliam subiēcerat et māgnās dīvitiās sibi parāverat.
f) Senātōrēs fāvērunt Pompēiō, ? nōn iam Caesarem, sed senātum adiūvit.
g) ? ā prōcōnsule popōscit, ut exercitum dīmitteret et Rōmam redīret.
h) Tum Caesar sēcum cōgitāvit: „ ? cōnsilia Pompēius habet? Eritne pūgna inter mē et Pompēium? ? imperātor summum imperium habēbit?“
i) Postrēmō Caesar, ? audācia māgna erat, bellum cīvīle commīsit.

**S • T • K • M**
Berühmte Persönlichkeiten der Antike und ihre Taten kennen

**6** a) Beschreibe das Münz-Porträt des Pompeius (S. 48) und vergleiche es mit der Büste S. 35. Nenne eine wichtige Gemeinsamkeit.
b) Erkläre, warum Caesar und Pompeius ihre militärischen Erfolge auf Münzen darstellen ließen (S. 48).

**S • T • K • M**
Darstellungen historischer Ereignisse beschreiben und vergleichen

**7** Beschreibe die mittelalterliche Illustration auf S. 51 und nenne Gemeinsamkeiten und Unterschiede zum Text des Lesestücks.

# Lektion 35

## Das Ende der res publica – Wollte Caesar König werden?

Die Auseinandersetzung zwischen Caesar und Pompeius wurde im Jahre 48 v. Chr. in der Schlacht bei Pharsalus (Nordgriechenland) durch Caesars Sieg entschieden: Pompeius floh nach Ägypten und wurde dort ermordet. Durch weitere Feldzüge und Schlachten in Afrika und Spanien gegen seine politischen Gegner entschied Caesar den Bürgerkrieg endgültig für sich. Der Senat verlieh ihm nun zahlreiche Ehrungen wie den Titel Imperator (Oberbefehlshaber über alle römischen Truppen) und ernannte ihn zum Diktator auf zehn Jahre, im Jahre 44 sogar auf Lebenszeit (dictātor perpetuus), außerdem zum Konsul für zehn Jahre. Schon seit 63 v. Chr. war Caesar außerdem der oberste Priester (pontifex maximus).

Trotz seiner großen Macht bestrafte Caesar seine Gegner in Rom nicht, sondern er begnadigte sie. Durch seine Milde brachte er auch sein Überlegenheitsgefühl zum Ausdruck.

In der folgenden Zeit begann Caesar mit umfangreichen Reformen: Viele Arbeitslose beschäftigte er durch seine rege Bautätigkeit, Bedürftige und kinderreiche Familien in Rom erhielten kostenlos Getreide, Nachlass bei Mietzahlungen und andere Sonderzuwendungen. Er siedelte ca. 80 000 Plebejer in verschiedenen Teilen des Reiches in Kolonien an und reduzierte auf diese Weise die plēbs in Rom. Die Einführung des julianischen Kalenders mit 365 Tagen war ebenfalls eine bedeutende Reform, die bis heute nachwirkt.

Caesars Regierungsstil entsprach jedoch nicht den Vorstellungen der senatorischen Führungsschicht, die wollte, dass die alte lībera rēs pūblica wiederhergestellt wurde. Diese existierte jedoch nicht mehr. Am Lupercalien-Fest (15. Februar) des Jahres 44 v. Chr. zeigte sich deutlich, wie Caesar seine Herrschaft auffasste: Er trat in der Tracht der etruskischen Könige im Purpurgewand und mit einem goldenen Kranz in der Öffentlichkeit auf.

Als immer deutlicher wurde, dass Caesar seine große Machtfülle nicht zur Wiederherstellung der alten rēs pūblica einsetzte, fassten etwa 60 Senatoren unter der Führung von Cassius und Brutus den Entschluss, Caesar zu ermorden und den Staat der Vorfahren wiederherzustellen. Als Termin für die Ermordung bestimmten sie eine Senatssitzung an den Iden des März (15.3.) 44 v. Chr. Ort der Sitzung war die Kurie beim Pompeius-Theater.

Münze aus dem Jahr 44 v. Chr. Caesar trägt einen goldenen Kranz; hinter dem Hals der lituus (Krummstab), das Kennzeichen der Auguren. Zum ersten Mal in der Republik ist das Porträt eines Lebenden abgebildet. (London, Britisches Museum)

G

## Indirekter Fragesatz

Lūcius: Quis Syriam et Iūdaeam expūgnāvit?

Quīntus: Rogās, quis Syriam et Iūdaeam expugnāverit. Pompēius hās prōvinciās subiēcit. Lūcī, scīsne, quam prōvinciam Caesar expūgnāverit?

Lūcius: Sciō Caesarem Galliam expūgnāvisse. Cūr Caesar bellum cum Pompēiō gessit?

Quīntus: Nesciō, cūr Caesar bellum cum Pompēiō gesserit.

Lūcius: Herī patrem rogāvī, utrum senātus Caesarī an Pompēiō fāvisset. Pater haec respondit: Cum senātus Pompēiō fāvēret, Caesar ad flūmen Rubicōnem cōgitāvit, num flūmen trānsīret.

# Erste Übungen

S • T • K • M
Konjugationen beherrschen

**1** Formenreihe. Setze die Formen in die Konjunktive des Präsens- und des Perfektstamms:

parō – habet – veniunt – capis – petitis – adīs

**2** Forme um in die entsprechenden Formen des Konjunktivs:

| | | | |
|---|---|---|---|
| a) accēdunt | b) augēbāmus | c) popōscī | d) volāvistī |
| e) temptāverātis | f) favet | g) comparābant | h) dēcrēveram |

S • T • K • M
Satzarten umformen

**3** Übersetze die direkten Fragen. Verwandle sie dann in indirekte Fragen, indem du sie abhängig machst von: Quīntus īgnōrat .../Quīntus īgnōrāvit ...

a) Quōmodo Caesar in Galliā Cisalpīnā potentiam auxit?
b) Quid senātōrēs ā Caesare poscunt?
c) Cūr Caesar Rubicōnem flūmen trānsit?
d) Num Caesar parātus erat ad bellum cum Pompēiō?

W

Nōnnūllī senātōrēs, quia Caesarem nōn cōnsulem, sed rēgem esse *exīstimāvērunt*, *dēcrēvērunt* eum occīdere. Caesar, cum *somnia* mīra habuisset, *dubitāvit* cūriam adīre. Calpurnia uxor dīxit: „Sī cūriam adībis, mē cūrīs *afficiēs*. Tē rogō, ut *domī maneās*.“ Cum Caesar *dubitāret*, Brūtus appāruit et rogāvit, ut ad senātum venīret.

# Die Iden des März

Der Schriftsteller Sueton berichtet, was in den letzten Tagen und Stunden vor Caesars Tod passierte.

Caesar, cum fīliōs Pompēī Māgnī superāvisset, Rōmam rediit. Ibi senātōrēs eī multōs honōrēs dēcrēvērunt, velut cōnsulātum continuum[1], perpetuam dictātūram[2], statuam inter rēgēs[3]. Nōnnūllī autem senātōrēs, quī exīstimābant Caesarem nōn cōnsulem, sed rēgem esse, cōnsilium cēpērunt eum occīdere. Diū sēcum cōgitābant, utrum Caesarem in Campō Mārtiō an in Viā Sacrā occīderent. Tandem eīs placuit īnsidiās parāre in cūriā Pompēī[4], quō senātōrēs Īdibus Mārtiīs[5] convenīrent.

Caesarī multa sīgna mortem futūram ostenderant. Ante Īdūs Mārtiās in somniō vīderat sē suprā nūbēs volāre et cum Iove dexteram iungere. Etiam Calpurnia, uxor eius, timēbat, nē inimīcī Caesarem occīderent. Itaque eum implōrāvit: „Cōgitā, quantīs cūrīs mē afficiās! Timeō, nē senātōrēs tibi īnsidiās parent. Tē ōrō, nē eō diē cūriam adeās!"

Caesar prīmum nescīvit, quid faceret. Diū dubitābat, num domī manēret. Subitō Decimus Brūtus appāruit et rogāvit, cūr nōn venīret: „Senātōrēs iam diū tē exspectant."

Quod cum Caesar audīvisset, tandem ad theātrum Pompēī iit et cūriam intrāvit. Cum ibi consīderet, senātōrēs, quī cōnsilium cēperant Caesarem interficere, eum circumstetērunt[6]. Ūnus ex eīs propius[7] accessit. Cum Caesar eum rogāvit, quid in animō habēret, subitō aliī senātōrēs gladiōs ēdūxērunt et eum petīvērunt. Caesar sē dēfendere temptāvit, sed frūstrā: Senātōrēs eum occīdērunt. Corpus Caesaris diū in cūriā iacuit; dēnique trēs servī eum domum rettulērunt.

Die Ermordung Caesars, Gemälde von Carl-Theodor von Piloty, 1865 (Hannover, Niedersächsisches Landesmuseum)

[1] **continuus, a, um** ununterbrochen

[2] **dictātūra, ae f.** das Amt des Diktators

[3] Damit sind die Statuen der römischen Könige auf dem Kapitol gemeint.

[4] **cūria Pompēī** die Kurie beim Pompeiustheater

[5] **Īdibus Mārtiīs** an den Iden des März (15. März)

[6] **circumsistere, circumsistō, circumstetī** (jemanden) umringen

[7] **propius** (Adv.) näher

# Übungen

S • T • K • M
Textaussagen reflektieren

**1** Erkläre mithilfe des Infotextes und des Lesestücks, warum einige Senatoren beschlossen, Cäsar zu ermorden.

S • T • K • M
Fragesätze erkennen und unterscheiden

**2** Stelle aus dem Lesestück alle indirekten Fragesätze zusammen:
a) Unterscheide sie nach Wort- und Satzfragen und trage sie in eine Tabelle ein.
b) Notiere jeweils das Prädikat des Haupt- und des konjunktivischen Gliedsatzes und gib deren Zeitverhältnis an.

**3** Fragen über Fragen! Übersetze die direkten Fragesätze. Verwandle sie dann in indirekte Fragesätze, indem du sie abhängig machst von: Quīntus scit .../ Quīntus scīvit ...

a) Cūr senātōrēs Caesarī īnsidiās parant?
b) Ubi senātōrēs conveniunt?
c) Cūr Caesar cūriam intrat?
d) Quis Caesarem in cūriā exspectāvit?
e) Quōmodo senātōrēs Caesarem occīdērunt?

S • T • K • M
Modus- und Tempusgebrauch erkennen und kontextgerecht übersetzen

**4** Übersetze und bestimme das Zeitverhältnis:

a) Audīvistī, ubi senātōrēs Caesarem interfēcissent.
b) Scīsne, quis Caesarī in somniō appāruerit?
c) Cum Calpurnia dē illō somniō audīvisset, Caesarem monuit:
d) „Tē ōrō, ut domī maneās!"
e) Brūtus rogāvit, cūr Caesar cūriam nōn adīret.

S • T • K • M
Verbformen im Kontext einsetzen und übersetzen

**5** Lückenfüller. Setze die Verben in Klammern in den passenden Konjunktiv und übersetze:

a) Caesar nescit, utrum domī ? (manēre) an ad cōnsilium senātūs ? (īre).
b) Calpurnia implōrat, nē Caesar cūriam ? (adīre).
c) Brūtus rogat, ut Caesar in cūriam ? (venīre).
d) Cum Caesar sē dēfendere ? (temptāre), senātōrēs eum occīdērunt.
e) Magister rogāvit, utrum senātōrēs Caesarem in Campō Mārtiō an in cūriā ? (occīdere).

S • T • K • M
Darstellungen historischer Ereignisse kennen, beschreiben und vergleichen

**6** Beschreibe das Gemälde von Carl-Theodor von Piloty (S. 55) und erläutere, welchen Moment der Maler beleuchtet. Berücksichtige dabei auch das Lesestück.

**7** Die Inschrift auf der Münze (S. 53) lautet: CAESAR – DICT – QUART. Erschließe die Bedeutung dieser Abkürzungen.

**8** Erkläre, was die Inschrift EID MAR auf der Rückseite der Münze unten bedeutet. Zwischen den beiden Dolchen ist eine Filzkappe (pīleus) dargestellt, die in Rom Sklaven nach ihrer Freilassung tragen durften. Erläutere, was Brutus mit diesem Symbol zum Ausdruck bringen will.

Münze (Silberdenar), ca. 43/42 v. Chr. Die Vorderseite zeigt des Kopf des Brutus, die Rückseite den pīleus (Freiheitsmütze) zwischen zwei Dolchen, darunter die Inschrift: EID MAR (London, Britisches Museum)

**9** Geflügelte Worte Caesars – Übersetze und erkläre sie:

Vēnī, vīdī, vīcī! Iacta ālea est! Et tū, mī fīlī!
Est rērum omnium magister ūsus.

S • T • **K** • M
Lateinische Sprichwörter kennen

**10** Latein lebt – Nenne die lateinischen Grundformen, die den folgenden deutschen Begriffen zugrunde liegen:

Alternative – Autorität – Dom – Exempel – Favorit – Konserve – Kurs – Publikum – Quinte – Weste – Zar

**S** • T • **K** • M
Fremdwörter erkennen und erklären

Rekonstruktion des Divus-Iulius-Tempels, den Augustus 29 v. Chr. auf dem Forum an der Stelle errichten ließ, an der der Leichnam Caesars im Jahre 44 verbrannt worden war. Zum ersten Mal wurde in Rom der orientalische Brauch übernommen, einen Herrscher nach seinem Tod zu vergöttlichen.

# Plateaulektion 31 – 35

## Grundwissen: Die römische Republik im Wandel

### Die mōrēs māiōrum

Die Sitten der Vorfahren waren für die römischen Adligen (**nōbilēs**) eine sehr wichtige Orientierungshilfe im Leben. Wenn sie ihnen nacheiferten, erreichten sie **virtūs** (Tüchtigkeit im privaten und öffentlichen Leben, Tapferkeit im Krieg), **glōria** (langanhaltenden Ruhm) und **honor** (Ehre). Da die Vorfahren den Römern als Vorbilder galten, deren Taten man immer wieder erreichen oder sogar übertreffen musste, wurden ihre Ahnenbilder (**imāginēs**) in den adligen Familien über Generationen hinweg geehrt und bei festlichen Anlässen in der Öffentlichkeit gezeigt.

### Der cursus honōrum

Die „Ämterlaufbahn" bezeichnete die Reihenfolge der politischen Ämter (**magistrātūs**), die man in Rom durchlaufen musste, um zum höchsten Amt zu gelangen. Alle Ämter waren Ehrenämter (**honōrēs**), für die man kein Geld erhielt. Gewählt wurden die Beamten von der Volksversammlung. Jeder Beamte hatte mindestens einen Kollegen und durfte jeweils nur ein Jahr lang sein Amt ausüben.

| **quaestor** | **aedīlis** | **praetor** | **cōnsul** |
|---|---|---|---|
| Finanzverwaltung | Öffentliche Ordnung | Rechtsprechung | Regierung |

Ein Römer, der es geschafft hatte, Konsul zu werden, obwohl er nicht aus einer der adligen Familien stammte, wurde als **homō novus** („Aufsteiger") bezeichnet. Zu diesen wenigen Ausnahmen zählten Cato, Marius und Cicero.

### Optimaten und Popularen

Seit dem 2. Jahrhundert v. Chr. kam es in Rom zu einer Verarmung der breiten Bevölkerungsschichten und zu einem Anwachsen der **plēbs urbāna**. Diese wählte aber die römischen Beamten; daher war sie für die nōbilēs von großer Bedeutung. Unter ihnen bildeten sich bald zwei Gruppen heraus:

- die **Optimaten** („die Besten"), die die Macht des Senats mit aller Kraft verteidigten,
- die **Popularen** („die Volksfreundlichen"), die sich auf die Seite der plēbs stellten und in der Volksversammlung ihre eigenen politischen Ziele durchzusetzen versuchten.

Zwischen beiden Gruppen kam es im 1. Jahrhundert v. Chr. in Rom immer wieder zu heftigen Auseinandersetzungen und Kämpfen.

# Aufruf zum Umsturz

L

Eine schillernde Gestalt im 1. Jahrhundert v. Chr. war L. Sergius Catilina (108–62 v. Chr.), der zwar aus einer alten Patrizierfamilie stammte, aber in zweifelhaftem Ruf stand. Als er nach seiner Prätur (68 v. Chr.) die Provinz Āfrica verwaltete, soll er die Provinzbewohner so rücksichtslos ausgebeutet haben, dass diese ihn noch vor seiner Rückkehr nach Rom anklagten. Nur durch massive Bestechung erreichte Catilina in diesem Prozess einen Freispruch, doch war seine politische Karriere damit zunächst beendet. Seine Bewerbung für das Konsulat des Jahres 65 wurde abgelehnt. Im Sommer 64 kandidierte Catilina erneut für das Konsulat. Sein Gegenkandidat, der Redner Cicero, wurde von den Rittern und dem überwiegenden Teil der Nobilität unterstützt und zum Konsul des Jahres 63 gewählt. Da entschloss sich Catilina, gewaltsam die Macht zu erobern. Er sammelte eine große Schar gleichgesinnter Anhänger um sich und versteckte seinen persönlichen Ehrgeiz hinter Schlagwörtern der Popularen: Er gab sich als Anwalt der unzufriedenen kleinen Leute aus und versuchte so, einen Umsturz einzuleiten:

L. Catilīna, vir nōbilis, fuit māgnā vī et animī et corporis, sed ingeniō malō. Hic iterum atque iterum cōnsulātum petēbat, sed frūstrā. Itaque, cum cīvēs Cicerōnem cōnsulem creāvissent, novīs rēbus studuit[1]. Postquam amīcōs et sociōs, quī māgnā audāciā erant, clam in domum suam convocāvit, hanc ferē ōrātiōnem habuit:

„Vōs omnēs nōn īgnōrātis, cur cōnsilium cēperim novīs rēbus studēre. Certē vōbis nōtum est, quem cīvēs Rōmānī cōnsulem fēcerint. Num vōbis placet hominem novum nunc cōnsulātum obtinēre, mihi autem nōn licēre reī pūblicae praeesse? Quam futūram condiciōnem vītae exspectābimus, nisī nōs ā potentiā paucōrum nōbilium līberāverimus? Illīs sunt potentia, honor, dīvitiae, nōbis relīquērunt labōrēs, iniūriās, aes aliēnum. Quis ferre potest illōs abundāre[2] dīvitiīs, nōbis dēesse rēs ad vītam necessāriās? Nōnne praestat[3] in proeliō cum potentibus pūgnāre atque ē vitā discēdere quam vītam miseram agere, sine honōre, sine auctōritāte, sine potentiā? Lībertās, dīvitiae, glōria mox nōbis erunt: Nam fortūna haec omnia nōbis praemia[4] pōnet, sī potentes vīcerimus. Itaque mēcum arma capite, mēcum īnsidiās parāte Cicerōnī cōnsulī, gerite mēcum bellum cum potentibus!“

[1] **novīs rēbus studēre** einen Umsturz vorbereiten

[2] **abundāre** (an etwas) Überfluss haben

[3] **praestat** es ist besser

[4] **praemium, ī n.** die Belohnung

Catilina und seine Freunde besiegeln die Verschwörung mit einem Bluteid, Ölgemälde von Salvator Rosa, 1615–1673 (Florenz, Museo di Casa Martelli)

## Methodenkompetenz (10): Texte analysieren

1. Die Ansprache, die Catilina im Lesestück hält, gehört zur Textsorte **Rede**. In ihr spricht Catilina seine Freunde an, um sie zu veranlassen, sich an seinem Umsturzversuch zu beteiligen. Dafür verwendet er zum einen Argumente, die er für überzeugend hält, zum anderen unterstützt er diese Argumente gleichzeitig auch durch eine gut überlegte sprachliche Form. Dabei verwendet er auch **Stilfiguren**.

2. Wichtige **Stilfiguren**, die die Aussage des Textes unterstreichen können, sind:
   - **Alliteration:** Aufeinanderfolgende Wörter beginnen mit demselben Anlaut: Fortēs fortūna adiuvat.
   - **Anapher:** Das Anfangswort bei Satzteilen oder Sätzen wird wiederholt: Ō tempora, ō mōrēs.
   - **Antithese:** Gegensätzliche Begriffe oder Gedanken werden einander gegenübergestellt: Summum iūs, summa iniūria.
   - **Asyndeton:** Wörter, Wortreihen oder Sätze folgen unverbunden aufeinander: Vēnī, vīdī, vīcī.
   - **Parallelismus:** Entsprechende Satzteile oder Sätze werden (bei etwa gleicher Wortzahl) in der gleichen Reihenfolge angeordnet: Numquam aliud nātūra, aliud sapientia dīcit.
   - **Chiasmus:** „Kreuzstellung" (nach dem griechischen Buchstaben „Chi": X) – Inhaltliche entsprechende Wörter oder Wortgruppen werden in umgekehrter Reihenfolge („über Kreuz") angeordnet: Quī mortem timet, amittit gaudia vītae.
   - **Rhetorische Frage:** Eine Frage, auf die keine Antwort erwartet wird, da ihre Antwort dem Redner und seinen Zuhörern längst klar ist.

3. In einer guten Rede bilden **Inhalt** und **Form** immer eine Einheit, um die Zuhörer zu beeindrucken. Wenn du den Gedankengang eines Textes untersuchst, achte daher auf diese drei Aspekte:
   - **Was** sagt der Redner?
   - **Wie** sagt er es? Welchen Gedanken betont er besonders?
   - **Welchen Eindruck** will er durch die Art seiner Darstellung bei seinen Zuhörern hervorrufen?

## Übungen

S • **T** • K • M
Aufbau eines Textes erkennen

**1** Gliedere die Rede Catilinas an seine Freunde in sinnvolle Abschnitte und gib ihnen jeweils eine kurze Überschrift.

S • **T** • K • **M**
Zentrale Begriffe herausarbeiten

**2** Catilina vermittelt seinen Zuhörern den Eindruck, in Rom gäbe es eine „Zweiklassengesellschaft". Stelle in einer Tabelle beide Gruppen, die hier beschrieben werden, gegenüber, und trage aus der Rede alle Wendungen, die Catilina ihnen jeweils zuordnet, ein. Suche dann jeweils einen deutschen Begriff, der beide Gruppen treffend charakterisiert.

S • **T** • K • M
Stilmittel nennen und ihre Absicht klären

**3** Suche heraus, wo sich die oben genannten Stilmittel in der Rede Catilinas finden, und erläutere kurz, welche Absicht der Redner damit verfolgt.

## Methodenkompetenz (11): Die Funktionen des Konjunktivs und seine Übersetzung II

**1.** Du hast bisher den Konjunktiv in abhängigen Begehrsätzen und als Irrealis der Gegenwart und der Vergangenheit kennengelernt (vgl. Plateaulektion 26–30, S. 33). Der Konjunktiv steht im Lateinischen außerdem auch **immer** in **abhängigen Fragesätzen**. Dieser Konjunktiv wird im Deutschen aber mit dem Indikativ übersetzt:

Catilīna dīxit: „Certē vōbīs nōtum est, quem cīvēs Rōmānī cōnsulem **fēcerint**."
Catilina sagte: „Sicher ist euch bekannt, wen die römischen Bürger zum Konsul gemacht **haben**."

**2.** In allen konjunktivischen Gliedsätzen, die du bisher kennengelernt hast, gelten die Regeln der **consecutio temporum**. Du kannst daher immer durch den Vergleich des Tempus des übergeordneten Satzes mit dem Tempus des Gliedsatzes erkennen, welches **Zeitverhältnis** zwischen diesen beiden Sätzen herrscht:

| Tempus des übergeordneten Satzes | Tempus des konjunktivischen Nebensatzes | Zeitverhältnis |
|---|---|---|
| Präsens/Futur | Konjunktiv Präsens | gleichzeitig |
| | Konjunktiv Perfekt | vorzeitig |
| Imperfekt/Perfekt/Plusquamperfekt | Konjunktiv Imperfekt | gleichzeitig |
| | Konjunktiv Plusquamperfekt | vorzeitig |

# Übungen

**1** Suche aus dem Lesestück alle Fragesätze heraus. Bestimme dann jeweils: Handelt es sich um eine direkte oder eine indirekte Frage? Handelt es sich um eine Wortfrage oder eine Satzfrage?

S • T • K • M
Fragesätze erkennen und unterscheiden

**2** Bestimme in den folgenden indirekten Fragesätzen, ob sie mit einem adjektivischen oder einem substantivischen Interrogativpronomen eingeleitet werden. Bestimme außerdem in jedem indirekten Fragesatz das Zeitverhältnis und übersetze ihn erst dann:

a) Audīvimus, quibus verbīs Catilīna amīcōs excitāvisset.
b) Quibus nārrāvit, quod cōnsilium cēpisset et quid in animō habēret.
c) Catilīna explicāvit, quem cīvēs nūper cōnsulem fēcissent et quī virī reī pūblicae Rōmānae praeessent.
d) Ōrātiōne dēmōnstrāvit, quae dīvitiae potentibus essent et quae perīcula sibī īnstārent.

# Lektion 36 – 40

## Aus der römischen Kaiserzeit

Büste Octavians zur Zeit der Schlacht bei Actium (Rom, Kapitolinische Museen)

Nachdem Octavian-Augustus seinen innenpolitischen Gegner Antonius in der Seeschlacht bei Actium im Jahre 31 v. Chr. besiegt hatte, beendete er das Zeitalter der Bürgerkriege. Er war nun die beherrschende politische Persönlichkeit. In seiner Zeit wurde Rom das künstlerische und literarische Zentrum der antiken Welt. Zu keiner Zeit entstanden so zahlreiche Werke von Dichtern und Geschichtsschreibern, die durch die Jahrhunderte wirkten und bis in unsere Gegenwart gelesen werden. Zu diesen bedeutenden Dichtern gehören Vergil, Ovid, Horaz und der Fabeldichter Phädrus.
Gleichzeitig vollzog sich in der römischen Gesellschaft ein Wandel. Mehr als früher beschäftigten sich nun auch Angehörige aus der politischen Führungsschicht mit Kunst, Literatur und Philosophie, die von den Griechen entwickelt worden waren.

Junge Frau mit einem Schreibgriffel und einem Buch in Form von Wachstäfelchen, Wandmalerei aus Pompeji, 1. Jh. n. Chr. (Neapel, Archäologisches Nationalmuseum)

Lesender Bürger mit Thalia, der Muse der Komödie, Fragment eines Sarkophags aus Kleinasien, um 200 n. Chr. (London, Britisches Museum)

- Beschreibe das Porträt des Octavian-Augustus und seine Wirkung.
- Beschreibe das Wandgemälde und das Relief des Sarkophags und erläutere, was die Attribute der Personen zum Ausdruck bringen.

Zur Zeit des Kaisers Augustus lebte Jesus von Nazareth und verkündete den christlichen Glauben. Nach seinem Kreuzigungstod wurde die christliche Religion von den Jüngern Jesu und vom Apostel Paulus über Palästina hinaus verbreitet, zunächst noch im griechischen Sprachraum, später auch in Rom und im gesamten römischen Reich. Da die Christen ihre Gottesdienste nicht öffentlich abhielten und sich weigerten, dem Kaiser als dem dominus et deus zu opfern, erregten sie Misstrauen. Kaiser Nero begann im Jahr 64 n. Chr. mit der ersten Christenverfolgung. Zu großen Christenverfolgungen kam es wieder im 3. Jahrhundert. Kaiser Konstantin der Große brachte die Wende. Er besiegte seinen kaiserlichen Konkurrenten Maxentius „im Zeichen des Kreuzes“ und erließ 313 das Toleranzedikt von Mailand. Damit stellte er die christliche Religion den anderen Religionen gleich. Im Jahr 380 erhob Kaiser Theodosius den christlichen Glauben zur Staatsreligion.

Konstantin der Große, Kopf der Kolossalstatue (Rom, Kapitolinische Museen)

Silbermünze mit dem Kopf Konstantins, 315 in Ticinum geprägt (München, Staatliche Münzsammlung)

Adam-und-Eva-Schale aus Augsburg, 340–350 n. Chr. Die Szene auf der Unterseite der Glasschale zeigt Adam und Eva im Paradies: Eva greift nach dem Apfel am Baum der Erkenntnis. Über dem Baum, an dem sich eine Schlange emporwindet, das Christogramm (Augsburg, Römisches Museum)

- Beschreibe die Münze Konstantins und erläutere, was die einzelnen Attribute zum Ausdruck bringen sollen. (Auf dem Schild rechts unten ist die römische Wölfin abgebildet.)
- Die Adam-und-Eva-Schale wurde wohl in Köln hergestellt und bei Ausgrabungen in einer Latrine nahe der antiken Stadtmauer von Augsburg gefunden. Sie ist das bislang älteste christliche Zeugnis in der ehemaligen Hauptstadt der Provinz Rätien. Erschließe aus dieser Tatsache, auf welchem Weg sich das Christentum im römischen Reich und darüber hinaus verbreiten konnte.

# Lektion 36

## Die Herrschaft des Augustus

Als Augustus im Jahre 14 n. Chr. starb, hatte sich der römische Staat und die römische Gesellschaft während seiner 44-jährigen Herrschaft grundlegend verändert. Für viele seiner Zeitgenossen war die Herrschaft des Augustus gleichbedeutend mit einer Zeit des Friedens (pāx), den alle Römer nach einem Jahrhundert innerer Auseinandersetzungen und Bürgerkriege herbeisehnten. Octavian, der 63 v. Chr. geboren wurde, erlebte als junger Mann die Machtkämpfe zwischen den Popularen und den Optimaten, die in den blutigen Bürgerkrieg (bellum cīvīle) zwischen Caesar und Pompeius mündeten.

Als Neffe und Erbe Caesars musste sich Octavian nach der Ermordung Caesars gegen Marcus Antonius durchsetzen. In der Seeschlacht bei Actium 31 v. Chr. gelang es ihm, die Flotte des Antonius, der sich mit Kleopatra verbündet hatte, zu besiegen. Nun war er unumstrittener Herrscher im Römischen Reich. Vier Jahre später, 27 v. Chr., verlieh der Senat Octavian den Ehrentitel Augustus, „der Erhabene".

Im Gegensatz zu seinem Onkel Caesar, der als dictātor der römischen Republik ein Ende gesetzt hatte, hat Octavian dem äußeren Anschein nach die Republik und deren Institutionen, den Senat und die Beamten, beibehalten. In Wirklichkeit jedoch war er Alleinherrscher: Er ließ sich mehrmals zum Konsul wählen und sich die Amtsgewalt eines Volkstribuns (tribūnus plēbis) übertragen. Außerdem erhielt er die Befehlsgewalt (imperium) über die Heere in den wichtigsten Provinzen. Augustus selbst bezeichnete sich als prīnceps, d. h. als führender Mann im Staat.

Augustus von Primaporta, nach 20 v. Chr. (Rom Vatikanische Museen)

Als sichtbares Zeichen des Friedens ließ Augustus den Janustempel schließen, dessen Tore in Kriegszeiten immer offen standen. Er renovierte viele alte Tempel, errichtete auf dem Palatin einen neuen Apollo-Tempel und erließ Gesetze zum Schutz von Ehe und Familie. Im Jahre 9 v. Chr. wurde zu Ehren des Augustus der Friedensaltar (āra pācis) geweiht. Dichter wie Horaz und Vergil betrachteten die Zeit des Augustus sogar als Wiederkehr des Goldenen Zeitalters. Als Augustus im Jahre 14 n. Chr. starb, wurde ihm zu Ehren sein Sterbemonat „August" genannt. Er selbst wurde offiziell zum Gott erhoben.

Auch wenn viele die Herrschaft des Augustus als Friedenszeit rühmten, gab es auch Stimmen, die sein Verhalten während des Bürgerkriegs kritisierten und seine Herrschaft als Zeit der Unterdrückung beklagten.

## Das Passiv im Präsensstamm

G

1. Senātōrēs Caesarem in cūriā exspectant. – Caesar ā senātōribus in cūriā exspectātur.
   Brūtus ad senātōrēs: „Potestās Caesaris nōs omnēs terret. – Nōs omnēs potestāte Caesaris terrēmur.
   Nōnne vōs, senātōrēs, superbia istīus dictātōris lacessit? – Nōnne vōs, senātōrēs, superbiā istīus dictātōris lacessiminī?“
2. Cassius ad Brūtum: „Etsī tū, Brūte, potestāte Caesaris terrēris et lacesseris – ego ā Caesare neque terreor neque lacessor. Temporibus antīquīs cīvitātēs iam saepe vī et armīs rēgibus superbīs līberābantur. Etiam urbs nostra brevī tempore istō rēge līberābitur.“

# Erste Übungen

**1** Schreibe die passiven Verbformen aus dem G-Teil heraus und vergleiche sie mit den dir bekannten Formen des Aktivs. Gib an, was sich im Passiv an den lateinischen Verbformen verändert.

S • T • K • M
Grundelemente lateinischer Formen kennen

**2** Übertrage die Tabelle in dein Heft, füge die entsprechenden Passiv-Endungen ein und bilde die Konjugation des Präsens Passiv.

| | Stamm | Endung |
|---|---|---|
| 1. Sg. | exspect | ? |
| 2. Sg. | exspectā | ? |
| 3. Sg. | exspectā | ? |
| 1. Pl. | exspectā | ? |
| 2. Pl. | exspectā | ? |
| 3. Pl. | exspecta | ? |

minī tur
or mur
ris ntur

**3** Vom Aktiv ins Passiv und umgekehrt! Übersetze die folgenden Formen und verwandle sie:
temptāris, dēcernitur, afficiam, mūtābunt, augēmus, subiciēbātis

S • T • K • M
Konjugationen beherrschen

W

Octāviānus bellum cīvīle *cōnfēcit*. Adversāriōs reī pūblicae *oppressit*, bonōs mōrēs coluit, templa antīqua *restituit*. Itaque senātus eum Augustum dīxit, Rōmānī eum patrem patriae *appellāvērunt*. Augustus sē nōn rēgem, sed *prīncipem* nōmināvit. Tamen nōnnūllī putāvērunt Augustum, quī in bellō cīvīlī *scelera* commīserat, *paulātim* Rōmānīs lībertātem *sustulisse*.

## L Die Einweihung der Ara Pacis

Bei der Einweihung der Ara Pacis im Jahre 9 v. Chr. unterhalten sich Lucius und Cornelius über den princeps Augustus. Die beiden haben die schwierigen Jahre der römischen Politik nach der Ermordung Caesars jeweils anders erlebt:

Lūcius: Hodiē diēs fēstus[1] ab omnibus Rōmānīs agitur: Nunc pāx perpetua est. Augustus ā cīvibus laudātur, Rōmānī bellīs nōn iam terrentur. Nōnne tū pāce dēlectāris?

Cornēlius: Semper pācem bellō praeferō. Sed fortāsse īgnōrās Octāviānum, quī nunc ā multīs Augustus nōminātur, familiae meae agrōs et vīllam ēripuisse et mīlitibus suīs dedisse. Octāviānus in bellō cīvīlī etiam iussit patrem meum occīdī.

Lūcius: Rēs pūblica multōs annōs ā multīs hostibus opprimēbātur. Augustus autem rem pūblicam dēfendit et ā licentiā virōrum potentium līberāvit.

Cornēlius: Nisī fallor, „rēs pūblica“ nunc nihil nisī nōmen est: Nam ab ūnō prīncipe regimur, nōn ā cōnsulibus et senātū.

Lūcius: Necesse est summam potestātem prīncipī darī.

Cornēlius: Sed pāx Augusta[2] ā nōnnūllīs senātōribus servitūs putātur.

Lūcius: Nisī Augustus bellō cīvīlī fīnem fēcisset, plūrimī Rōmānī pūgnīs perīssent.

Cornēlius: Octāviānus, postquam Marcum Antōnium ad Actium[3] vīcit, omnēs mīlitēs pecūniā atque dōnīs corrūpit. Paulātim etiam populus Rōmānus, quī discordiīs fessus erat, movebātur, ut prīncipī pārēret.

Lūcius: Sed nunc pāx est, quae ab omnibus dēsīderābātur. Ab Augustō bonī mōrēs colentur, templa antīqua restituentur, templa nova aedificābuntur. Tempora mūtābuntur.

Cornēlius: Augustus, quī antea multa scelera commīserat, nunc ā plūrimīs pater patriae appellātur. Bellum cīvīle quidem cōnfēcit, sed sustulit omnibus lībertātem.

[1] **diēs fēstus** der Feiertag

[2] **pāx Augusta** der Friede unter Augustus

[3] **Actium, ī n.** Hafenstadt in Nordwestgriechenland

Die Ara Pacis Augustae, der Altar des Augustus-Friedens

# Übungen

**1** Stelle aus dem Lesestück zusammen, welche unterschiedlichen Äußerungen Lucius und Cornelius über die Herrschaft des Augustus machen. Fasse die positiven und die negativen Einschätzungen jeweils kurz zusammen.

S • T • K • M
Textaussagen reflektieren

**2** Formenstaffel.

S • T • K • M
Konjugationen beherrschen

dēlectāmus → Passiv → Imperfekt → Singular → 3. Person Singular → Aktiv → Futur → Passiv → 2. Person → Plural → Präsens → 1. Person → Aktiv
dūcor → Plural → Aktiv → 3. Person → Imperfekt → Passiv → 2. Person → Futur → Singular → Präsens → Aktiv → 1. Person

**3** Futur I oder Passiv? Lege in deinem Heft eine Tabelle mit zwei Spalten an. Trage in die linke Spalte alle Präsens Passiv-Formen und in die rechte Spalte alle Futur I-Formen ein. Übersetze dann die Formen.

**4** Nōnne tū pāce dēlectāris? (Z. 3): „Wirst du etwa nicht durch den Frieden erfreut?“ → „Freust du dich etwa nicht über den Frieden?“ Übersetze entsprechend:

a) Cīvēs Rōmānī pāce dēlectantur.
b) Cīvēs perīculīs nōn iam terrentur.
c) Cīvēs dīcunt: „Tempora mūtantur.
d) Nōn fallimur.“

**5** Wandle die folgenden Sätze vom Aktiv ins Passiv um. Achte dabei auf den Ablativ: Wird er mit oder ohne Präposition verwendet?

S • T • K • M
Genera verbi beherrschen

a) Bella cīvīlia diū cīvēs Rōmānōs vexābant.
b) Nunc autem pāx Rōmānōs dēlectat.
c) Itaque multī cīvēs Augustum laudant et patrem patriae appellant.
d) Prīnceps templa antīqua restituet.
e) Auctōritās prīncipis rem pūblicam reget.

**6** a) Informiere dich im Lexikon oder im Internet, welches Ereignis auf dem Brustpanzer des Augustus von Primaporta (S. 64) dargestellt ist.

b) Informiere dich im Lexikon oder im Internet, was der kleine Knabe auf dem Delfin neben der Statue des Augustus bedeutet.

S • T • K • M
Berühmte Persönlichkeiten der Antike und ihre Taten kennen

# Lektion 37

## Der Dichter Ovid

In der Zeit des Augustus entstanden zahlreiche bedeutende Werke großer Dichter. Ihr kennt bereits Vergil, den Autor der Aeneis. Ein weiterer hervorragender Dichter war Publius Ovidius Naso, der im Jahr 43 v. Chr. in der italienischen Stadt Sulmo geboren wurde. Er war ein Naturtalent, wie er selbst schreibt (Tristia 4, 10, V. 25 f.):

| | |
|---|---|
| Sponte suā carmen numerōs veniēbat ad aptōs | Ganz von selbst kam mein Gedicht zu den geeigneten Rhythmen |
| et, quod temptābam scrībere, versus erat. | und was auch immer ich versuchte zu schreiben, war ein Vers. |

Ovids bekanntestes Werk sind die Metamorphosen („Verwandlungen"). Wie bei Vergils Aeneis handelt es sich um ein Epos (lange Erzählung in Versen). Die Metamorphosen enthalten zahlreiche Mythen, in denen beschrieben wird, wie ein Gott, ein Mensch oder ein anderes Lebewesen eine neue Gestalt annimmt. Zum Beispiel haben wir schon gelesen, wie Jupiter sich in einen Stier verwandelte und Europa entführte (Lektion 26).

Bedeutend ist auch ein anderes Werk Ovids, sein Lehrgedicht Ars amatoria („Liebeskunst"). In der Antike war es nichts Ungewöhnliches, wenn ein Autor seinen Lesern einen komplizierten Inhalt in Gedichtform erklärte, ihnen also durch ein Gedicht etwas beibrachte. Ungewöhnlich ist jedoch das Thema von Ovids Lehrgedicht: Im Stile eines „Liebeslehrers" erklärt er jungen Männern und jungen Frauen, wo sie ein junges Mädchen oder einen jungen Mann kennenlernen und für sich gewinnen können.

Ein derartiges Werk gefiel Kaiser Augustus jedoch nicht, denn er war sehr um die Bewahrung der guten Sitten bemüht und ließ Ehebruch sogar gesetzlich verbieten. Die Verärgerung des prīnceps über die Liebesdichtungen des Ovid war so groß, dass er den Dichter an den am Schwarzen Meer gelegenen Ort Tomi (heute: Constanza in Rumänien) verbannte. In Tomi entstand das Werk Tristia („Trauergedichte"). Darin schreibt Ovid, er sei wegen carmen et error verbannt worden. Worin der „Irrtum" bestanden haben mag, der Augustus so gegen Ovid aufgebracht hatte, bleibt jedoch ein Rätsel. Auch wenn Ovid den Herrscher immer wieder um Begnadigung bat, durfte er dennoch nicht nach Rom zurückkehren. Ovid starb um das Jahr 17 n. Chr. in Tomi.

Ovid im Exil, Gemälde von Ion Theodorescu-Sion (1915)

## Passiv im Perfektstamm

G

Augustus – ein Heilsbringer?

„Augustum laudō. Nam Augustus Antōnium superāvit. Antōnius ab Augustō *superātus est*. Diū hostēs cīvēs terruerant. Cīvēs diū *territī erant*. Dēnique rēs pūblica *līberāta est*. Cīvibus pāx perpetua *data est*.
Augustus templa nova aedificābit: Sī templa *aedficāta erunt*, dī nōbīs favēbunt. Augustus cīvibus lēgēs novās dabit: Sī cīvibus lēgēs novae *datae erunt*, mōrēs cīvium mūtābuntur."

# Erste Übungen

**1** Erschließe zu den folgenden Partizipien den Infinitiv Präsens Aktiv. Übersetze diesen:

abductum – āctum – āmissum – circumdatum – commissum – commōtum – scrīptum – datum – ductum – imperātum – missum – mōtum – territum

S • T • K • M
Grundelemente lateinischer Formen kennen

**2** Ordne in einer Tabelle die folgenden Passivformen nach ihren Tempora (Perfekt, Plusquamperfekt, Futur II):

abductus est – circumdatī erāmus – commōtī sumus – cōnscrīptī erunt – datum erit – ducta erās – missī erātis – territa sum – laudātus erō

**3** Ergänze jeweils die im Partizip fehlenden Buchstaben, sodass sinnvolle und korrekte Sätze entstehen. Übersetze diese:

a) Lībertās āmiss ? erat. b) Scelera commiss ? sunt.
c) Mīlitēs cōnscrīpt ? erant. d) Nōnia ā Quīntō territ ? est.
e) Quīntus: „Ā patre miss ? sum."
f) „Tū, Nōnia, ā parentibus vocāt ? es."
g) Nōnia: „Ego ā parentibus nōn vocāt ? sum."
h) „Tū, Quīnte, a parentibus vocat ? es."

S • T • K • M
Verbformen im Kontext ergänzen und übersetzen

W

Augustus – ein Unterdrücker?

„Valdē doleō, nam ‚rēs pūblica' nihil nisī nōmen est. Itaque *īnfēlīx* sum. *Lūctus* mē superat. *Sōlācium* quaerō, sed frūstrā.
Potestāte Augustī *perterreor*. Multī poētae quidem *scrībunt*: ‚Augustus nōbīs lībertātem dedit.' Sed errant. Augustus eōs in *errōrem indūxit*."

L

# Ovid – Verbannung fern der Heimat

In seinem Verbannungsort Tomi blickt der Dichter Ovid auf den Abend zurück, an dem er Rom verlassen musste:

Nōnnūllī amīcī in domō meā aderant. Omnēs dolōre ingentī movēbantur. Nam Augustus Caesar imperāverat, ut familiam meam et urbem praeclāram relinquerem. Etiam iusserat mē iam ante lūcem ex urbe discēdere. Uxōrī, quae valdē flēbat, sōlācium dabam.

Subitō ā mīlitibus Caesaris ante domum sīgnum datum est: Omnēs amīcī exclāmāvērunt; nam perterritī erant. Uxor lūctū superāta est. Mēcum discēdere voluit et exclāmāvit: „Ego tēcum urbem relinquam! Ego parāta sum tēcum iter in regiōnēs barbarās facere! Sī tū hinc abductus eris, semper īnfēlīx erō. Tū īrā Caesaris coactus es ex urbe discēdere; ego pietāte coacta sum tēcum discēdere. Coniūnx exsulis[1] sum, itaque etiam ego exsul erō.“

Quibus verbīs uxōris commōtus sum, tamen sine eā domum relīquī. Raeda[2] iam aderat, ultima ōscula[3] data sunt. Tum discessī.

Mē miserum! Mihi ā prīncipe īrātō imperātum est, ut in regiōne īnfēstā vītam agerem. Nunc et tempestātibus et frīgore et hieme perpetuā vexor. Mōribus asperīs barbarōrum perterritus sum. Vītam miseram agō, quia carmen ā mē scrīptum est. Hūc ab Augustō missus sum, quia cāsū in errōrem inductus eram.

[1] **exsul, exsulis m./f.** der/die Verbannte
[2] **raeda, ae f.** der Reisewagen
[3] **ōsculum, ī n.** der Kuss

Ovid-Statue in Constanza

## Übungen

S · T · K · M
Sachfelder erstellen

**1** Schreibe aus dem Übersetzungstext sämtliche Wörter heraus, die zum Sachfeld „Trauer/Leid/Schrecken“ gehören. Ordne diese nach Wortarten.

S · T · K · M
Genera verbi beherrschen

**2** Setze die folgenden Verbformen ins Aktiv. Behalte dabei die Person, den Numerus und das Tempus bei. Unterscheide genau zwischen Zeiten des Präsens- und des Perfektstamms:

abductus eris – āmissa est – coāctī estis – commōtus sum – cōnscrīptī erāmus – dabātur – discēditur – dūcēbāmur – ēductī eritis – imperātum est – inductus eram – missus sum – movēbantur

**3** Setze die folgenden Verbformen ins Passiv. Behalte dabei die Person, den Numerus und das Tempus bei. Unterscheide genau zwischen Zeiten des Präsens- und des Perfektstamms.

abdūcēmus – ageret – commīserō – commovēs – cōnscrībō – dabat – dīmittent – dūxistī – exclāmāvit – indūxērunt – iūsserat – mīsērunt – perterrēbātis – relinquam – scrīpserās – terruerāmus

**4** Setze die fehlenden Formen von esse an den richtigen Stellen ein. Achte dabei besonders auf die richtige Zuordnung von Indikativ- und Konjunktivformen. Übersetze dann.

**S · T** · K · M
Verbformen im Kontext einsetzen und übersetzen

erit – esse – essem – essent – esset – sim – sum – sunt

Ovidius poēta dīcit:
a) Saepe cōgitō, quōmodo ā patriā abductus ? .
b) Ā prīncipe coāctus ? , ut procul ā patriā vīverem.
c) Familiārēs īram prīncipis carminibus meīs excitātam ? existimāvērunt.
d) Certē īrā prīncipis perterritī ? .
e) Nisī carmen ā mē scrīptum ? , domī mānsissem.
f) Nisī in errōrem inductus ? , familiārēs ā mē relictī nōn ? .
g) Sī cōnsilium prīncipis mūtātum ? , fortāsse domum redībō.

**5** Beschreibe das Bild (S. 68) und erläutere, wie der rumänische Künstler Ion Theodorescu-Sion die Stimmung Ovids im Exil zum Ausdruck bringt.

S · T · **K · M**
Darstellungen von Persönlichkeiten der Antike erläutern

**6** Gerade über das lateinische PPP lassen sich zahlreiche deutsche Fremdwörter erklären. Zeichne die Tabelle ab und trage die folgenden Erklärungen von Fremdwörtern in die richtigen Felder ein. Ergänze dann das lateinische PPP und den dazugehörigen Infinitiv sowie eine Bedeutung des Infinitivs.

**S** · T · **K** · M
Fremdwörter erkennen und erklären

Auftrag – Beweggrund – (handgeschriebene) Niederschrift – Sendung/Auftrag – Tagesangabe

| Fremdwort | Erklärung des Fremdworts | lateinisches PPP | lateinischer Infinitiv | deutsche Bedeutung |
|---|---|---|---|---|
| Mandat | Auftrag | mandatum | mandare | übergeben, anvertrauen |
| Datum | ? | ? | ? | ? |
| Manuskript | ? | ? | ? | ? |
| Mission | ? | ? | ? | ? |
| Motiv | ? | ? | ? | ? |

# Lektion 38

Darstellung des Aesop. Holzschnitt im Fabelbuch des Heinrich Steinhoevel (sog. Ulmer Aesop), erstmals 1476/77

So stellte sich der spanische Künstler Diego Velázquez (17. Jh.) den antiken Fabelerzähler Aesop vor (Madrid, Prado-Museum).

## Antike Fabeln

Der schlaue Fuchs (vulpēs), der böse Wolf (lupus) oder der starke Löwe (leō) – all das sind typische Figuren in Fabeln, wie sie heute gern gelesen werden. Tatsächlich ist die Fabel aber eine sehr alte Literaturform, die sich bereits in der griechischen Antike großer Beliebtheit erfreute.

Fabeln – unser Begriff stammt von dem lateinischen fābula – sind kurze Erzählungen, die ihre Leser belehren (docēre) sollen. Dies geschieht zumeist dadurch, dass Tiere (animālia) auftreten, die sich wie Menschen verhalten und sprechen. Dabei legen sie eben auch ganz typische menschliche Schwächen an den Tag. So sollen wir dann aus dem Beispiel, das die Tiere uns geben, eine Lehre für unser eigenes Leben ableiten. Das gilt gleichermaßen für antike und für moderne Fabeln. Der berühmteste Fabelerzähler der Antike war der Grieche Aesop. Er soll im 6. Jahrhundert v. Chr. als Kind von Sklaven geboren worden sein. Die antiken Quellen berichten, dass er sehr hässlich war, aber die Menschen mit seinem Erzähltalent beeindruckte. Seine Werke waren so bekannt, dass schon in der Antike der Name Aesop untrennbar mit der Gattung Fabel verbunden wurde.

So waren die Fabeln des Aesop wiederum der entscheidende Einfluss für den berühmtesten römischen Fabelerzähler Phaedrus, der in den frühen Jahrzehnten des 1. Jahrhunderts n. Chr. lebte und möglicherweise ein Freigelassener (ehemaliger Sklave) des Augustus war. Phaedrus verwandelte Aesops griechische Geschichten in lateinische Gedichte. Mit seinen Fabeln in Versen (versūs) wollte er seine Leser – wie er selbst schreibt – einerseits unterhalten und sie andererseits zu einem klugen Leben bewegen.

Auch in den folgenden Jahrhunderten wurden immer wieder Fabeln geschrieben, und nicht wenige von ihnen geben Stoffe aus den Fabeln des Aesop wieder. In Frankreich wurden die Fabeln von Jean de la Fontaine (17. Jh.) berühmt, in Deutschland die von Gotthold Ephraim Lessing (18. Jh.). Ein berühmter Fabelautor des 20. Jahrhunderts war der Amerikaner James Thurber, der seine humorvollen Tiergeschichten in der modernen Welt spielen ließ. Tatsächlich ist die Fabel alles andere als eine altmodische Literaturform. Ihre Lehren sind bis heute aktuell.

G

## Grund- und Ordnungszahlen/Pronomina ipse und iste

Ovidius poēta trēs libellōs dē „arte amātōriā“ cōnfēcit. Prīmum libellum et secundum adulēscentibus, quī puellam quaerēbant, scrīpsit. In tertiō libellō puellīs cōnsilia bona dedit.
Multī hominēs libellōs Ovidiī amāvērunt. Ovidius ipse autem patriam relinquere dēbēbat. Ab Augustō ipsō coāctus est ex urbe ipsā discēdere. Prīnceps dīxit: „Istī libellī mōribus carent. Rōmānī istōs libellōs nōn iam amābunt.“

# Erste Übungen

**1** Bestimme die folgenden Verbindungen mit iste und ipse nach Kasus, Numerus und Genus. Bilde dann den Nominativ Singular und übersetze die Wendung:

cum coniuge ipsā – ipsīs dolōribus – ipsās domōs – ipsī errōrēs – istud frīgus – istam hiemem – istīus lūctūs – istōs mōrēs – ipsā pietāte – istī sōlāciō

S • T • K • M
Deklination der Pronomina beherrschen

**2** Achte auf die Ähnlichkeiten: Ordne die Formen von ipse und iste den nach Kasus, Numerus und Genus passenden Formen der Pronomina is, hic oder ille zu:

| | | | | | |
|---|---|---|---|---|---|
| 1. ipsō | 2. ipsōrum | 3. istum | 4. istud | 5. istam | 6. ipsīus |
| 7. istārum | 8. ipsī | 9. istōs | | | |

| | | | | | |
|---|---|---|---|---|---|
| a) huic | b) illam | c) eōrum | d) hōs | e) eō | f) hārum |
| g) id | h) eum | i) illīus | | | |

**3** Setze die passenden Pronomina ein und übersetze:

istam – ipsa – istā – ipse – ista

Augustus **?** iūssit Ovidium ex urbe Rōmā discēdere. **?** poenā etiam aliī hominēs affectī sunt, quī prīncipī nōn pāruērunt. Uxor Ovidiī flēvit: „Ego **?** tēcum urbem relinquam.“ Procul ā Rōmā Ovidius nōn **?** vītam ēgit, quam anteā ēgerat, et nōn **?** carmina scrīpsit, quae in urbe Rōmā scrīpserat.

S • T • K • M
Pronomina im Kontext einsetzen und übersetzen

W

Ovidius multōs *versūs* dē „arte amātōriā“ scrīpsit. Poēta *prūdēns* hominēs amōrem *docēbat*. Carmen dē „arte amātōriā“ in trēs *partēs dīvīsit*. Iī *librī* quidem adulēscentibus puellīsque Rōmānīs valdē placuērunt. Prīnceps autem carmina Ovidiī *improba* putāvit.

# L Die Dreistigkeit des Stärkeren

Die Fabeln des Phaedrus zeigen in anschaulicher Form, welche Eigenschaften die Menschen haben und wie sie sich untereinander verhalten. Ein Beispiel ist die Fabel von der Kuh, der Ziege, dem Schaf und dem Löwen:

1 **rīsum movēre** Gelächter erregen; zum Lachen anregen
2 **vacca, ae f.** die Kuh
3 **capella, ae f.** die Ziege
4 **ovis, is f.** das Schaf
5 **cervus, ī m.** der Hirsch

Phaedrus, poēta Rōmānus, multās fābulās, quae ab Aesōpō repertae erant, ipse in versūs Latīnōs vertit. Hīs fābulīs Phaedrus nōn modo rīsum movet[1], sed etiam hominēs cōnsiliō prūdentī mōrēs docet.

In prīmō librō fābulārum, quem Phaedrus cōnscrīpsit, etiam haec sententia dēmōnstrāta est: „Numquam est amīcitia certa cum potentibus." Hanc sententiam vēram esse Phaedrus in eā fābulā, quam dē vaccā[2] et capellā[3] et ove[4] et leōne scrīpsit, docet:

Ōlim tria animālia – vacca, capella, ovis – cum leōne per montēs et silvās ambulābant. Leō ipse plūs valēbat quam ista animālia; tamen sociī leōnis fuērunt. Hī, cum cēpissent cervum[5] ingentī māgnitūdine corporis, istam praedam dīvīsērunt et quattuor partēs fēcērunt. Sed leō comitibus haec dīxit: „Ego prīmam partem tollō, quia ipse sum rēx animālium. Istam secundam partem dabitis mihi, quia fortis sum. Tum tertiam partem tollam, quia plūs quam vōs valeō. Sī autem hanc quartam partem tetigeritis, vōs ā mē ipsō interficiēminī."

Sīc iste leō improbus tōtam praedam abstulit.

Löwe, Schaf, Rind und Ziege, Holzschnitt aus dem „Ulmer Aesop" des Heinrich Steinhoevel

## Übungen

S · T · K · M
Handlungsträger bestimmen und Textaussagen erläutern

**1** Untersuche die Rede des Löwen (Z. 13–22): Bestimme jeweils das Subjekt der Hauptsätze und erläutere dann, wie der Löwe in den Gliedsätzen die Verteilung der Beute begründet.

**2** Erläutere, inwiefern die Fabel die Sentenz des Phaedrus: „Numquam est amīcitia certa cum potentibus“ (Z. 5) veranschaulicht.

S • **T** • K • M
Textaussagen reflektieren

**3** Bestimme die Substantivformen nach Kasus, Numerus und Genus und bilde dazu jeweils die passenden Formen der genannten Pronomina. Achtung: Sämtliche Substantivformen sind mehrdeutig. Es gibt also immer mehrere Lösungen.

**S** • T • K • M
Deklination der Pronomina beherrschen

adulēscentēs (ipse) – populī (iste) – carmen (ille) – cīvis (ipse) – rēs (is – ipse) – diēī (hic – ipse) – versus/versūs (iste – ipse) – partibus (is – iste)

**4** Vom Präsens- in den Perfektstamm und umgekehrt. Verwandle die folgenden Formen (Präsens ↔ Perfekt, Imperfekt ↔ Plusquamperfekt, Futur I ↔ Futur II):

**S** • T • K • M
Konjugationen beherrschen

accipiēs – ablāta sunt – afferret – capiuntur – cōnfectum sit – dēmōnstrātum est – dīvīserat – facta essent – fertur – interfectī erant – reperiēbantur – tetigeritis – vertāmus

**5** Caesar und die Zahlen: Die in den folgenden Sätzen von Caesar verwendeten Zahlwörter sind in deiner Grammatik nicht vollständig aufgelistet. Mithilfe der Grammatik (F 3.4) kannst du ihre Bedeutung erschließen. Unterscheide zwischen Grund- und Ordnungszahlen und übersetze die Sätze:

**S** • T • K • M
Zahlwörter beherrschen

a) Gallia omnis in partēs trēs dīvīsa est. b) Gallī quadringenta oppida dēlēvērunt. c) Hostēs numerō erant quīngentī. d) Erant mīlia nōnāgintā duo virōrum, quī arma ferēbant. e) Caesar trēcentōs mīlitēs cōnscrīpsit. f) Diē quīntō in prōvinciam pervēnit et castra collocāvit.

**6** Leite die Bedeutung der folgenden deutschen Fremdwörter aus den Stammformen der bekannten lateinischen Verben ab:

**S** • T • **K** • M
Fremdwörter erkennen und erklären

Affekt – Division – Doktor – Fakten – Referat – Takt – Transfer – Version

**7** Ordne die entsprechenden italienischen und französischen Zahlwörter den römischen Zahlzeichen zu:

**S** • T • K • **M**
Lateinische Wörter für das Erlernen von Fremdsprachen nutzen

III, VIII, IX, X, XII, XVII, XIX, XX, C, M

I: cento – diciannove – diciassette – dieci – dodici – mille – nove – otto – tre – venti

F: cent – dix – dix-neuf – dix-sept – douze – huit – mille – vingt – neuf – trois

**8** „Stark wie ein Löwe“ – Sammle weitere menschliche Eigenschaften, die durch den Vergleich mit Tieren beschrieben werden, und trage sie in der Klasse vor.

S • T • K • **M**
Informationen präsentieren

# Lektion 39

## Der Brand Roms: Kaiser Nero und die Christen

Die Gefahr einer Feuersbrunst (incendium) war im antiken Rom stets gegenwärtig. Trotz vielfältiger Bemühungen der römischen Kaiser waren die Schutzvorkehrungen in der Millionenstadt ungenügend. Unter der Regierung des grausamen Herrschers Nero kam es im Jahr 64 n. Chr. zu einer besonders schweren Brandkatastrophe, bei der zehn Stadtbezirke zerstört wurden.

Das Verhalten des gefürchteten und ungeliebten Kaisers scheint vor und nach der Brandkatastrophe so auffällig gewesen zu sein, dass sich schnell ein Gerücht (rūmor) verbreitete. Man sagte, Nero selbst habe den Brand gelegt, um ein neues prächtigeres Rom zu errichten, das ganz seinen persönlichen Vorstellungen entspreche. Dieser Vorwurf (crīmen) wog schwer. In die Kritik geraten, bemühte sich der Herrscher nach Kräften, von seiner Person abzulenken, und suchte Leute, die er als Schuldige hinstellen konnte. Er fand sie in den Christen.

„Alexamenos betet seinen Gott an." – (Griechisch geschriebenes) Graffito, mit dem ein Christ verspottet wurde. Aus einer Kaserne der kaiserlichen Garde auf dem Palatin, um 125 n. Chr. Älteste erhaltene Kreuzesdarstellung.

Die christliche Glaubensgemeinschaft war im 1. Jahrhundert n. Chr. in Rom eine Minderheit, die sich vielen Vorwürfen (crīmina) ausgesetzt sah: Christen nahmen nicht aktiv am öffentlichen Leben teil, lehnten heidnische Opferhandlungen (sacra) ab und blieben, insbesondere wenn sie ihre eigenen religiösen Feiern begingen, unter sich. So wurden schnell Gerüchte (rūmōrēs) über sie verbreitet. Man unterstellte ihnen grundsätzlich, sie würden das Menschengeschlecht hassen und einem verrückten Aberglauben anhängen. Es machte sie nicht zuletzt die Tatsache verdächtig, dass sie zu einem Gekreuzigten beteten, zu einer Person, die mit der Todesstrafe für einen Schwerverbrecher hingerichtet worden war.

Da Brandstifter zu den Schwerverbrechern zählten, kam nach Ansicht Neros für die Christen nur eine Strafe (poena) in Betracht: die Todesstrafe (supplicium). Der Kaiser ließ sie aufspüren, gefangen nehmen und auf schauerliche Art und Weise hinrichten. Einmal mehr zeigte sich, wie grausam (crūdēlis) er war. Die Christen starben als Märtyrer.

## Das Partizip Perfekt Passiv/Das Participium coniunctum

G

1. Hodiē quoque fābulīs, quae ā Phaedrō poētā cōnscrīptae sunt, dēlectāmur.
   Hodiē quoque fābulīs ā Phaedrō poētā cōnscrīptīs dēlectāmur.
   Etiam fābula, quae dē amīcitiā cum potentibus cōnscrīpta est, multīs nōta est.
   Etiam fābula dē amīcitiā cum potentibus cōnscrīpta multīs nōta est.

2. Tria animālia, cum cervus ingēns captus esset, eum cum leōne dīvidēbant.
   Tria animālia cervum ingentem captum cum leōne dīvidēbant.
   Sed leō improbus tōtam praedam, cum dīvīsa esset, abstulit.
   Sed leō improbus tōtam praedam dīvīsam abstulit.

# Erste Übungen

**1** Dekliniere folgende Wortverbindungen, die aus einem Substantiv und einem Partizip zusammengesetzt sind:

a) liber cōnscrīptus  b) praeda dīvīsa  c) animal captum

S • T • K • M
Deklinationen beherrschen

**2** Bilde das Partizip Perfekt Passiv folgender Verben:

appellāre, afficere, iubēre, perterrēre, sacrificāre, facere, committere, ēdūcere, discēdere, cōnscrībere, perferre, interficere, capere

S • T • K • M
Grundelemente lateinischer Formen kennen

**3** Übersetze und achte auf das Bezugswort des Partizips:

a) In fābulā ā Phaedrō poētā cōnscrīpta haec ferē comperīmus:
b) Cervus ā quattuor sociīs captus ā leōne interfectus est.
c) Leō praedam in quattuor partēs dīvīsam tamen sociīs nōn dedit.

S • T • K • M
Partizipialkonstruktionen auflösen

Cum Nerō imperātor esset, multī Christiānī *iussū* prīncipis *suppliciō* affectī sunt. Nam prīnceps *incendium* urbis Rōmae Christiānīs *crīminī* dedit. Multī cīvēs autem exīstimāvērunt urbem ā prīncipe ipsō *incēnsam* esse. Nerō, cum hōc *rūmōre* perterritus esset, Christiānōs *comprehendī* et *poenīs crūdēlibus* afficī iussit.

W

Bildnis des Kaisers Nero, um 65 n. Chr.
(Glyptothek, München)

# L Wer hat Rom in Brand gesteckt?

Als nach dem verheerenden Brand Roms die Gerüchte nicht verstummten, Kaiser Nero selbst sei für die Katastrophe verantwortlich, klagte dieser die Christen als Schuldige an und ließ viele von ihnen hinrichten. Über diese Ereignisse diskutieren einige Römer:

Marcus: Audīvī multōs hominēs, quōs populus Christiānōs appellat, nūper iussū prīncipis poenīs crudelibus affectōs esse. Et fēminae et virī in hortīs Nerōnis caesī sunt.

Aulus: Ego hās poenās prīncipis probō. Nam istī Christiānī reī pūblicae nostrae īnfestī sunt. Mōrēs ā māiōribus nostrīs trāditōs neglegunt: Sacrīs nūper in Capitōliō factīs nōn interfuērunt, numquam aut Iovī aut Iūnōnī aut Minervae sacrificant. Nostrōs deōs ōdērunt et pūblicum fugiunt. Nēmō scit, quōs deōs colant et quid faciant.

Quīntus: Ego audīvī Christiānōs certīs diēbus ante lūcem convenīre et Christō cuidam[1] quasi deō carmina canere. Sed scelera ab hīs hominibus commissa esse nōn putō. Num tū putās urbem ā Christiānīs incēnsam esse? Nōnne hunc rūmōrem audīvistī: Caesar, quia in animō habet urbem novam condere, gaudet aedificia incendiō dēlēta esse.

At prīnceps hōc rūmōre perterritus Christiānīs incendium urbis crīminī dedit. Quae crīmina ā familiāribus Caesaris iterum atque iterum repetīta in urbe audīta sunt. Ac profectō plēbs hīs crīminibus excitāta Christiānōs suppliciō affīcī cupīvit. Tum Nerō Christiānōs quaerī et comprehendī iussit. Quī comprehēnsī et incendiī accūsātī in hortīs Nerōnis suppliciō crūdēlī affectī sunt. Tamen multī cīvēs urbem Rōmam nōn ā Christiānīs, sed ā prīncipe ipsō incēnsam esse exīstimant.

[1] **cuidam** Dat. Sg. m. von quīdam: ein gewisser

Karl Theodor von Piloty, Nero auf den Trümmern des brennenden Rom, 1860 (Budapest, Museum der bildenden Künste)

# Übungen

**1** Stelle aus dem Lesestück die lateinischen Wortverbindungen zusammen, in denen Vorwürfe und Vorurteile der Römer gegenüber den frühen Christen zum Ausdruck kommen.

S • T • K • M
Zentrale Begriffe heraussuchen

**2** Stelle aus dem Lesestück alle Partizipien und ihre jeweiligen Bezugswörter zusammen und ordne sie in einer Tabelle nach attributiver und adverbialer Verwendung.

S • T • K • M
Partizipien im Kontext erkennen und unterscheiden

**3** Bestimme die folgenden Formen nach KNG. Schreibe dann nur die Partizipien mit ihrer Grundform heraus:

dōna – data – modīs – mōtīs – mortis – ācrī – āctī – agmina – āmissa – mīrī – missī – fāvī – factī – captīvī – captī – lātum – laetum – versuī – versī

S • T • K • M
Flektierte Formen auf ihre Grundformen zurückführen

**4** Übersetze und achte dabei auf die adverbiale Verwendung des Partizips:

a) Augustus īrā incēnsus Ovidium poētam iussit urbem Rōmam relinquere.
b) Amīcī Ovidiī dolōre māgnō commōtī in domō poētae affuērunt.
c) Uxor Ovidiī lūctū superāta cum poētā Rōmam relinquere voluit.
d) Poēta lūctū uxōris valdē commōtus tamen sine eā ex urbe discessit.

S • T • K • M
Partizipialkonstruktionen beherrschen

**5** Übersetze ins Deutsche und forme dann die lateinischen Sätze um, indem du die Gliedsätze durch die entsprechenden Partizipialkonstruktionen ersetzt.

a) Imperātor Nerō, cum rūmōre perterritus esset, Christiānīs haec crīminī dedit:
b) „Christiānī numquam sacrīs, quae in Capitōliō facta erant, interfuērunt.
c) Mōrēs, quī ā māiōribus nostrīs trāditī sunt, nōn colunt."
d) Etiam plēbs, quia hīs crīminibus excitāta erat, Christiānōs poenīs afficī cupīvit.
e) Itaque multī Christiānī, postquam comprehensī sunt, in hortīs Caesaris interfectī sunt.

**6** a) Beschreibe das Gemälde (S. 78) und erkläre, welche Stimmung über die Herrschaft Neros hier zum Ausdruck kommt.

b) Beschreibe das Graffito (S. 76) und erkläre, inwiefern sich der Erfinder der Kritzelei über Alexamenos lustig macht.

S • T • K • M
Darstellungen historischer Ereignisse beschreiben und erklären

**7** Informiere dich über Symbole bzw. Zeichen des frühen Christentums.

S • T • K • M
Informationen aus anderen Fächern einbeziehen

**8** Unter Nero starben in Rom auch die beiden Apostel Petrus und Paulus den Märtyrertod. Ihre Gräber werden noch heute von Christen aus der ganzen Welt aufgesucht. Überlege, welche Gründe dies haben könnte.

# Lektion 40

## Konstantin der Große

Flavius Valerius Constantinus war römischer Kaiser von 306 – 337. Er wurde 285 als Sohn des Constantius Chlorus und der Flavia Helena in Illyrien geboren. Sein Vater war ein bedeutender Heerführer und hatte ab 293 als einer von drei Mitregenten des Kaisers Diocletian geherrscht.

Weil sich der jugendliche Konstantin in Britannien militärisch bewährt hatte, konnte er nach dem Tod seines Vaters dessen Machtstellung im Westen des imperium Rōmānum übernehmen. Er stützte sich dabei auf seine Truppen, die ihm treu ergeben waren, als er sich gezwungen sah, mit anderen Regenten um die Vorherrschaft zu kämpfen. Einer von ihnen war Maxentius, den Konstantin am 28. Oktober 312 in der Schlacht an der Milvischen Brücke (pōns Mulvius) nördlich von Rom besiegte. Am 29. Oktober wurde er, nun alleiniger Herrscher im Westen des Reiches, mit seinen Truppen ehrenvoll innerhalb der Stadtmauern (intrā moenia) empfangen.

Medaillon Konstantins aus dem Jahr 315 n. Chr.

Mit dem Sieg des jungen Kaisers änderte sich grundsätzlich auch die Lage der Christen, die unter Diocletian noch grausam verfolgt worden waren: Konstantin unterstützte die christliche Kirche großzügig und machte die Bischöfe zu wichtigen Stützen seiner Herrschaft.

Der Konstantinsbogen in Rom (errichtet 313 n. Chr.)

Er selbst ließ sich wohl erst kurz vor seinem Tod 337 taufen. Aber dass seine Soldaten 312 mit dem Christussymbol, d. h. den griechischen Buchstaben X (Chi) und P (Rho), auf ihren Schilden (scūta) in die Schlacht zogen, scheint historisch glaubwürdig zu sein. Ein Medaillon des Jahres 315 zeigt den siegreichen Herrscher mit dem Christusmonogramm am Helm. Und auf der Inschrift des Konstantinsbogens, der ab 313 errichtet wurde, ist davon die Rede, dass der Kaiser mit seinem Heer (cum exercitū suō) nicht nur durch Geistesgröße (mentis māgnitūdine), sondern auch durch göttliche Eingebung (īnstīnctū dīvīnitātis) gegenüber seinem Rivalen Erfolg gehabt habe. Zeitgenossen erzählten sich die Legende, dass Konstantin in der Nacht vor der Schlacht im Traum (somnium) ein göttliches Zeichen (sīgnum dīvīnum) erschienen sei.

## Die Konjunktivformen der Verben im Passiv/Konsekutivsätze/ Finalsätze

G

1. Multī cīvēs nārrant: „Cum urbs Rōma flammīs dēlērētur, imperātor Nerō carmen dē incendiō Trōiae cecinit.
   Cum māgna pars urbis flammīs dēlēta esset, Nerō Christiānōs incendiī accūsāvit.
   Quamquam plūrimī Christiānī suppliciīs affectī sunt, tamen multī cīvēs non putant urbem ā Chrīstiānīs incēnsam esse."
2. Multī cīvēs, cum exīstimārent urbem Rōmam ā Nerōne ipsō incēnsam esse, dīxērunt:
   „Incendium tam vehemēns fuit, ut māgna pars urbis dēlēta sit.
   Incendium tam vehemēns fuit, ut plūrima aedificia servārī nōn possent.
   Nunc imperātor Nerō rūmōribus ita perterritur, ut īram plēbis timeat.
3. Itaque Nerō Christiānōs incendiī accūsat, ut īram plēbis in Christiānōs vertat.
   Christiānōs suppliciīs afficit, nē plēbs sibi incendium crīminī det."

# Erste Übungen

**1** Schlimme Folgen des Stadtbrandes – Übersetze:

S • T • K • M
Gliedsätze in ihrer Sinnrichtung unterscheiden

a) Vīs incendiī tanta fuit, ut multae partēs urbis dēlētae sint.
b) Tantae flammae in viīs erant, ut plūrimī cīvēs fugere nōn iam possent.
c) Tanta multitūdō cīvium per viās urbis errāvit, ut omnēs, quī auxiliō veniēbant, impedīrentur.

**2** Gerüchte über Gerüchte – Übersetze:

a) Nōnnūllī cīvēs dē incendiō urbis haec exīstimāvērunt:
b) Imperātor ipse iussit urbem incendī, ut urbem novam conderet.
c) Cīvēs, quōrum aedificia dēlēbantur, in Campum Mārtium fūgērunt, ut ibi cōnsīderent.
d) Nerō Christiānōs incendiī accūsāvit, nē īra plēbis in eum verterētur.

W

Cōnstantīnus cum Maxentiō contendit: Maxentius *sē* in urbem Rōmam *recēpit*, Cōnstantīnus ante *moenia* urbis castra *collocāvit*. Cui autem nōn *contigit*, ut urbem expūgnāret et Maxentium ex urbe *expelleret*. Postrēmō *accidit*, ut Cōnstantīnō in somniō vōx *dīvīna* appārēret et dīceret: „Sīgnō deī Christiānōrum vincēs!"

# L „Hoc signo vinces!“

Ein Einwohner der Stadt Rom berichtet seinem Freund, der wissen will, was sich in Rom zugetragen hat, von dem Kampf zwischen den beiden Kaisern Konstantin und Maxentius am 28. Oktober 312 bei der Milvischen Brücke:

Petis, ut tibi scrībam, quid nūper ad pontem Mulvium acciderit. Quod libenter faciam, ut omnia, quae ibi facta sunt, comperiās.

Certē scīs, quōmodo cīvēs Rōmānī diū vexātī sint eō bellō cīvīlī, quod Cōnstantīnus et Maxentius imperātōrēs inter sē gerēbant. Cōnstantīnus enim Maxentiō bellum indīxerat[1], ut eum ex Italiā expelleret. Māxentius autem sē in urbem Rōmam recēperat, ut intrā moenia urbis impetūs Cōnstantīnī arcēret, quī ad pontem Mulvium castra collocāverat. Nōtum est, quantā vī ante urbem inter exercitūs pūgnātum sit. Quā dē causā cōpiīs Cōnstantīnī nōn contigit, ut urbem Rōmam expūgnārent.

Post multōs diēs autem accidit, ut Cōnstantīnō in somniō sīgnum deī Chrīstiānōrum appārēret. Et vōx dīvīna eum monuit, ut hoc sīgnum in scūtīs mīlitum notāret[2] atque ita proelium committeret. Statim Cōnstantīnus fēcit, ut vōx dīvīna iūsserat, et cūrāvit, ut sīgnum deī in scūtīs mīlitum notārētur. Hōc sīgnō animī mīlitum Cōnstantīnī ita cōnfirmātī sunt, ut mortem nōn timērent: Cum aciēs īnstrūctae essent, tantā fortitūdine pūgnāvērunt, ut cōpiās Maxentiī vincerent.

Maxentius ipse ad pontem Mulvium fūgit, nē ā mīlitibus Cōnstantīnī occīderētur. Sed ibi multitūdine mīlitum, quī cum eō fugiēbant, pressus in Tiberī flūmine periit. Multī crēdunt Maxentium ā Cōnstantīnō auxiliō deī Chrīstiānōrum victum esse.

Valē!

Pieter Lastmann, Schlacht zwischen Konstantin und Maxentius, 1613 (Bremen, Kunsthalle)

[1] **bellum indīcere** jemandem den Krieg erklären

[2] **notāre** malen, zeichnen

# Übungen

S • T • K • M
Handlungsträger und Satzaussage ermitteln

**1** Verschaffe dir vor der Übersetzung einen Überblick über die Ausgangslage, in der sich Maxentius und Konstantin befanden, indem du aus Z. 3 – 9 jeweils Subjekt und Prädikat herausschreibst.

S • T • K • M
Texte paraphrasieren

**2** Gib mit eigenen Worten den Textinhalt der Zeilen 10 – 22 in der geschilderten Reihenfolge wieder.

S • T • K • M
Genera verbi beherrschen

**3** Schreibe aus dem Lesestück alle Prädikate heraus und forme die aktiven ins Passiv um, die passiven ins Aktiv.

S • T • K • M
Konjugationen beherrschen

**4** Setze die folgenden Perfektformen ins Plusquamperfekt, Präsens und Imperfekt. Beispiel: collocātum sit → collocātum esset → collocētur → collocārētur

commōta sīs – repertae sītis – relictī sīmus – captus sim – laudātae sint

**5** Formenstaffel. Bilde die folgenden Formen:

acceptus es → Konjunktiv Plusquamperfekt → Plural → Konjunktiv Perfekt → Singular → Konjunktiv Präsens → Plural → Konjunktiv Imperfekt → Singular.

S • T • K • M
Gliedsätze im Kontext nach ihrer Sinnrichtung unterscheiden

**6** Lege in deinem Heft eine Tabelle an mit jeweils einer Spalte für abhängige Begehrsätze, Finalsätze und Konsekutivsätze. Übertrage dann die entsprechenden Gliedsätze des Lesestücks unter Angabe der einleitenden Subjunktion und des jeweiligen Gliedsatzprädikats in die Tabelle.

| Begehrsatz | Finalsatz | Konsekutivsatz |
|---|---|---|

**7** Ein Kampf um Rom. Übersetze und gib an, ob es sich bei den Gliedsätzen jeweils um einen Begehrsatz, einen Finalsatz oder einen Konsekutivsatz handelt:

a) Cōnstantīnus optāvit, ut Maxentium vinceret. b) Cōnstantīnus Rōmam contendit, ut cum Maxentiō pūgnāret. c) Maxentius timuit, nē Cōnstantīnō vincerētur. d) Cōpiīs Cōnstantīnī diū nōn contigit, ut Maxentium vincerent. e) Quī intrā moenia sē recēperat, nē ante urbem pūgnāret. f) Cōnstantīnus vōce dīvīnā monitus est, nē dēspērāret. g) Mīlitēs Cōnstantīnī tantā fortitūdine impetum fēcērunt, ut Maxentius eōs urbe arcēre nōn posset.

S • T • K • M
Berühmte Persönlichkeiten und Ereignisse der Antike kennen

**8** Erschließe, was Konstantin zum Ausdruck bringen wollte, als er sich im Jahr 315 mit einem Christusmonogramm am Helm (S. 80) abbilden ließ.

**9** Beschreibe das Gemälde von Pieter Lastmann und erläutere, welcher Augenblick der Schlacht dargestellt ist. Vergleiche das Bild mit der entsprechenden Passage des Lesestücks.

# Plateaulektion 36 – 40

## Grundwissen: Die römische Kaiserzeit

### Von der Republik zum Prinzipat

44 v. Chr. Ermordung Cäsars → weitere Bürgerkriege beginnen

31 v. Chr. Octavian siegt bei Actium über Antonius und Kleopatra

27 v. Chr. Verleihung des Ehrentitels **Augustus** an Octavian → Ende der rēs pūblica, Begründung des Prinzipats

### Die frühe Kaiserzeit (1. Jahrhundert n. Chr.)

- Prinzipat: Die folgenden Herrscher führen den Titel **Augustus** und tragen den Namen von Octavians Adoptivvater **Caesar**, z. B.: Tiberius Iulius Caesar Augustus (14 – 37 n. Chr.), Nero Claudius Caesar Augustus (54 – 68 n. Chr.)
- Unter Kaiser Nero: Gewaltherrschaft, Brand Roms (64 n. Chr.) und erste Christenverfolgung

### Das Zeitalter des Augustus (27 v. Chr. – 14 n. Chr.)

- Ideal der **Pax Augusta**
- Errichtung der Ara Pacis
- Blüte der Literatur:
  Vergil, Aeneis; Horaz, Carmina;
  Ovid, Metamorphosen, Ars amatoria;
  Livius, Ab urbe condita

### Die späte Kaiserzeit (4./5. Jahrhundert n. Chr.)

- 312 n. Chr.
  Sieg Konstantins des Großen an der Milvischen Brücke über Maxentius:
  **„Hōc sīgnō vincēs!"**
- 313 n. Chr.
  Toleranzedikt von Mailand:
  Das Christentum wird als Religion anerkannt.

# Wie soll ich mit den Christen verfahren?

L

Bei der Verwaltung seiner Provinz Bithynien (in der heutigen Türkei) hatte der Statthalter Gaius Plinius häufig schwierige Probleme zu lösen. In solchen Fällen schrieb er stets an Kaiser Trajan nach Rom. In einem berühmten Brief aus dem Jahr 112 n. Chr. fragte er an, wie er mit Christen umgehen soll:

C. Plīnius Trāiānō imperātōrī salūtem dīcit.

Numquam cōgnitiōnibus[1] dē Christiānīs interfuī. Itaque nesciō, quībus poenīs Christiānōs accūsātōs afficere dēbeam. Timeō, nē errem. Tē rogō, ut mē adiuvēs, nē diūtius[2] dubitem!

Christiānī neque nostrōs deōs immortālēs colunt neque imāginibus tuīs sacrificant. Cum haec sacra recūsent, accūsantur. Nesciō autem, quōmodo agam cum iīs, quī Christiānī fuērunt neque iam sunt. Imperāsne, ut illī dīmittantur?

Adhūc hōc modō ēgī: Hominēs accūsātōs rogāvī, utrum essent Christiānī an nōn. Iī, quī dīxērunt sē esse Christiānōs, iterum ac tertiō[3] rogābantur. Tum Christiānī ad mortem abductī sunt.

Nōnnūllī autem negāvērunt sē esse Christiānōs aut fuisse. Dīxērunt quidem sē ante lūcem convēnisse, ut Christō quasi deō carmina dīcerent et cibōs caperent, sed cōnfīrmāvērunt sē nūlla scelera commisisse. Quibus imperāvī, ut imāginī tuae et simulācrīs deōrum apportātīs sacrificārent. Cum id fēcissent, eōs Christō maledīcere[4] iussī. Ad hoc nēmo cōgī potest, quī rē vērā[5] est Christiānus. Ac profectō multī Christō tantopere[6] maledīxērunt, ut dīmitterentur.

Cum numerus Christiānōrum tōtā prōvinciā crēscat, mihi placet tē cōnsulere. Valē!

[1] **cōgnitiō, cōgnitiōnis** f. der Prozess

[2] **diūtius** (Adv.) länger

[3] **tertiō** (Adv.) zum dritten Mal

[4] **maledīcere** (mit Dat.) (jemanden) verhöhnen

[5] **rē vērā** wirklich

[6] **tantopere** (Adv.) so sehr

- Übersetze die Grußworte am Briefanfang und -ende zunächst wörtlich und wähle dann eine Übersetzung, die den heutigen Gewohnheiten entspricht.

S • T • K • M
Textaussagen reflektieren

- Arbeite aus Z. 9–18 heraus, wie Plinius mit denen verfährt, die bei ihm als Christen angeklagt worden sind.

- Informiere dich über die Behandlung der Christen in der Zeit von Kaiser Nero bis Kaiser Konstantin. Vergleiche damit das Vorgehen des Plinius gegenüber den Christen.

S • T • K • M
Informationen aus anderen Fächern einbeziehen

## Methodenkompetenz (12): Stammformen lernen mit Verstand

Folgende Informationen gewinnst du aus den **Stammformen**:
Der Infinitiv Präsens und die Präsensform zeigen dir, wie der **Präsensstamm** lautet. Der Präsensstamm wiederum wird zur Bildung von **Präsens, Imperfekt und Futur I (jeweils in Aktiv und Passiv)** verwendet.
Aus der Perfektform kannst du den **Perfektstamm** erkennen. Dieser wird zur Bildung der **Aktivformen** von **Perfekt, Plusquamperfekt und Futur II** verwendet.
Das **Partizip Perfekt Passiv (PPP)** dient in Verbindung mit Formen von esse zur Bildung der **Passivformen des Perfektstamms (Perfekt, Plusquamperfekt und Futur II)**.
Vergleiche die folgende Tabelle:

<table>
<tr><th colspan="2">monēre</th><th colspan="2">moneō</th><th>monuī</th><th>monitum</th></tr>
<tr><td colspan="4">Präsensstamm: mone-</td><td>Perfektstamm: monu-</td><td>Partizipstamm: monit-</td></tr>
<tr><td colspan="2">Infinitiv Präsens</td><td colspan="2">1. P. Sg. Präsens</td><td rowspan="2">1. P. Sg. Perfekt Aktiv<br>monuī</td><td rowspan="2">1. P. Sg. Perfekt Passiv<br>monitus, a sum</td></tr>
<tr><td>Aktiv<br>monēre</td><td>Passiv<br>monērī</td><td>Aktiv<br>moneō</td><td>Passiv<br>moneor</td></tr>
<tr><td colspan="4">Zeiten des Präsensstamms (Präsens, Imperfekt, Futur I) in Aktiv und Passiv<br>Präsensstamm + Tempuszeichen + Aktiv- oder Passivendungen</td><td>Zeiten des Perfektstamms (Perfekt, Plusquamperfekt, Futur II) nur im Aktiv<br>Perfektstamm + Endungen</td><td>Zeiten des Perfektstamms (Perfekt, Plusquamperfekt, Futur II) nur im Passiv<br>PPP + Formen von esse</td></tr>
<tr><td colspan="6">Das Partizip Perfekt Passiv ohne die Formen von esse kann als Participium coniunctum verwendet werden.</td></tr>
</table>

## Übungen

S • T • K • M
Grundelemente lateinischer Formen beherrschen

**1** Zeichne eine Tabelle (Präsensstamm – Perfektstamm Aktiv – Perfektstamm Passiv) und ordne die im Lesestück vorkommenden Prädikate (ohne Imperative), Infinitive und Partizipien in die richtigen Spalten ein.

**2** Setze die im Text vorkommenden Formen des Infinitiv Präsens Passiv in den Infinitiv Präsens Aktiv und übersetze diesen.

S • T • K • M
Partizipien im Kontext erkennen und unterscheiden

**3** Im Übersetzungstext kommen drei Partizipien (ohne esse) als Participium coniunctum vor. Gib jeweils das Bezugswort an, mit dem sie „verbunden" sind, und überlege, ob diese Partizipien ein Attribut oder ein Adverbiale sind.

# Methodenkompetenz (13): Konjunktivische Gliedsätze unterscheiden

Wenn der Konjunktiv in konjunktivischen Gliedsätzen vorkommt (also in Gliedsatzarten, die immer im Konjunktiv stehen), dann wird er in der Regel mit dem deutschen Indikativ wiedergegeben. Für die richtige Übersetzung ist es wichtig, dass du die **Art** und die **Einleitung** des konjunktivischen Gliedsatzes erkennst. Präge dir daher die folgende Übersicht gut ein:

| Art des Gliedsatzes | Einleitung/Subjunktion | Beispielsatz |
|---|---|---|
| Indirekter Fragesatz | Fragewort (z. B. cūr, quis, quī) oder Fragepartikel (z. B. -ne, num, utrum ... an) | Nesciō, quid facere dēbeam.<br>Ich weiß nicht, was ich tun muss. |
| Abhängiger Begehrsatz | ut („dass"), verneint: nē („dass nicht")<br>nach Verben des Fürchtens und Hinderns: nē („dass"), ut („dass nicht") | Tē ōrō, ut mihi adsīs.<br>Ich bitte dich, dass du mir hilfst.<br>Timeō, nē errem.<br>Ich fürchte, dass ich einen Fehler mache. |
| Finalsatz | ut („damit"), verneint: nē („damit nicht") | Mihi ades, nē dubitem!<br>Hilf mir, damit ich nicht zweifle! |
| Konsekutivsatz | ut („[so]dass"), verneint: ut nōn („[so]dass nicht") | Christō tantopere maledīxērunt, ut dīmitterentur.<br>Sie schmähten Christus so sehr, dass sie freigelassen wurden. |
| Temporalsatz | cum („als", „nachdem") | Cum hominēs dīxissent sē esse Christiānōs, ad mortem abductī sunt.<br>Als die Menschen gesagt hatten, dass sie Christen sind, sind sie zur Hinrichtung weggeführt worden. |
| Kausalsatz | cum („weil") | Cum sacra recūsāverint, accūsantur.<br>Weil sie die Opfer verweigert haben, werden sie angeklagt. |

## Übungen

**S • T • K • M** Gliedsätze unterscheiden

**1** Schreibe aus dem Übersetzungstext alle Konjunktive heraus und ordne sie nach den Arten der konjunktivischen Gliedsätze.

**S • T • K • M** Grundelemente lateinischer Formen beherrschen

**2** Forme die Verben in den anderen Numerus und in den anderen Modus um.

dīmittantur — ēgī — abductī sunt — apportāta erant — sacrificārent

# Lektion 41 – 45

## Die Ausdehnung des Imperium Romanum

Gesichtsmaske des Helms eines römischen Reiters, gefunden in dem Gebiet der Varus-Schlacht (Kalkriese, Museum und Park)

Kopf eines germanischen Kriegers mit dem typischen Suebenknoten in der Henkeltasche des Bronzekessels aus dem Fürstengrab von Czarnówko (Polen), 1. Jh. n. Chr. (Lębork/Polen, Muzeum w Lęborku)

Mit der Eroberung Galliens dehnte Caesar das römische Reich nach Norden aus. Zum ersten Mal drangen die Legionen Roms bis an den Rhein vor. Kaiser Augustus unternahm den Versuch, ganz Germanien zu erobern. Dabei erlitt sein Statthalter Varus im Jahre 9 n. Chr. im Teutoburger Wald eine vernichtende Niederlage. Von nun an beschränkten sich die Römer auf die Sicherung ihrer Grenze an Rhein und Donau. Sie legten befestigte Truppenlager (castra) an und errichteten in den folgenden Jahrzehnten eine Demarkationslinie (līmes). Diesen Limes bauten die Römer bis zur 2. Hälfte des 2. Jahrhunderts als 550 km lange Sperranlage aus, die mit einer Mauer oder einem Palisadenzaun, mit Gräben, Erdwällen, mit Türmen und Kastellen gesichert war. Auch in Britannien (vallum Hadriānī) und sogar in Afrika (fossātum Africae: ein 10 m breiter und 750 km langer Graben) errichteten die Römer Grenzbarrieren.

Wieder aufgebauter Steinturm mit Wall, Graben und Palisade des Limes bei Großerlach-Grab (Rems-Murr-Kreis)

Teil des Hadrianswalls bei Housesteads Crags, Northumberland

- Vergleiche das Erscheinungsbild des römischen Legionärs und des germanischen Kriegers miteinander.
- Informiere dich über den Verlauf des Limes und des Hadrianswalls und berichte darüber in deiner Klasse.

Mit der Ausdehnung des Imperium Romanum ging die Verbreitung der lateinischen Sprache und der Lebensweise der Römer einher. Diese wurden im Wesentlichen durch Veteranen und Kaufleute vermittelt. Heute noch beeindrucken Bauwerke, die von den Römern errichtet wurden. Die romanischen Sprachen sind die Folge der Vermischung der jeweiligen Landessprache mit der lateinischen Sprache.

Der Pont du Gard bei Nîmes. Reste der römischen Wasserleitung beim antiken Nemausus in der Gallia Narbonensis

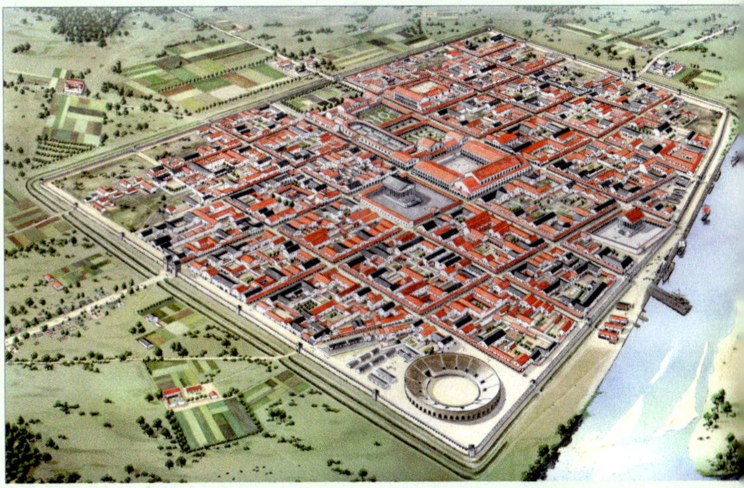

Die Colonia Ulpia Traiana (Modell), 2./3. Jh. n. Chr. Diese Colonia wurde in der Nähe des Römerlagers Castra Vetera angelegt. (Rekonstruktion: LVR-Archäologischer Park Xanten/LVR-Römer Museum)

Die Porta Nigra in Trier (ca. 180 n Chr. und im heutigen Zustand)

- Beschreibe den Plan der Colonia Ulpia Traiana, die in der Nähe des Legionslagers Castra Vetera lag, und nenne die Bauwerke, die es auch in Rom gab. Erschließe, warum es sie auch in der Colonia gab.
- Informiere dich über die Bedeutung Triers in der römischen Kaiserzeit und berichte darüber in deiner Klasse.

# Lektion 41

## Caesar in Gallien

Nach dem Konsulat wurde Caesar im Jahr 58 Prokonsul der gallischen Provinzen und Illyriens. Dies nutzte er, um die Grenzen des römischen Reiches nach Norden zu erweitern und sich so großen Ruhm zu erwerben, wie Pompeius ihn durch seine Eroberungen im Osten erlangt hatte.

Caesar eroberte das Land der Kelten, das die Römer Gallien nannten, in den Jahren 58–52 und beschrieb die Ereignisse in sieben Büchern, den commentāriī bellī Gallicī. Jedem Kriegsjahr widmete er ein Buch. Darin berichtete er sowohl über seine Eroberungen als auch über die Zustände in Gallien und über die Gewohnheiten einzelner Stämme. Die Kriegsführung war nicht einfach, da die ungefähr 300 Völker teilweise untereinander verfeindet waren und es innerhalb einzelner Stämme (cīvitātēs) blutige Auseinandersetzungen gab.

In den ersten vier Jahren seiner Statthalterschaft war es Caesar weitgehend gelungen, in Gallien die Oberhand zu gewinnen. Im Herbst 54 kam es jedoch zu einer Reihe von Aufständen gallischer Stämme, die den römischen Statthalter in erhebliche Schwierigkeiten brachten und die er erst zwei Jahre später endgültig niederschlagen konnte.

Im Sommer 54 hatte es in Gallien eine Missernte gegeben, was auch die Versorgung des römischen Heeres erschwerte. Denn das römische Heer von insgesamt acht Legionen verbrauchte an einem einzigen Tag 90 Tonnen Weizen und 35 Tonnen Gerste. Caesar verteilte seine Legionen auf verschiedene Gegenden Galliens, wo sie ihr Winterlager aufschlugen. Fünfzehn Kohorten (cohortēs), ca. 7500 Soldaten, schickte Caesar in das Gebiet der Eburonen (Eburōnēs), die im Gebiet der Maas (nördlich von Lüttich) siedelten und unter der Führung ihres Königs Ambiorix standen. Diesem, zum Aufstand entschlossen, gelang es durch Taktik und Tapferkeit, in Abwesenheit Caesars das römische Heer vernichtend zu schlagen. Erst durch persönliches Eingreifen konnte Caesar die drohende Aufstandsbewegung unterdrücken. Diese flammte im Jahr 52 noch einmal auf, als der Arverner Vercingetorix an die Spitze der gallischen Stämme trat und ein großes Heer organisierte. Er konnte Caesar bei Gergovia besiegen, wurde aber schließlich in der Festung Alesia, wohin er sich mit seinen Truppen zurückgezogen hatte, eingeschlossen. Dort belagerte ihn Caesar mit seinem Heer so lange, bis sich Vercingetorix und die ausgehungerten Gallier ergeben mussten. Mit dem Sieg von Alesia war der Widerstand der Gallier gebrochen, Caesar konnte Gallien als Provinz in das Imperium Romanum eingliedern.

Römischer Denar des Lucius Hostilius Saserna aus dem Jahr 48 v. Chr. Die Darstellungen beziehen sich auf Caesars Erfolge in Gallien: Vorderseite: Kopf eines Galliers (möglicherweise Vercingetorix); Rückseite: Ein Streitwagen mit einem kämpfenden Gallier

## Das Partizip Präsens Aktiv/Das Participium coniunctum

G

1. Imperātor Maxentius cum ingentī exercitū urbem Rōmam occupāverat.
2. Sed Cōnstantīnus, quia Maxentium ex Italiā expellere cupīvit, cōpiās suās Rōmam dūxit.
   Sed Cōnstantīnus Maxentium ex Italiā expellere cupiēns cōpiās suās Rōmam dūxit.
3. Mīlitēs Cōnstantīnī, quamquam moenia urbis diū oppūgnābant, tamen Rōmam nōn expūgnāvērunt.
   Mīlitēs Cōnstantīnī moenia urbis diū oppūgnantēs tamen Rōmam nōn expūgnāvērunt.
4. Maxentiō, quod ōrāculum timuit, urbem nōn relinquere placuit.
   Maxentiō ōrāculum timentī urbem nōn relinquere placuit.
5. Cīvēs impetū mīlitum, quī māgnā virtūte pūgnābant, perterritī sunt.
   Cīves impetū mīlitum māgnā virtūte pūgnantium perterritī sunt.

# Erste Übungen

S • T • K • M
Deklination der Partizipien beherrschen

**1** Bilde das Partizip Präsens Aktiv im Nominativ und Genitiv Singular zu den folgenden Verben:

collocāre – monēre – comperīre – premere – recipere

**2** Dekliniere schriftlich in deinem Heft:

clāmor ingēns – mīles pūgnāns – uxor petēns

**3** Bilde das Partizip Präsens Aktiv, sodass es mit seinem Bezugswort in KNG übereinstimmt:

cīvēs (timēre) – cōpiārum (pūgnāre) – imperātōrī (iubēre) – mīlitis (expūgnāre) – dux (imperāre) – cīvem (dolēre) – exercituī (petere)

W

Caesar nōnnūllās *cohortēs* in fīnēs Eburōnum mīsit. Postquam mīlitēs Rōmānī castra collocāvērunt, Eburōnēs impetum in Rōmānōs fēcērunt. Quī cōnstituērunt castra relinquere. Gallī, cum hostēs castra relinquere *animadverterent*, exercitum Rōmānōrum *undique* premere *coepērunt* et proelium commīsērunt. Mīlitibus Rōmānīs nōn *pepercērunt*: Rōmānōs *circumvēnērunt* et tēla in mīlitēs *coniēcērunt* et *ōrdinēs* Rōmānōrum fugāvērunt.

# L Cäsars Truppen in schwerer Bedrängnis

Vierzehn Tage nachdem die 15 Kohorten im Gebiet der Eburonen ihr Winterlager aufgeschlagen hatten, gab der Eburonenkönig Ambiorix das Signal zum Aufstand. Mit seinen Kämpfern erschien er vor dem römischen Lager und wollte es erstürmen, doch konnte er von den Römern in die Flucht geschlagen werden. Die Situation blieb jedoch gefährlich und wurde im römischen Kriegsrat besprochen, wo es zu einer heftigen Auseinandersetzung kam. Einige, wie der Legat Lucius Aurunculeius Cotta, wollten im Lager bleiben und sich dort verteidigen; der andere Legat, Quintus Titurius Sabinus, dagegen war für einen sofortigen Abzug der Soldaten. Sabinus setzte sich durch, und so brachen im Morgengrauen des nächsten Tages alle Soldaten auf und verließen das Winterlager. Den weiteren Verlauf der Ereignisse schildert Caesar im fünften Buch des bellum Gallicum:

Eburōnēs, cum animadverterent mīlitēs Rōmānōs castra relinquere, eīs īnsidiās parāvērunt: In silvās sē abdidērunt[1] atque adventum Rōmānōrum exspectāvērunt.

Cum maxima pars agminis Rōmānōrum in māgnam vallem[2] dēscendisset, subitō Gallī sē ostendērunt et exercitum Rōmānūm undique prementēs proelium commīsērunt.

Tum dēmum Sabīnus, quī nihil ante prōviderat, timōre perterritus cohortēs īnstruere coepit. Cotta autem mīlitēs appellāns et ad pūgnam excitāns ipse māgnā cum virtūte proelium iniit.

Hostēs māgnā cum audāciā contendērunt: Tēla in Rōmānōs conicientēs cohortēs Rōmānās ita urgēbant, ut multī mīlitēs Rōmānī occīderentur. Hīs rēbus commōtus Sabīnus nūntium mīsit ad Ambiorīgem mīlitēs suōs ad pūgnam excitantem et rogāvit, ut sibi mīlitibusque parceret. Ambiorīx hās precēs nōn recūsāns nūntiō respondit: „Sī Sabīnus mēcum sermōnem habēre vult, licet. Sed necesse est eum arma abicere.“ Quī fēcit, quae Ambiorīx iusserat.

Ambiorīx sermōnem trahēns cum Sabīnō dē pācis condiciōnibus ēgit. Subitō Sabīnus ab hostibus circumventus et interfectus est. Tum Gallī suō mōre ululātum[3] tollentēs victōriam conclāmāvērunt[4] atque impetum in ōrdinēs Rōmānōrum fēcērunt. Ibi Cotta pūgnāns interfectus est cum maximā parte mīlitum.

Hāc victōriā gaudēns Ambiorīx statim in aliās cīvitātēs Gallōrum contendit et haec dēmōnstrāvit: „Nunc nōbīs occāsiō data est: Tōtam Galliam ā Rōmānīs līberābimus!“

[1] **se abdere, abdō, abdidī** sich verstecken

[2] **vallis, vallis f.** das Tal

[3] **ululātus, ululātūs m.** das Geheul, Geschrei

[4] **victōriam conclāmāre** den Sieg bejubeln

Gallien zur Zeit Cäsars

# Übungen

**1** a) Erfasse <u>vor</u> der Übersetzung des Lesestücks den Handlungsverlauf, indem du in eine Tabelle jeweils für die „römische Seite“ und die „gallische Seite“ das Subjekt, das Prädikat und das Objekt der Hauptsätze einträgst und den Inhalt knapp darstellst.
b) Erläutere <u>nach</u> der Übersetzung, wie die Römer und Gallier jeweils charakterisiert werden.

S • T • K • M
Handlungsträger und Satzaussage ermitteln

**2** Schreibe aus dem Übersetzungstext alle Formen des Partizip Präsens Aktiv sowie ihre Bezugswörter heraus und bestimme sie nach Kasus, Numerus und Genus.

S • T • K • M
Partizipien im Kontext erkennen und bestimmen

S • T • K • M
Verwechselbare Formen unterscheiden

**3** PPA oder kein PPA? Bestimme die Wortart der folgenden Formen:

animadvertēns – potēns – gerēns – gēns – pōns – tollēns – trahentēs – adulēscentēs – dēscendentēs – parcentī – prūdentī – vehementī – ingentibus – urgentibus – incipientis – vehementis – gentium – prementium

S • T • K • M
Deklinationen beherrschen

**4** Die Partizipien haben ihre Bezugswörter verloren. Bilde die passenden Paare:

| | |
|---|---|
| 1. mīlitibus | a) appellantis |
| 2. Gallōs | b) imperantem |
| 3. hostī | c) fugientem |
| 4. imperātōris | d) petentēs |
| 5. rēgem | e) pūgnantium |
| 6. legiōnum | f) expūgnantibus |
| 7. mīlitem | g) īnstantī |

S • T • K • M
Partizipialkonstruktionen beherrschen

**5** Übersetze und ersetze dann die Gliedsätze durch eine Partizipialkonstruktion:

a) Sabīnus lēgātus, quod cōnsilia Gallōrum nōn prōvidēbat, cum cōpiīs castra relīquit.
b) Rōmānī, cum impetum Gallōrum animadverterent, perterrēbantur.
c) Sabīnus, dum dē pācis condiciōnibus cum Ambiorīge agit, circumventus et interfectus est.
d) Cotta, quamquam maximā fortitūdine pūgnābat, tamen occīsus est.
e) Gallī, quia māgnā cum audāciā pūgnābant, Rōmānōs vīcērunt.

**6** Suche das richtige Partizip heraus und übersetze die Sätze:.

a) Eburōnēs castra (relinquentēs/relinquentem/relinquēns) in exercitum Rōmānum impetum fēcērunt.
b) Sabīnus lēgātus impetum hostium (timēns/timentem/timentium) cohortēs instruxit.
c) Cotta māgnā cum virtūte (pūgnante/pūgnāns/pūgnantēs) mīlitēs Rōmānōs ad pūgnam excitāvit.
d) Gallī tēla in ōrdinēs Rōmānōrum (conicientia/conicientēs/conicientium) multōs mīlitēs occīdērunt.
e) Dux Eburōnum lēgātō Rōmānō veniam (petēns/petentī/petentem) tamen nōn pepercit.
f) Cīvitātēs Gallōrum victōriam ab Ambiorīge (nūntiātae/nūntiātō/nūntiātam) māgnō clāmōre celebrāvērunt.

S • T • K • M
Karten vergleichen und zum Informationserwerb nutzen

**7** Vergleiche das von Caesar in Gallien eroberte Gebiet mit einer modernen Karte: Welche heutigen Länder sind durch Caesar zum Gebiet des imperium Romanum gekommen?

# Lektion 42

## Eine bittere Niederlage in Germanien

Zu Beginn des 1. Jahrhunderts n. Chr. waren römische Truppen schon bis zur Elbe vorgedrungen.

Im Jahre 7 n. Chr. übertrug Kaiser Augustus dem Publius Quintilius Varus das Oberkommando über die am Rhein stationierten römischen Truppen. Varus galt als erfahrener Feldherr, der sich als Statthalter in den Provinzen Afrika und Syrien einen Namen gemacht hatte. In Germanien übernahm er damals die Aufgabe, die neu eroberten Gebiete dauerhaft zu einer römischen Provinz zu machen. Um dieses Ziel zu erreichen, musste Varus im Landesinnern seine Macht durchsetzen, römisches Recht sprechen und die den Germanen auferlegten Abgaben (tribūta) eintreiben. Dieses Vorgehen stieß jedoch bei den Germanen auf Ablehnung.

Deren Anführer wurde der Cheruskerfürst Arminius. Dieser war vermutlich im Kindesalter als Geisel nach Rom gekommen und dort nach römischer Art erzogen worden. Arminius besaß das römische Bürgerrecht und hatte den Rang eines römischen Ritters. Er war mit der Sprache, dem Denken und der militärischen Taktik der Römer bestens vertraut und genoss das uneingeschränkte Vertrauen des Varus, da er in den Jahren 6–9 n. Chr. auf Seiten der Römer gegen Aufständische in Pannonien (Niederösterreich) gekämpft hatte. Nach seiner Rückkehr zu den Cheruskern gelang es Arminius im Alter von 25 Jahren, unterschiedliche germanische Stämme für ein gemeinsames Vorgehen gegen die Römer zu gewinnen.

Im Jahre 9 n. Chr. ließ sich Varus von Arminius in das Gebiet des Teutoburger Waldes locken, da dort angeblich Aufstände ausgebrochen seien. In dem Vertrauen, auf befreundete Stämme zu treffen, bemerkte Varus die List des Arminius zu spät. In unbekanntem und schwierigem Gelände wurden die drei römischen Legionen XVII, XVIII und XIX und neun Hilfstruppen innerhalb von drei bis vier Tagen im Teutoburger Wald bei Kalkriese vernichtend geschlagen.

Briefmarke aus dem Jahr 2009

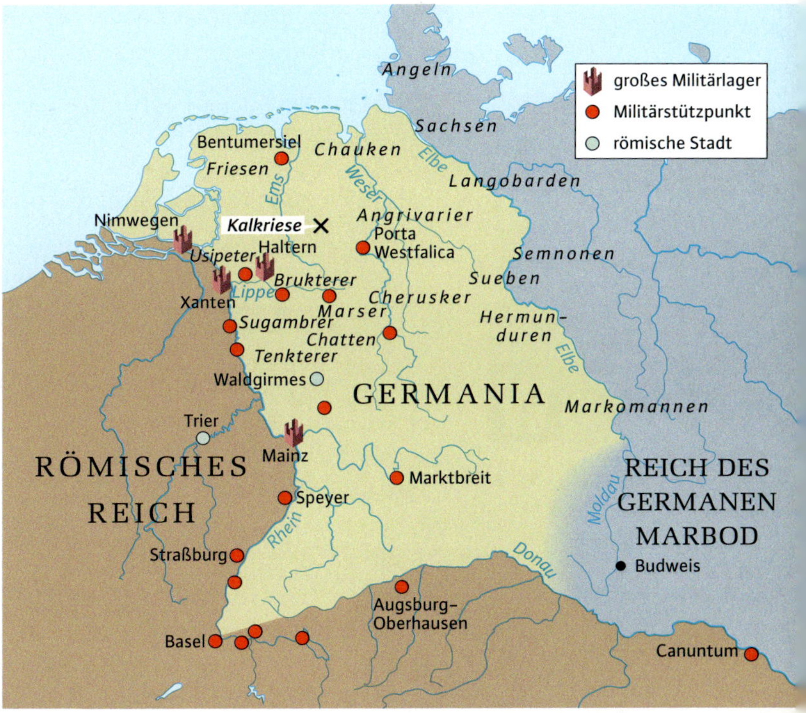

Das römische Reich und Germanien kurz vor der Varusschlacht

## G Das Adverb/Substantiv und Adjektiv als Prädikativum

1. Ambiorīx dux callidus Eburōnum erat. Rōmānīs īnsidiās callidē parāvit.
2. Cotta lēgātus prūdēns erat. Caesaris adventum prūdenter exspectāvit.
3. Mīlitēs Rōmānī fortēs erant. Sed quamquam fortiter pugnāvērunt, ab Ambiorīge victī sunt.
4. Cohortēs Sabīnī lēgātī saepe fēliciter pugnāverant. Sed post victōriam Ambiorīgis paucī mīlitēs miserī in castra rediērunt. Dixērunt: „Sabīnus lēgātus prūdenter nōn ēgit."

# Erste Übungen

S • T • K • M
Wortarten und Satzglieder unterscheiden

**1** Lege in deinem Heft eine Tabelle an und schreibe aus den Sätzen 1–4 die Adjektive in die linke, die Adverbien in die rechte Spalte. Formuliere dann selbst die Regel für die Bildung des Adverbs.

| Adjektiv | Adverb |
|---|---|
| callidus | |

**2** Bestimme in den Sätzen 1–4, welche Satzgliedfunktion das Adjektiv jeweils einnimmt.

S • T • K • M
Verwechselbare Formen unterscheiden

**3** Ordne die folgenden Formen nach Wortarten (Substantiv, Verb, Adjektiv, Adverb):

amīce, opportūnē, celere, respondē, beātē, vocāte, nōbile, occāsiōne, maximē, canere
pater, celeriter, liber, breviter, alter, māter, crūdēliter, miser, fer, dexter, pulcher, ācriter

## W

Cum cōpiae Rōmānōrum *loca* Cheruscōrum relinquerent, Arminius, dux Cheruscōrum, eīs in silvīs et *palūdibus* īnsidiās parāvit. Mīlitēs Rōmānī, quia in aciē pūgnāre et impetum hostium arcēre nōn poterant, *animō dēficiēbant*. Caedēs Cheruscōrum crūdēlis erat. Paucī Rōmānī ē proeliō *effugere* potuērunt. Vārus, dux Rōmānōrum, nōn *bene fēcit, quod sēcūrus* fuit et Arminium amīcum Rōmānōrum putāvit. Ab eō enim *dēceptus est*.

# „Vare, legiones redde!"

L

Nonius unterhält sich mit dem Centurio Lucius, einem der wenigen Soldaten, der den Überfall der Germanen auf die Legionen des Varus überlebt hat:

Grabrelief des Centurio M. Caelius (Bonn, Rheinisches Landesmuseum)

Nōnius: Quōmodo accidit, ut trēs legiōnēs victae essent?

Lūcius: Exercitus noster, cum loca Cheruscōrum incolumis relinqueret, animadvertit Arminium cōpiīs nostrīs īnsidiās parāvisse. Silvīs et palūdibus impedītus in aciē pūgnāre nōn poterat. Germānī autem modo nōs ex īnsidiīs ācriter oppūgnāvērunt, modo sē recēpērunt. Mīlitēs nostrī, cum impetum hostium arcēre nōn possent, nōn iam fortiter pūgnābant, sed animō dēficiēbant. Plūrimī crūdēliter occīsī sunt, paucī ex hāc caede salvī effūgērunt. Vārus imperātor, cum īgnōminiam[1] timēret, vim sibi attulit.

Nōnius: Cōgnōveratne Vārus Arminium callidē dolum adhibuisse?

Lūcius: Vārus quidem audīverat Arminium nōbis īnsidiās parāvisse. Arminium amīcum vērum Rōmānōrum putāns dē eius fidē nōn dubitābat. Itaque imperātor facile dēceptus est.

Nōnius: Vārus nōn bene fēcit, quod tam sēcūrē ēgit. Cūr Arminius ā Rōmānīs dēfēcit, cūr exercituī nostrō turpiter īnsidiās parāvit?

Lūcius: Aliī dīcunt Arminium in animō habuisse omnibus Germānīs praeesse, aliī narrant eum cōnsilium cēpisse Germāniam ā Rōmānīs subiectam līberāre. Nam Vārus Germānīs imperāverat, ut tribūta[2] darent atque lēgibus Rōmānīs pārērent. Quārē Arminius opēs Rōmānōrum nōn iam tolerāns Germānīs celeriter persuāsit, ut Rōmānōs ē Germāniā expellerent.

Nōnius: Nōnnūllī trādunt Augustum, cum haec clādēs Rōmam nūntiāta esset, exclāmāvisse: „Quīntīlī Vāre, legiōnēs redde!"

[1] **īgnōminia, ae f.** der Verlust der Ehre

[2] **tribūtum, ī n.** die Steuer, die Abgabe

# Übungen

S • T • K • M
Sachfelder erstellen

**1** Stelle aus dem Lektionstext (Z. 1–16) alle lateinischen Wörter zusammen, die zum Sachfeld „Kampf/Schlacht" gehören, und ordne sie nach Wortarten (Substantiv, Verb, Adjektiv, Adverb).

S • T • K • M
Textaussagen reflektieren

**2** a) Erläutere, wie die Germanen in der Varus-Schlacht die römischen Truppen besiegten.
b) Arbeite die möglichen Gründe heraus, die Arminius veranlassten, von einem amīcus zu einem hostis der Römer zu werden.
Belege deine Antworten mit den entsprechenden lateinische Textstellen.

S • T • K • M
Semantische Merkmale erläutern

**3** Nenne alle Adverbien in den Zeilen 3–16 und erläutere, wie sich die Darstellung des Geschehens verändert, wenn diese Adverbien fehlten.

S • T • K • M
Wortarten unterscheiden

**4** a) Lege eine Tabelle in deinem Heft an und ordne die folgenden Adverbien und Adjektive in die entsprechende Spalte.
b) Bilde dann die jeweils fehlende Form und ergänze die Tabelle.

callidus, ācriter, bene, sēcūrus, turpis, vērē, vehementer, malē, prūdēns, maximus, longē, graviter

| Adjektiv | Adverb |
|---|---|
| callidus | callidē |
| ... | ācriter |

S • T • K • M
Satzgliedfunktionen des Adjektivs beherrschen

**5** Bilde aus den folgenden Wörtern einen Satz. Überlege, ob das Adjektiv jeweils als Attribut, Prädikatsnomen, Adverbiale oder Prädikativum verwendet wird. Begründe deine Entscheidung.

a) Arminius – callidus – esse. Dux Cheruscōrum – Rōmānī – callidus – īnsidiae – parāre
b) Rōmānī – fortis – pūgnāre – sed – paucī – salvus – caedēs – effugere
c) Vārus – facilis – dēcipī – quod – sēcūrus – esse
d) Augustus – īrātus – esse – cum – nūntius – trīstis – audīre

S • T • K • M
Darstellungen historischer Ereignisse beschreiben und erklären

**6** Beschreibe die Briefmarke (S. 95) und erläutere, warum die abgebildeten Motive für das Jubiläum der Varusschlacht ausgewählt wurden.

# Lektion 43

## Der Rückzug der Römer aus Germanien

Durch die Eroberung Gallliens war der Rhein die Grenzlinie zwischen Rom und den Germanen. Dennoch gab es weiterhin Einfälle rechtsrheinischer Germanenstämme in die neue römische Provinz.
Unter Kaiser Augustus wurden deshalb römische Legionen in Militärlagern am Rhein stationiert, und es wurde damit begonnen, Germanien zwischen Rhein und Elbe zu erobern und als römische Provinz mit der Hauptstadt Köln einzurichten. Die vernichtende Niederlage des Varus und seiner drei Legionen war jedoch ein Rückschlag für diese Pläne und zwang Rom zum Rückzug an den Rhein. In den folgenden Jahren gelang es Tiberius, dem Adoptivsohn und späteren Nachfolger des Augustus, den Rhein als nördliche Grenze des imperium Rōmānum zu sichern. In den Jahren 14–16 n. Chr. unternahm dann Germanicus, der Adoptivsohn des Tiberius, einige siegreiche Feldzüge in Germanien. Doch auch aufgrund von Unruhen in verschiedenen anderen Provinzen, die Roms militärische Kräfte beanspruchten, beschloss im Jahre 16 n. Chr. Tiberius, der seit dem Jahr 14 Kaiser war, die Kriegszüge einzustellen und den Rhein als Grenze zum rechtsrheinischen Germanien (Germānia māgna) durch eine Reihe von Militärlagern zu sichern.
Die Germanen blieben jedoch weiterhin eine Gefahr für Rom: An der Grenze kam es immer wieder zu Aufständen und kriegerischen Auseinandersetzungen.

Germanicus (links) überreicht dem sitzenden Kaiser Tiberius eine Statuette der Victoria als Symbol seines Sieges über germanische Stämme, im Hintergrund Mars und Victoria. Sog. Schwert des Tiberius (in Mainz gefunden), wohl 16/17 n. Chr. (London, Britisches Museum; ergänzte Kopie des Römisch-Germanischen Zentralmuseums Mainz)

## G Der Ablativ mit Partizip (Ablativus absolutus): vorzeitig

1. Postquam loca Cheruscōrum ā Rōmānīs relicta sunt, Germānī exercitum Rōmānum oppūgnāvērunt.
   Locīs Cheruscōrum ā Rōmānīs relictīs Germanī exercitum Rōmānum oppūgnāvērunt.
2. Quia īnsidiae ā Germānīs parātae erant, exercitus Rōmānus in aciē pūgnāre nōn poterat.
   Īnsidiīs ā Germānīs parātīs exercitus Rōmānus in aciē pūgnāre nōn poterat.
3. Cum plūrimī mīlitēs Rōmānī occīsī essent, Vārus imperātor sibi mortem dedit.
   Plūrimīs mīlitibus Rōmānīs occīsīs Vārus imperātor sibi mortem dedit.
4. Haec clādēs legiōnibus Rōmānīs dēvictīs Augustō prīncipī nūntiāta est.

# Erste Übungen

S • T • K • M
Verwechselbare Formen unterscheiden

**1** Suche die Formen heraus, die Partizipien Perfekt Passiv im Ablativ sein können:

rīpā – cōgnitā – dōna – flūmina – abdūctīs – prīncipis – proeliīs – victīs – oppidō – acceptō – portātō

S • T • K • M
Flektierte Formen auf ihre Grundformen zurückführen

**2** Nenne den Infinitiv Präsens Aktiv der folgenden Partizipien:

interrogātō – petītō – datō – dēlētīs – dēceptīs – dictīs – āmissīs

S • T • K • M
Partizipien in den Kontext einsetzen und übersetzen

**3** Setze das passende Partizip im Ablativus absolutus ein und übersetze:

a) oppūgnātīs – b) victō – c) dēceptō – d) cōgnitā

1. Vārō ? Arminius exercitum Rōmānum in palūdibus oppūgnāre potuit.
2. Mīlitibus Rōmānīs ? Germānī in silvās sē recēpērunt.
3. Exercitū Rōmānō ? Germānī lēgibus Rōmānīs nōn iam paruērunt.
4. Calamitāte ? Vārus vim sibi attulit.

## W

Aliquandō Arminiō, dūcī Cheruscōrum, *facultās* data est, ut cum Flāvō frātre, quī in exercitū Rōmānōrum erat, sermōnem habēret. Arminius, cum vidēret frātrem in *ōre vulnus* accēpisse, rogāvit, quōmodo hoc *vulnus* accēpisset. Flāvus locum et proelium referens *praedicāvit mīlitāria* dōna, quae ā Rōmānīs accēperat. Arminius autem ea *praemia* rīsit.

# Zwei feindliche Brüder

L

Während der Feldzüge des Germanicus kam es im Jahre 16 n. Chr. an der Weser (Vīsurgis) zu einer Begegnung zwischen Arminius und seinem Bruder Flavus, der als Soldat im römischen Heer diente. Der römische Schriftsteller Tacitus berichtet von der interessanten Unterhaltung zwischen den beiden Brüdern:

Vīsurgis flūmen Rōmānōs Cheruscōsque interfluēbat[1]. Eius in rīpā Arminius cum cēterīs prīncipibus Cheruscōrum cōnstitit et Germānicum rogāvit, ut sibi licēret cum frātre sermōnem habēre. Quī erat in exercitū Rōmānōrum et Flāvus nōminābātur. Aliquandō in proeliō oculum āmīserat; hōc vulnere acceptō multī Flāvum fortem dūxērunt.

Arminius facultāte ā Germānicō datā, ut sermōnem habēret, Flāvum salūtāvit. Cum comitēs frātrum sē recēpissent, eum interrogāvit, unde dēfōrmitās[2] ōris esset. Respōnsō datō ille quaesīvit, quod praemium accēpisset. Cum Flāvus aucta stīpendia[3] et corōnam[4] et alia mīlitāria dōna commemorāvisset, frāter haec dōna pretia vīlia[5] servitūtis illūsit[6].

Deinde frātrēs verbīs contendere coepērunt. Flāvus māgnitūdinem imperiī Rōmānī et opēs Caesaris praedicāvit et: „Hostibus“, inquit, „sē dedentibus Rōmānī veniam dant. Hostibus autem proeliō victīs Rōmānī veniam nōn dant. Oppidīs vicīsque dēlētīs virōs, fēminās liberōsque in servitūtem abdūcunt.“

Arminius respondit: „Numquam Germānī Rōmānīs sē dedent. Apud Germānōs enim mōs est patriam, lībertātem, deōs dēfendere. Etiam ā tē petō, nē familiārēs deōsque Germāniae dēserās nēve gentem tuam prōdās.“

Hīs verbīs dictīs ambō frātrēs valdē īrātī erant. Flāvus arma et equum popōscit, ut frātrem peteret. Arminius quoque plēnus īrae fuit et proelium dēnūntiāvit[7]. Nē flūmine quidem frātrēs prohibitī essent, nē armīs contenderent, nisī lēgātus Germānicī Flāvum retinuisset.

[1] **interfluere, interfluō** (mit Akk.) zwischen ... fließen

[2] **dēfōrmitās, dēfōrmitātis f.** die Entstellung

[3] **aucta stīpendia** (n. Pl.) die Erhöhung des Soldes

[4] **corōna, ae f.** die Krone (als Auszeichnung für große Tapferkeit)

[5] **vīlis, vīle** billig, wertlos

[6] **illūdere, illūdo, illūsī** verspotten

[7] **dēnūntiāre** androhen

Goldene Zweiknopffibel des Kaisers Maxentius, Aquileia oder Slowenien 308/309 n. Chr. Inschrift: MAXENTI VINCAS und ROMVLE VIVAS (München, Prähistorische Sammlung)

Goldener Treuering des Kaisers Magnentius, 350–353 n. Chr., Inschrift: FIDEM MAGNENTIO (München, Prähistorische Sammlung).
Die Fibel und der Ring aus dem 4. Jahrhundert n. Chr. sind Beispiele für militärische Auszeichnungen (dōna mīlitāria), die Kaiser an verdiente Offiziere und Beamte verliehen.

# Übungen

S • T • K • M
Textaussagen reflektieren und bewerten

**1** Beschreibe die Ausgangssituation des Gespräches zwischen Arminius und Flavus und gib wieder, wie die Verletzung des Flavus und deren Folgen von beiden Brüdern jeweils beurteilt wird (Z. 1–10).

**2** Stelle die Argumente zusammen, die jeder der Brüder für seinen Standpunkt vorträgt (Z. 11–22), und nimm dazu Stellung.

S • T • K • M
Ablativus absolutus erkennen

**3** Sammle aus dem Lesestück die Ablativi absoluti (Partizipien im Ablativ und deren Bezugswort) und nenne ihre jeweilige Sinnrichtung.

S • T • K • M
Partizipialkonstruktionen beherrschen

**4** Participium coniunctum oder Ablativus absolutus? Suche das richtige Partizip heraus, bestimme die Konstruktion und übersetze:

a) Arminius exercituī Rōmānō in palūdibus īnsidiās (parantēs/parāns/parātus) dolum adhibuit. b) Germānī ex īnsidiīs (oppūgnātīs/oppūgnantibus/oppūgnantēs) exercitum Rōmānūm valdē pressērunt. c) Vārus sēcūrē (agēns/agente/āctus) exercitum Rōmānum in māgnum perīculum addūxit. d) Īnsidiīs (cōgnitī/cōgnōscentes/cōgnitīs) mīlitēs Rōmānī animō dēficiēbant. e) Plūrimīs mīlitibus (occīsīs/occīsī/occīdentibus) Vārus sibi mortem dedit.

**5** Vervollständige den Ablativus absolutus, indem du den Infinitiv in die passende Form des Partizips Perfekt Passiv setzt. Übersetze anschließend die Sätze und verwende dabei verschiedene Übersetzungsmöglichkeiten (Unterordnung, Beiordnung, Präpositionalausdruck):

a) Flāvus ūnō oculō ? (āmittere) ā Rōmānīs multa praemia accēpit. b) Hāc rē ? (comperīre) Arminius frātrem nōn laudāvit, sed dīxit: c) „Gentibus Germāniae ā Rōmānīs ? (subicere) tū tamen in exercitū Rōmānōrum in Germānōs pūgnās." d) Sermōne ? (habēre) ambō frātrēs valdē īrātī erant. e) Flāvō ā lēgātō Germānicī ? (retinēre) frātrēs armīs contendere nōn potuērunt.

**6** a) Beschreibe die Szene auf der Schwertscheide (S. 99) und erkläre, warum Tiberius und Germanicus mit dem Gott Mars und der Göttin Victoria dargestellt sind.
b) Die Aufschrift auf dem Schild des Tiberius lautet: FELICITAS TIBERI. Erkläre, was sie zum Ausdruck bringen soll.

S · T · K · M
Darstellungen historischer Ereignisse beschreiben und erklären

**7** Erschließe die Bedeutung der folgenden französischen und italienischen Wörter aus der Kenntnis der lateinischen Wörter:

französisch: le don, le frere, la liberté, la mère, le père

italienisch: il fiume, l'impero, la patria, il prezzo, il sermone

S · T · K · M
Lateinische Wörter für das Erlernen von Fremdsprachen nutzen

Silberner Maskenbecher, aus augusteischer Zeit (Berlin, Staatliche Museen, Antikensammlung)

**8** Sententiae Latīnae: Übersetze die folgenden lateinischen Sprichwörter und erkläre kurz ihren Sinn:

a) Laudāta virtūs crescit.
b) Pāx intrantibus, salūs exeuntibus!
c) Volentī nōn fit[1] iniūria.
d) Dūcunt volentem fāta, nōlentem trahunt.
e) Nūllus agentī diēs longus est.
f) Iūcundī āctī labōres.

S · T · K · M
Lateinische Sprichwörter erklären

[1] **fit** es geschieht

# Lektion 44

## Römer und Germanen im Grenzgebiet

Nach dem Tod Neros kämpften in Rom vier Männer um die Kaiserkrone. In dieser unruhigen Zeit nutzte Iulius Civilis, der Anführer des germanischen Stammes der Bataver, im Herbst 69 n. Chr. die Abwesenheit der römischen Legionen am Rhein aus und zerstörte die römischen Legionslager in Xanten (castra Vetera), Bonn (castra Bonnensia) und Neuss (Novaesium). Schon im darauffolgenden Jahr wurde dieser Aufstand jedoch von den römischen Legionen, die aus Italien zurückgekehrt waren, unterdrückt. Danach begann am Rhein und im Gebiet des heutigen Süddeutschlands eine etwa zweihundertjährige Friedenszeit, die das Leben der dortigen Bewohner nachhaltig beeinflusste.

Die römischen Militärbezirke westlich des Rheines wurden in Provinzen umgewandelt, nämlich in Germania superior mit der Hauptstadt Mainz (Mogontiacum) und in Germania inferior mit der Hauptstadt Köln (Colōnia Claudia Āra Agrippīnēnsium). Das Moselgebiet wurde der Provinz Gallia Belgica zugeteilt mit der Hauptstadt Trier (Augusta Trēverōrum), das heutige Bayern kam zur Provinz Raetia mit seiner Hauptstadt Augsburg (Augusta Vindelicōrum). Rhein (Rhēnus), Main (Moenus) und Donau (Dānuvius) bildeten von nun an die natürliche Nordgrenze des römischen Reiches. Zwischen diesen Flüssen sollten der obergermanische Limes sowie der rätische Limes mit einer hohen Steinmauer Feinde abhalten. Große Legionslager und kleine Kastelle sorgten dafür, dass bei Angriffen schnell Hilfe herbeigeholt werden konnte.

In der Umgebung der Legionslager verbreitete sich rasch die römische Kultur. Sehr eindrucksvoll muss diese Entwicklung etwa in der Stadt Köln gewesen sein, einem oppidum des germanischen Stammes der Ubier, das 50 n. Chr. von Kaiser Claudius zur colōnia erhoben worden war. Hier siedelten sich vor allem römische Veteranen an und umgaben die Stadt mit einer fast vier Kilometer langen Steinmauer, was den Germanen bis dahin völlig unbekannt war. Für die täglichen Bedürfnisse der Bewohner der Orte rings um die Lager sorgten Handwerksbetriebe, die Alltagsgegenstände und Luxuswaren aus Ton, Keramik, Bronze oder Glas herstellten. Zahlreiche Gutshöfe (vīllae rūsticae), die von römischen Veteranen betrieben wurden, ermöglichten eine ausreichende Versorgung der Provinzbevölkerung mit Lebensmitteln.

Germanien in römischer Zeit

## Der Ablativ mit Partizip (Ablativus absolutus): gleichzeitig/ nominaler Ablativus absolutus

G

1. Facultāte ab imperātōre datā Flāvus cum Arminiō frātre sermōnem habuit.
2. Cum frātrēs sermōnem habērent, comitēs aberant.
   Frātribus sermōnem habentibus comitēs aberant.
3. Cum Flāvus praemia Rōmānōrum commemorāret, Arminius haec dōna rīsit.
   Flāvō praemia Rōmānōrum commemorante Arminius haec dōna rīsit.
4. Cum Arminius dōna mīlitāria Rōmānōrum rīdēret, Flāvus īrātus erat.
   Arminiō dōna mīltāria Rōmānōrum rīdente Flāvus īrātus erat:
5. „Germānicus“, inquit, „dux noster est. Germānicō duce mīlitēs Rōmānī Germāniam expūgnābunt.“ Arminius autem respondit: „Mē duce Germānī Rōmānōs fugābunt!“

# Erste Übungen

**1** Suche aus den folgenden Formen nur die Partizipien im Ablativ heraus und begründe deine Entscheidung:

S • T • K • M
Partizipien erkennen

a) adulēscente – audiente – cōnsule – cōnsulente – facultāte – faciente – favente – fortāsse – fortitūdine – timōre – timente
b) inferentibus – ingentibus – potentibus – pōscentibus – prohibentibus

**2** PPA oder PPP? Bestimme genau das Partizip und das Zeitverhältnis, das es ausdrückt:

S • T • K • M
Zeitverhältnisse in Partizipialkonstruktionen unterscheiden

cōpiīs Rōmānīs oppida Germānōrum dēlentibus – oppidīs Germānōrum dēlētīs – Arminiō cum frātre sermōnem habente – sermōne cum frātre habitō – lēgātīs verba frātrum audientibus – verbīs frātrum ā lēgātīs audītīs – Flāvō dōna Rōmānōrum praedicante – dōnīs ā Flāvō praedicātīs

**3** Übersetze die Ablativi absoluti jeweils durch eine Beiordnung oder einen Präpositionalausdruck:

S • T • K • M
Ablativus absolutus unterschiedlich übersetzen

a) Frātribus inter sē contendentibus comitēs āfuērunt. b) Flāvō māgnitūdinem imperiī Rōmānī praedicante Arminius verba frātris rīsit. c) Arminiō rīdente Flāvus īrātus fuit. d) Flavō arma pōscente Arminius proelium committere voluit.

W

Post mortem Nerōnis prīncipis duo imperātōres dē *prīncipātū* contendērunt. Tum Iūlius Cīvīlis, dux Batāvōrum, *novīs rēbus studuit: Coniūrātiōnem* gentium Germānārum fēcit et cohortēs Batāvōrum, quae in castrīs Rōmānīs erant, cum cēterīs cōpiīs Germānōrum *coniūnxit*. Cum hīs mīlitibus castra Rōmāna ad Rhēnum flūmen *sita* expūgnāvit.

L

# Besonnenheit in unruhigen Zeiten

Im Jahr 69 n. Chr. hatte sich Vitellius, der Kommandeur der römischen Legionen am Niederrhein, zum Kaiser ausgerufen und war nach Rom gezogen. Gleichzeitig beanspruchte aber auch Vespasian, der Kommandeur der Legionen im Osten, den Kaisertitel. In Rom kam es zwischen den Truppen beider Generäle zu blutigen Straßenkämpfen. Dabei ging sogar der Jupitertempel auf dem Kapitol in Flammen auf. Die Nachricht von diesem Unglück wurde in Germanien als ein göttliches Zeichen gedeutet. Der Stamm der Bataver, die an der Rheinmündung siedelten und eigentlich treue Verbündete der Römer waren, wollten unter ihrem Anführer Civilis diese Situation ausnutzen:

Multī Germānī incendiō Capitōliī nūntiātō crēdidērunt fīnem imperiī Rōmānī adesse. Dīxērunt hunc īgnem duōbus imperātōribus dē prīncipātū contendentibus sīgnum īrae dīvīnae esse. Potentiā populī Rōmānī dēficiente putāvērunt difficile nōn esse coniūrātiōnem facere, ut Germānia līberārētur.

Imprīmīs Iūlius Cīvīlis, dux Batāvōrum, novīs rēbus studuit: Cohortibus Batāvōrum, quae Mogontiacī[1] in castrīs erant, persuāsit, ut cētera castra Rōmānōrum ad Rhēnum flūmen sita oppūgnārent. Ac profectō Batāvī Cīvīlī duce prīmō ad castra Bonnensia[2] legiōnem Rōmānam dēvīcērunt, deinde Vetera[3] mīlitibus Rōmānīs castra fortiter dēfendentibus expūgnāvērunt.

Hīs castrīs dēlētīs Cīvīlis lēgātōs in colōniam Agrippinensem[4] mīsit et cīvibus haec ferē nūntiāvit: „Sī parātī estis mēcum foedus facere, mē duce tandem līberī inter līberōs eritis. Ut amīcitia nostra perpetua sit, ā vōbīs pōstulō, ut mūrōs oppidī, monumenta servitūtis, dēleātis et omnēs Rōmānōs in fīnibus vestrīs occīdātis."

Agrippīnēnsēs[5] respondērunt: „Cōnsilia tua nōbīs nōn placent. Nam sī mūrōs dēlēverimus, cīvitās nostra nōn iam tūta erit legiōnibus Rōmānīs in castra redeuntibus. Mīlitēs, quī ex Italiā in nostrōs fīnēs vēnerant, aut bellō occidērunt aut Batāvīs accedentibus in patriam suam fugērunt. Iīs autem, quī in cīvitāte nostrā cōnsēdērunt et nōbīscum per cōnūbium[6] coniūnctī sunt, oppidum nostrum patria est. Quōs numquam occīdēmus, cum parentēs, frātrēs, līberī nostrī sint."

[1] **Mogontiacī** in Mainz
[2] **castra Bonnensia** das römische Legionslager bei Bonn
[3] **(castra) Vetera** das römische Legionslager bei Xanten
[4] **colōnia Agrippīnēnsis** römische Siedlung an der Stelle der heutigen Stadt Köln
[5] **Agrippīnēnses** die Einwohner der colonia Agrippinensis
[6] **cōnūbium, ī n.** die Eheschließung, das Ehebündnis

Die römische Stadt Köln im 3. Jh. n. Chr. (Rekonstruktion des Römisch-Germanischen Museums in Köln)

# Übungen

**1** Verschaffe dir vor der Übersetzung des Lesestücks einen Überblick, indem du für den Text (Z. 1–11) jeweils das Subjekt, das Prädikat und das Objekt der Hauptsätze herausschreibst und den Inhalt knapp darstellst.

S • T • K • **M**
Handlungsträger und Satzaussage ermitteln

**2** a) Erläutere, was Civilis zum Ausdruck bringen möchte, wenn er die Stadtmauern der colōnia Agrippīnēnsis (Z. 15) als monumenta servitūtis bezeichnet.

b) Arbeite (mit Belegen aus dem Text) heraus, warum sich die Einwohner der colōnia weigern, alle nichtgermanischen Mitbürger zu töten.

S • **T** • K • M
Textaussagen reflektieren

**3** Schreibe aus dem Lesestück alle Ablativi absoluti heraus und ordne sie wie im Beispiel entsprechend der jeweiligen Sinnrichtung in eine Tabelle ein. Wenn es zwei Möglichkeiten gibt, notiere beide.

| temporal | kausal | konzessiv |
|---|---|---|
| incendiō nūntiātō | | |
| | | |

**S** • **T** • K • M
Ablativus absolutus im Kontext erkennen und seine Sinnrichtung bestimmen

**4** Vorsicht Falle: Welche Form gehört jeweils als „falsche Wortart“ nicht in die Reihe?

| | | | |
|---|---|---|---|
| flente | monte | ingentī | dīvīsīs |
| gerente | gente | prūdentī | difficilis |
| dante | pōnente | portantī | dēlētīs |
| ante | ponte | potentī | dīmissīs |

**S** • T • K • M
Verwechselbare Formen unterscheiden

**S** • T • K • M
Wendungen zielsprachengerecht übersetzen

**5** Übersetze die folgenden nominalen Ablativi absoluti:

Cicerōne cōnsule – Cīvīlī duce – Tarquiniō rēge – nōbīs ducibus

S • **T** • K • M
Ablativus absolutus unterschiedlich übersetzen

**6** Unterordnung, Beiordnung oder Präpositionalausdruck – Probiere für die Übersetzung des Ablativus absolutus jeweils alle drei Möglichkeiten aus:

a) Germānī dīcunt: „Templō Iovis dēlētō fīnis imperiī Rōmānī īnstat.
b) Urbe ōlim ā Gallīs captā templum Iovis nōn dēlētum est et imperium Rōmānum cōnservātum est.
c) Sed Vitelliō et Vespasiānō imperātōribus deōs nōn colentibus urbs mox dēlēbitur."
d) Iūliō Cīvīlī novīs rēbus studente Batāvī cōnsilium cepērunt coniūrātiōnem facere.
e) Coniūrātiōne factā cohortēs Batāvōrum castra Rōmānōrum expūgnāvērunt.
f) Cīvibus colōniae Agrippīnēnsis imperiō Cīvīlis nōn parentibus mūrī cīvitātis nōn dēlētī sunt.

S • T • **K** • **M**
Karten vergleichen und zum Informationserwerb nutzen

**7** Die Namen vieler deutscher Städte sind aus den Namen der römischen Militärlager an der Grenze zu Germanien hervorgegangen. Erkläre mithilfe des Einführungstextes und einer modernen Karte, welche heutigen Städtenamen sich hinter den lateinischen Bezeichnungen auf der Karte S. 104 verbergen.

S • T • **K** • **M**
Informationen präsentieren

**8** Informiere dich mithilfe eines Lexikons oder des Internets über die wichtigsten Bauwerke in der colōnia Agrippīnēnsis im 1. Jahrhundert n. Chr. und berichte darüber in deiner Klasse.

**9** Informiere dich, worauf der Name „Xanten" zurückzuführen ist.

Ansicht des Zweilegionenlagers Castra Vetera (I) zur Zeit Neros, das von den Batavern zerstört wurde

# Lektion 45

## Die Römer in Britannien

Während Caesar Statthalter von Gallien war, unternahm er als erster römischer Feldherr in den Jahren 55 und 54 v. Chr. zwei Expeditionen nach Britannien. Damit rückte die Insel in das Blickfeld der Römer.

Die Eroberung Britanniens durch die Römer und die Einrichtung als Provinz begann jedoch erst im Jahre 43 n. Chr. unter Kaiser Claudius, der selbst mit seinen Truppen siegreich kämpfte und die Hauptstadt Camulodūnum (Colchester) einnahm. Dort errichtete er das erste Legionslager. Nach der Eroberung des Südens drangen die Römer in den folgenden Jahren immer weiter in den Norden vor. Der römische Statthalter Agricola unternahm sogar Feldzüge bis nach Schottland. In der Schlacht am Mons Graupius 84 n. Chr. gelang es Agricola, alle übrigen britannischen Stämme zu unterwerfen.

Im 2. Jahrhundert n. Chr. kam es erneut zu schweren Unruhen in Britannien. Hadrian, der von 117–138 n. Chr. als römischer Kaiser herrschte und vor allem um Frieden an den Reichsgrenzen bemüht war, ließ 122 n. Chr. auf der Solway – Tyne-Linie eine riesige Befestigungsanlage erbauen, welche die Grenze zwischen römischer Provinz und dem Norden sicherte. Dieser Hadrianswall (vallum Hadriānī) hatte eine Länge von etwa 113 km, war etwa drei Meter breit und vier Meter hoch. Zahlreiche Türme und Kastelle säumten ihn. Eine parallel zum Wall verlaufende Militärstraße verband die Kastelle miteinander. Der Hadrianswall hatte keine große militärische Bedeutung. Vielmehr diente er dazu, den Verkehr an der Grenze zu überwachen und kleinere Angriffe von Norden abzuwehren. Bis 410 n. Chr. gehörte Britannien zum römischen Reich.

Hadrianswall mit dem Umriss eines Lagers

G

## genitivus qualitatis/genitivus subiectivus und obiectivus

1. Cīvīlis, dux Batāvōrum, magnā fortitūdine fuit. – Cīvīlis, dux Batāvōrum, māgnae fortitūdinis fuit.
   Cīvīlis, vir māgnae fortitūdinis, cum exercitū quattuor mīlium mīlitum castra Rōmānōrum oppūgnāvit.

2. Castrīs Rōmānōrum dēlētīs Cīvīlis cum exercitū colōniae Agrippīnēnsium appropinquāvit. Exercitū appropinquante timor cīvium māgnus erat. – Cīvēs timōre hostium perterritī sunt.
   Nam putāvērunt sibi nūllam spem salūtis esse.

# Erste Übungen

S • T • K • M
Genitive beherrschen

**1** Genitive gesucht – Suche aus den folgenden Formen die Genitive heraus, nenne ihren Nominativ Singular und die Bedeutung:

a) incendī – incendiī – regis – rēgis – foederis – fēceris – cōnsiliī – cōnsuluī – cōnsulis – cōnsiliīs – oppidī – obiī – timēris – timōris

b) līberum – līberōrum – parentum – parātum – rēgum – rēgnum – omnium – somnium – gentium – gaudium

S • T • K • M
Kasusfunktionen zielsprachengerecht übersetzen

**2** Suche einen treffenden deutschen Ausdruck für die Übersetzung des genitivus qualitatis:

puella decem annōrum – iter quattuor diērum – labōrēs multī temporis – rēs eius modī

S • T • K • M
Kasusfunktionen reflektieren und übersetzen

**3** Genitivus subiectivus, obiectivus oder beides? Übersetze und begründe deine Entscheidung:

imperium Rōmānōrum – cūra patris – cūra reī pūblicae – timor amīcōrum – timor perīculōrum – spēs cīvium – spēs salūtis – odium hostium

W

Calgācus dux Britannōrum fuit et omnibus Britannīs virtūte et *genere praestitit*. *Apud* Britannōs hīs ferē verbīs Rōmānōs *reprehendit*: „Rōmānī populōs et *divitēs* et *pauperēs* subiciunt. Occidunt et rapiunt et omnia *possidēre* volunt. Nōs autem *avāritiam* superbiamque eōrum nōn tolerābimus."

# „Gierige Römer – unersättliche Eroberer!“

L

Die Eroberung Britanniens war für die Römer ein besonderes Ereignis, das sie über die Grenzen des Ozeans hinausführte. Vier Jahrzehnte nach der Invasion unter Kaiser Claudius war der Statthalter Agricola bis in den Norden der Insel vorgestoßen. Am Mons Graupius stand er 84 n. Chr. dem britannischen Heer unter Führung des Fürsten Calgacus gegenüber. Dieser hielt vor der Schlacht eine Rede an seine Soldaten.

Calgācus, dux Britannōrum, quī māgnae virtūtis erat et omnibus genere praestābat, apud mīlitēs proelium pōscentes haec ferē verba dīxit: „Videō vōs omnēs cupidōs proeliī esse. Putō hunc diem tōtī Britanniae initium lībertātis esse.

Rōmānī, postquam cēterās regiōnēs orbis terrārum vāstāvērunt[1], Britanniam occupāvērunt. Quōrum superbiam nōn effugiēmus. Nam Rōmānī, quī māgnae avāritiae sunt, omnia possidēre cupiunt: Et populīs dīvitibus et populis pauperibus subiectīs māgnā licentiā imperant. Auferre, occīdere, rapere falsīs nominibus imperium appellant; sōlitūdinem[2], quam faciunt, pācem appellant.

Nōs autem servitūtem nōn tolerābimus et līberōs, coniugēs, patriam ab hostibus dēfendēmus. Omnia incitāmenta[3] victōriae apud nōs sunt: Mīlitēs Rōmānī in terrā ignōtā pūgnant, nūllae coniugēs animōs eōrum incendunt, nūllī parentes fugam eōrum reprehendunt. Legiōnēs Rōmānae ē dīversīs gentibus coāctae sunt, eīs aut nūlla patria aut alia quam Italia est. Illī paucī sunt et plēnī timōris, quia Britanniae īgnārī sunt. At nōs patriae īgnārī nōn sumus, nōbis nōn est timor hostium. Este bonō animō: Hīc dux, hīc exercitus, hīc vetus virtūs, ibi tribūta[4], ibi licentia, ibi cēterae servōrum poenae!

Itaque mēcum arma capite et proelium committite, este memorēs vestrōrum māiōrum et posterōrum!“

[1] **vāstāre** verwüsten

[2] **sōlitūdō, sōlitūdinis f.** die Einsamkeit, die Verlassenheit

[3] **incitāmentum, ī n.** der Anreiz, der Antrieb

[4] **tribūtum, ī n.** die Steuer, die Abgabe

Römisches Amphitheater in Caerleon (Wales)

# Übungen

S • T • K • M
Textaussagen reflektieren; Perspektivenwechsel vollziehen

1 Stelle die Vorwürfe zusammen, die Calgacus gegenüber den Römern erhebt (Z. 2–10).

2 Stelle die vorteilhafte Lage der Britannier der nachteiligen Situation der römischen Soldaten gegenüber, wie Calgacus sie sieht (Z. 13–24).

3 Stell dir vor, du bist der Anführer der römischen Truppen. Wie würdest du deine Truppen am Mons Graupius motivieren? Verfasse eine entsprechende Rede.

S • T • K • M
Deklinationen beherrschen

4 Setze den Singular in den Plural und umgekehrt!

a) servus īgnārus b) mōribus veteribus c) rēgem crūdēlem
d) mercātōris dīvitis e) puer pauper f) vulnerum gravium

5 Setze die Adjektive (in Klammern) in KNG-Kongruenz und übersetze:

a) cum rēge (potēns et dīves) b) līberōrum (prūdēns et pauper)
c) templa (vetus et ingēns) d) imperātōrem (fortis et dīves)

S • T • K • M
Kasusfunktionen unterscheiden

6 Schreibe aus dem Lesestück alle Genitive heraus und ordne sie in einer Tabelle nach genitivus obiectivus, genitivus subiectivus und genitivus qualitatis.

S • T • K • M
Kasusfunktionen im Kontext erkennen und zielsprachengerecht übersetzen

7 Bestimme die Verwendung der Genitive und übersetze:

a) Calgācus, dux Britannōrum, summī ingeniī erat. b) Ante proelium Calgācus mīlitēs monuit, ut prō salūte Britanniae pūgnārent. c) Cum amor patriae māgnus esset, Britannī fortiter pūgnāvērunt. d) Quamquam Calgācus verbīs suīs mīlitēs incitāverat, tamen timor Rōmānōrum māgnus erat.

S • T • K • M
Fortleben der römischen Kultur in England kennen

8 Informiere dich, welche heutigen englischen Städte auf ehemalige Römerlager zurückgehen.

Das römische Bad in Bath, Großbritannien, erbaut zwischen dem 1. und 4. Jh. n. Chr.

# Plateaulektion 41 – 45

## Grundwissen: Die Ausdehnung des imperium Romanum

### Gallien wird römisch

- **58–51 v. Chr.:** Caesar erobert als Prokonsul Gallien von den Alpen bis zum Atlantik.
- Er unternimmt dabei als erster Römer zwei Expeditionen über den Rhein nach Germanien und setzt zweimal mit der Flotte nach Britannien über.

### Rom und Germanien

- **9 n. Chr.:** Niederlage des P. Quintilius **Varus** im Teutoburger Wald: Drei Legionen werden von den Germanen unter dem Cherusker **Arminius** vernichtet. Augustus: **„Vāre, legiōnēs redde!"**
- **Rhein** und **Donau** werden zur Nordgrenze des imperium Rōmānum, gesichert durch zahlreiche Legionslager (castra) und durch einen Grenzwall (līmes). Das linksrheinische Gebiet wird eingeteilt in die Bezirke **Germānia superior** und **Germānia inferior**.

- In den und um die römischen Siedlungen in Gallien und Germanien beginnt die Romanisierung, die Übernahme der römischen Lebensweise und Kultur durch die einheimische Bevölkerung.

### Die Römer in Britannien

- 43 n. Chr.: Kaiser Claudius erobert England.
- 84 n. Chr.: Cn. Iulius Agricola erobert Nordengland und Schottland bis zu den Highlands.
- 122 n. Chr.: Kaiser Hadrian errichtet eine befestigte Mauer (vallum Hadriānī: **Hadrianswall**) zur Sicherung der nördlichsten Grenze des römischen Reiches.

L

# Erinnerungen an die Kindheit in Cambodunum

Eine der Legionen, die Kaiser Vespasian an den Niederrhein geschickt hatte, um den Bataveraufstand zu beenden, war die 10. Legion (X legiō Gemina). Sie war von 71 – 104 n. Chr. in der Provinz Germānia inferior im Legionslager Nijmegen (Noviomagus) stationiert und wurde dann vom Rhein an die Donau, nach Budapest (Aquincum) verlegt. In dieser 10. Legion diente auch ein Soldat namens Tibērius Claudius Satto, der aus Kempten (Cambodūnum) im Allgäu stammte und als Veteran in Budapest gestorben ist.
Bevor Augsburg (Augusta Vindēlicum) zu Beginn des 2. Jahrhunderts n. Chr. zur Hauptstadt der Provinz Raetia wurde, war vermutlich Kempten für einige Zeit Sitz des römischen Statthalters. Tiberius Satto erinnert sich gerne an seine Kindheit in Cambodūnum zurück:

Cum mīles in exercitū Rōmānō essem, multa castra, multa oppida, multās terrās imperiī Rōmānī vīdī; cōgnōvī Ōceanum, Rhēnum flūmen, Dānuvium flūmen. Sed mihi dē hīs regiōnibus cōgitantī nūllus locus tam placet quam Cambodūnum, patria mea. Saepe huius locī memor sum. Trāiāno imperātōre pater mēcum per forum Cambodūnī ambulāns mihi plūrimās mercēs ante tabernās expositās explicāvit. Quās Mercuriō deō adiuvante mercātōrēs ex omnibus terrīs imperiī Rōmānī hūc apportāverant. Ibi prīmum fīcōs[1], māla Persica[2], prūna[3] cōgnōvī, quae in regiōnibus nostrīs adhūc nōta nōn erant. Mercātōribus māgnā vōce clāmantibus et haec pōma[4] offerentibus patrem rogābam, ut mihi nōnnūlla pōma emeret. Pōmīs emptīs pater mēcum basilicam ad forum sitam intrāvit. In basilicam certīs diēbus virī ex omnibus cīvitātibus prōvinciae nostrae convenērunt, ut ante prōcūrātōrem Augustī[5] in tribūnālī[6] sedentem causās agerent. Sententiīs adversariōrum audītīs prōcūrātor iūs dīxit. Ad sinistram basilicae sunt māgnae thermae, quās saepe cum patre vīsitābam. Nōn procul ā forō māgna āra est. Ibi sacerdōtēs deīs oppidum et cīvēs servantibus sacra faciunt. In templum[7] altīs mūrīs circumdatum etiam lēgātī omnium cīvitātum prōvinciae conveniunt, ut dē rēbus pūblicīs cōnsulant. Optō, ut Iuppiter patriam meam per multa saecula cōnservet!

[1] **fīcus, ī f.** die Feige
[2] **mālum Persicum** der Pfirsich
[3] **prūnum, ī n.** die Pflaume
[4] **pōma, ōrum n.** die Früchte
[5] **prōcūrātor Augustī** der Statthalter (der Provinz Raetia)
[6] **tribūnal, tribūnālis n.** das Tribunal (eine halbkreisförmige Erhöhung, auf welcher der Sitz des Statthalters stand, wenn er Gericht hielt)
[7] **templum, ī n.** der heilige Bezirk

S · T · K · M
Durch Leitfragen zentrale Aussagen erfassen

- Erschließe aus der Inschrift auf S. 115: Wie alt war Satto, als er starb? In welcher Legion diente er? Wer hat den Grabstein gestiftet?

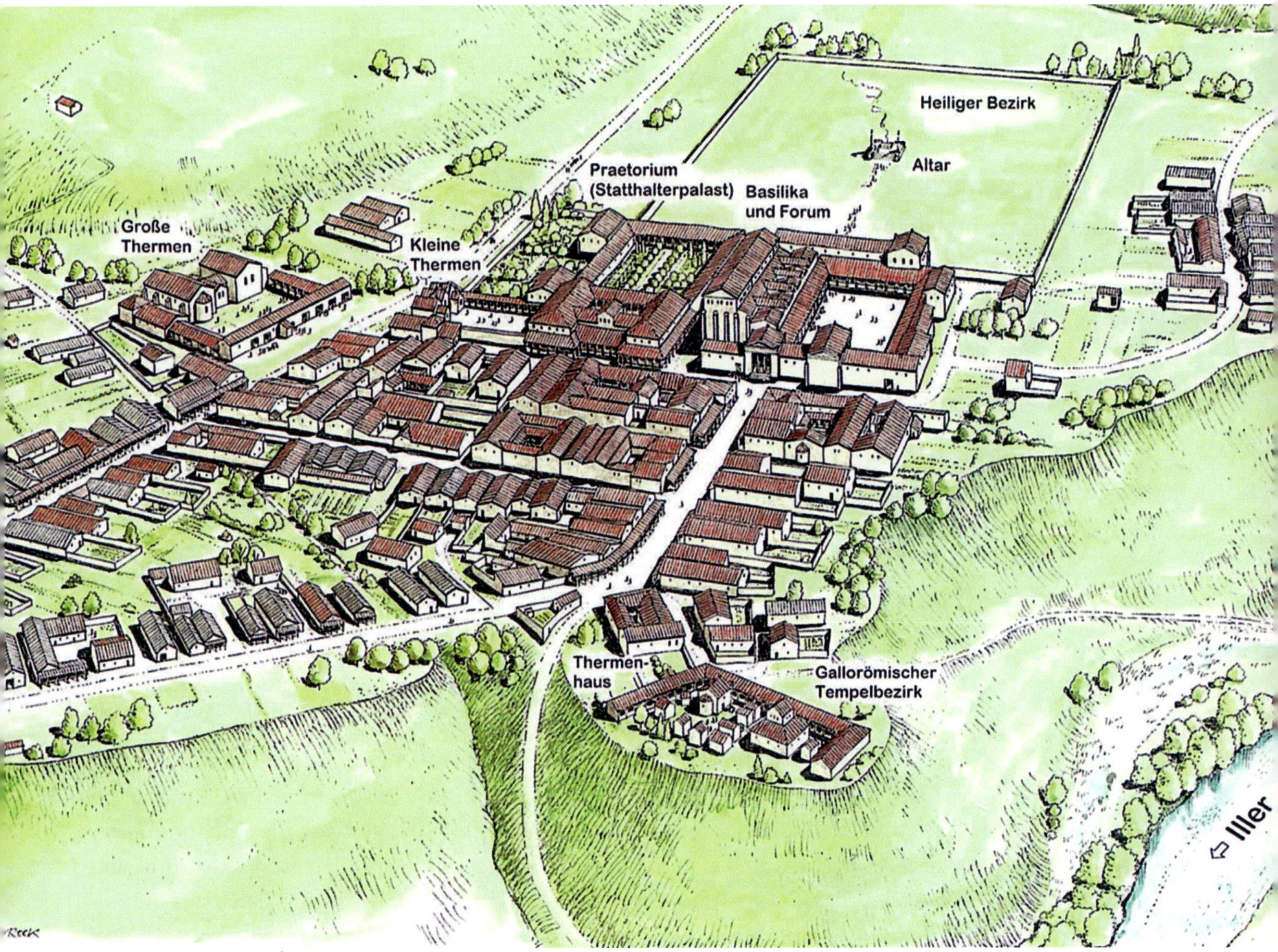


Cambodunum im 1. Jahrhundert n. Chr. (Rekonstruktion)

| | |
|---|---|
| Tib(erius) Tiberī f(īlius)/ | TIB TIBERI F |
| Cla(udius) Sattō Ca/ | CLA SATTO CA |
| mbodūnō/ | MBODVNO |
| vete(rānus) leg(iōnis) X G(eminae)/ | VETE LEG X G |
| h(īc) s(itus) e(st) an(nōrum) LX/ | H S E AN LX |
| Ulpia Ursula/ | VLPIA VRSVLA |
| coniugī pient(issimō)/ | CONIVGI PIENT |
| t(itulum) p(osuit) | T P |

Der Grabstein des Tiberius Satto aus Kempten (CIL 03, 15162)

## Methodenkompetenz (14): Ein Participium coniunctum im Kontext auflösen

1. „Dīvide et imperā!" – Diese lateinische Redewendung, die vorschlägt, das Gebiet eines scheinbar unbezwingbaren Gegners aufzuteilen, um es dann Stück für Stück zu beherrschen, kannst du auch für die Übersetzung längerer lateinischer Sätze benutzen, die ein Participium coniunctum enthalten: Teile die Sätze auf, um dann schrittweise erfolgreich zu übersetzen.

2. Mihi dē hīs regiōnibus cōgitantī nūllus locus tam placet quam Cambodūnum.

   Probiere folgende Arbeitsschritte aus:

2.1 **Unterstreiche** das Partizip und sein Bezugswort, **klammere** dann die Wörter nach dem Bezugswort bis (einschließlich) zum Partizip **ein**:

Mihi [dē hīs regiōnibus cōgitantī] nūllus locus tam placet quam Cambodūnum.

2.2 **Übersetze** den Satz ohne die eingeklammerten Wörter:

„Mir gefällt kein Ort so sehr wie Cambodunum."

2.3 Stelle das **Zeitverhältnis** zum restlichen Satz fest, das durch das P.c. ausgedrückt wird: Das PPA drückt die Gleichzeitigkeit aus, das PPP die Vorzeitigkeit, hier also Gleichzeitigkeit wegen cōgitantī.

2.4 Überlege, ob das P.c. die Satzfunktion eines **Attributs** (selten – Frage: Was für ein?) oder eines **Adverbiales** (meist – Frage: Unter welchen Umständen?) übernimmt. Das P.c. als Attribut wird mit einem Relativsatz, das P.c. als Adverbiale kann durch einen adverbialen Gliedsatz (Unterordnung), durch einen Hauptsatz mit Verknüpfung (Beiordnung) oder durch einen Präpositionalausdruck übersetzt werden.

2.5 Überlege, welche **Sinnrichtung** für das P.c. als Adverbiale im Verhältnis zum Kontext sinnvoll ist, und wähle dann eine der drei genannten Übersetzungsmöglichkeiten aus.
Tipp: Nicht immer eignen sich alle drei Möglichkeiten in gleicher Weise für die Übersetzung; der Adverbialsatz aber eignet sich immer:
„(Immer) wenn ich über diese Gegenden nachdenke, gefällt mir kein Ort so gut wie Cambodunum."
„Ich denke über diese Gegenden nach und dabei gefällt mir kein Ort so gut wie Cambodunum."
„Beim Nachdenken über diese Gegenden gefällt mir kein Ort so gut wie Cambodunum."

## Übungen

S • T • K • M
Texterschließungsmethoden anwenden

- Schreibe aus dem Lesestück alle Sätze heraus, die ein Participium coniunctum enthalten, und übersetze sie nach der oben beschriebenen Methode.

## Methodenkompetenz (15): Einen Ablativus absolutus im Kontext auflösen

1. Auch bei der Auflösung eines Ablativus absolutus kannst du das Prinzip: „Divide et imperā!" anwenden und nach den Arbeitsschritten vorgehen, die du vom Participium coniunctum her kennst.

2. Sententiīs adversariōrum audītīs prōcūrātor iūs dīxit.

2.1 **Unterstreiche** das Partizip im Ablativ und sein Bezugswort, **klammere** dann **ein**, jetzt allerdings **alle** Wörter vom Bezugswort bis (einschließlich) zum Partizip:

[Sententiīs adversariōrum audītīs] prōcūrātor iūs dīxit.

2.2 Übersetze zunächst die **restliche Aussage**:

„Der Statthalter verkündete das Urteil."

2.3 Übersetze dann den **Ablativus absolutus als selbständige Aussage**, berücksichtige dabei auch schon das Zeitverhältnis, das durch das Partizip ausgedrückt wird:

„Die Aussagen der Prozessgegner waren gehört worden."

2.4 Der Ablativus absolutus nimmt **immer** das Satzglied eines **Adverbiales** ein. Überlege daher eine **Sinnrichtung**, die zum Kontext passt, und übersetze dann nach einer der drei bekannten Möglichkeiten:
„Nachdem die Aussagen der Prozessgegner gehört worden waren, verkündete der Statthalter das Urteil."
„Die Aussagen der Prozessgegner waren gehört worden und danach verkündete der Statthalter das Urteil."
„Nach der Anhörung der Aussagen der Prozessgegner verkündete der Statthalter das Urteil."

2.5 Die Übersetzung mit dem Präpositionalausdruck macht deutlich: Diejenigen, die die Aussagen der Prozessgegner gehört haben, sind nicht unbekannte Personen, sondern es ist der Statthalter selbst. Man nennt diese Verwendung des PPP im Ablativus absolutus auch: **„kryptoaktiv"** („heimlich aktiv"). Eine gute Übersetzung lautet daher folgendermaßen:
„Nachdem **er** die Aussagen der Prozessgegner angehört **hatte**, verkündete der Statthalter das Urteil."

## Übungen

- Schreibe aus dem Lesestück alle Sätze heraus, die einen Ablativus absolutus enthalten, und übersetze sie nach der oben beschriebenen Methode.

S • T • K • M
Texterschließungsmethoden anwenden

## Die Lernvokabeln in AGITE

In den folgenden Lektionen sind die Vokabeln aufgelistet, die du im Verlauf dieses Bandes lernst. Die Plateaulektionen enthalten keine neuen Vokabeln.

Zu Beginn einer jeden Lektion sind einige Vokabeln aus vorangegangenen Lektionen aufgelistet, die du für die Lektüre des Lesestücks wiederholen solltest; dies wird dir das Übersetzen des Lesestücks erleichtern.

Alle Vokabeln sind in der Reihenfolge ihres Vorkommens im Lesestück aufgelistet. Die Wörter, die mit einem Sternchen (*) gekennzeichnet sind, kommen innerhalb der jeweiligen Lektion schon im Wortschatzteil (W) vor und werden dort in kleinen Sätzen und Texteinheiten ohne neue Grammatik präsentiert.

In Lektion 37 wird das Perfekt Passiv eingeführt. Mit der Einführung des Partizips Perfekt Passiv kannst du von allen lateinischen Verben die gesamte Stammformenreihe bilden. Diejenigen Verben, die schon früher vorgekommen sind, in der betreffenden Lektion aber mit ihrer Stammformenreihe wiederholt werden, sind von Lektion 37 an zur besseren Übersicht mit einem Punkt (•) gekennzeichnet. Außerdem werden von Lektion 37 an bis einschließlich Lektion 43 jeweils am Ende etwa 10 bekannte Verben aus den Lektionen 1–36 mit ihrer gesamten Stammformenreihe aufgelistet. Wenn du diese Verben zusätzlich regelmäßig wiederholst, beherrschst du am Ende der Lektion 43 alle Verben, die bis dahin in AGITE vorgekommen sind, mit ihren Stammformen. Nicht aufgeführt sind die regelmäßig gebildeten Stammformen der Verben der a-Konjugation.

Die dritte Spalte im Lernvokabular enthält bekannte Wörter derselben lateinischen Wortfamilie, deutsche Fremdwörter oder Wörter moderner europäischer Fremdsprachen, in denen dieses lateinische Wort weiterlebt (E. Englisch, F. Französisch, I. Italienisch, S. Spanisch). Selbst wenn du nur eine dieser Sprachen lernst oder nicht alle der aufgelisteten Wörter kennst, können diese Hinweise dennoch eine Hilfe bieten für das Lernen und Einprägen der Vokabeln.

Am Ende des jeweiligen Lernvokabulars findest du bei dem Buchstaben „J" (= Junkturen) einige Wortverbindungen. Hier sind wichtige lateinische Wendungen aufgelistet, deren Kenntnis die Übersetzung erleichtert.

# Lektion 26

## Grammatik

F

**1. Die Konjugation von ferre**

| | | | |
|---|---|---|---|
| **Infinitiv Präsens** | ferre | **Infinitiv Perfekt** | tulisse |
| **Indikativ Präsens** | ferō<br>fers<br>fert<br>ferimus<br>fertis<br>ferunt | **Indikativ Perfekt** | tulī<br>tulistī<br>tulit<br>tulimus<br>tulistis<br>tulērunt |
| **Indikativ Imperfekt** | ferēbam<br>ferēbās<br>ferēbat<br>ferēbāmus<br>ferēbātis<br>ferēbant | **Indikativ Plusquamperfekt** | tuleram<br>tulerās<br>tulerat<br>tulerāmus<br>tulerātis<br>tulerant |
| **Futur I** | feram<br>ferēs<br>feret<br>ferēmus<br>ferētis<br>ferent | **Futur II** | tulerō<br>tuleris<br>tulerit<br>tulerimus<br>tuleritis<br>tulerint |

**Imperativ:** fer! bringe! trage!
ferte! bringt! tragt!

2. Das Verbum ferre hat zwei Wurzeln. Im Präsensstamm: fer- und im Perfektstamm: tul-.

3. Bei afferre (Angleichung bzw. Assimilation aus: ad-ferre) gleicht sich das Präfix (vgl. Lektion 16, F 2) an den Perfektstamm an: at-tuli.
Bei auferre liegt ein altes Präfix vor, das dieselbe Bedeutung wie ab(s)- hat. Daher lautet der Perfektstamm: abs-tuli.

4. Die Konjugation von ferre ist vergleichbar mit den Verben der konsonantischen Konjugation (vgl. Lektion 11, F 1.4; 2). Nur bei den Endungen, die mit -r, -s und -t beginnen, fehlt der Bindevokal: fer-re, fer-s, fer-t, fer-tis.

# Vokabeln

rēx – timor – stupēre – adīre – corpus – surgere – mare – quō? – miser – redīre – posse – sinere

| | | |
|---|---|---|
| amīca, ae f. | die Freundin | F. l'amie |
| *lītus, lītoris n. | die Küste, der Strand | I. il lido |
| *virgō, virginis f. | das junge Mädchen | |
| fōrma, ae f. | die Form, die Gestalt, die Schönheit | Form |
| sentīre, sentiō, sēnsī | fühlen, meinen | sensibel |
| *flōs, flōris m. | die Blume, die Blüte | E. flower |
| *offerre, offerō, obtulī | entgegenbringen, anbieten | Offerte |
| tangere, tangō, tetigī | berühren | Tangente |
| cōnsīdere, cōnsīdō, cōnsēdī | sich niederlassen, sich setzen | |
| abīre, abeō, abiī | weggehen | Abiturient |
| *īnferre, īnferō, intulī | hineintragen | |
| afferre, afferō, attulī | herbeitragen, hinzufügen | |
| referre, referō, rettulī | zurückbringen, berichten | Referat |
| auferre, auferō, abstulī | wegtragen, wegbringen | |
| *ferre, ferō, tulī | tragen, bringen; ertragen; berichten | |
| īnsula, ae f. | die Insel | F. l'île |
| trānsferre, trānsferō, trānstulī | hinüberbringen | Transfer |
| procul (Adv.) | in der Ferne, weit; von weitem | |
| perferre, perferō, pertulī | aushalten, ertragen; überbringen | |
| dolēre, doleō, doluī | Schmerzen empfinden, traurig sein | I. dolere |
| nēmō (Gen.: nūllīus, Dat.: nēminī) | niemand, keiner | |
| mūtāre | (ver-)ändern, verwandeln | Mutation |
| māiestās, māiestātis f. | die Erhabenheit, die Würde, die Größe | Majestät |

**J** procul ā patriā — fern der Heimat

# Lektion 27

## Grammatik

### 1. Die Konjugation des Verbs im Konjunktiv Imperfekt

**F**

**1.1 Die Formen:**

| | | a-Konjugation | e-Konjugation | i-Konjugation | kons. Konjugation | | esse |
|---|---|---|---|---|---|---|---|
| **Sg.** | **1. P.** | laudārem | monērem | audīrem | regerem | caperem | essem |
| | **2. P.** | laudārēs | monērēs | audīrēs | regerēs | caperēs | essēs |
| | **3. P.** | laudāret | monēret | audīret | regeret | caperet | esset |
| **Pl.** | **1. P.** | laudārēmus | monērēmus | audīrēmus | regerēmus | caperēmus | essēmus |
| | **2. P.** | laudārētis | monērētis | audīrētis | regerētis | caperētis | essētis |
| | **3. P.** | laudārent | monērent | audīrent | regerent | caperent | essent |

1.2 Die Formen des Konjunktivs Imperfekt werden in allen Konjugationen gebildet aus dem **Präsensstamm**, dem **Moduszeichen** -re- (bei esse und Komposita: -se-) und den bekannten **Personalendungen**. Als Hilfe merke dir: Konjunktiv Imperfekt = Infinitiv Präsens + Personalendungen.

### 2. Der Irrealis der Gegenwart

**S**

2.1 Im konditionalen Satzgefüge (vgl. Lektion 25, S 2) bezeichnet der **Konjunktiv Imperfekt** eine Bedingung in der Gegenwart, die als **nicht-wirklich** oder **nicht erfüllbar** angesehen wird (**Irrealis der Gegenwart**).

2.2 Beachte den Unterschied zwischen Wirklichkeit (Realis) und Nicht-Wirklichkeit (Irrealis):

| | |
|---|---|
| Sacerdōs ad Oedipum dīcit: „Sī in patriam **redībis**, patrem occīdēs." | Der Priester sagt zu Ödipus: „Wenn du in deine Heimat **zurückkehrst**, **wirst** du deinen Vater **töten**." (Der Priester prophezeit ein Ereignis, das tatsächlich so eintreten kann oder wird: **Realis.**) |
| Oedipus sēcum cōgitat: „Sī in patriam **redīrem**, patrem **occīderem**. Itaque in patriam nōn redībō." | Ödipus überlegt sich: „Wenn ich in meine Heimat **zurückkehrte/ zurückkehren würde**, **würde** ich meinen Vater **töten**. Daher werde ich nicht in die Heimat zurückkehren." |

(Ödipus stimmt zwar der Aussage des Priesters zu, glaubt aber wegen seiner Entscheidung nicht, dass sie tatsächlich eintritt. Die Aussage steht für Ödipus im Gegensatz zur Wirklichkeit: **Irrealis**.)

# Vokabeln

occīdere – mors – mōns – perīre – adulēscēns – mōs – cōnsilium capere – cōnsulere – occurrere

| | | |
|---|---|---|
| ōlim (Adv.) | einmal, einst | |
| ōrāculum, ī n. | der Götterspruch, das Orakel; die Orakelstätte | |
| *parere, pariō, peperī | hervorbringen, gebären | parentēs |
| arcessere, arcessō, arcessīvī | jmd. herbeiholen, herbeikommen lassen | |
| *alere, alō, aluī | ernähren, großziehen | Alimente |
| *expōnere, expōnō, exposuī | aussetzen, ausstellen | Exponat; E. to expose; F. exposer |
| *cāsū (Adv.) | aus Zufall, zufällig | |
| *pāstor, pāstōris m. | der Hirte | Pastor |
| *invenīre, inveniō, invēnī | finden, erfinden | venīre; E. to invent; F. inventer |
| certē (Adv.) | sicher, gewiss | |
| nomināre | nennen, benennen | E. to nominate; F. nommer |
| vīs, vim, vī f.<br>Plur.: vīrēs, vīrium | die Kraft, Stärke, Gewalt;<br>die Kräfte, Streitkräfte | |
| uxōrem dūcere, dūcō, dūxī | heiraten | |
| *cōnstituere, cōnstituō, cōnstituī | festsetzen, beschließen | E. to constitute |
| senex, senis m. | der alte Mann, der Greis | Senior |
| nescīre, nesciō, nescīvī | nicht wissen, nicht verstehen | scīre |

**J**

| | |
|---|---|
| mortem offerre | (jemandem) den Tod bringen |
| īram deōrum excitāre | den Zorn der Götter erregen |
| ōrāculum adīre | ein Orakel aufsuchen |
| calamitātem inferre | (jemandem) Unglück bringen, (jemanden) ins Unglück stürzen |

# Lektion 28

## Grammatik

### 1. Die Konjugation des Verbs im Konjunktiv Plusquamperfekt

F

**1.1 Die Formen:**

| | a-Konjugation | e-Konjugation | i-Konjugation | kons. Konjugation | esse |
|---|---|---|---|---|---|
| **Sg. 1. P.** | laudāvissem | monuissem | audīvissem | rēxissem | fuissem |
| **2. P.** | laudāvissēs | monuissēs | audīvissēs | rēxissēs | fuissēs |
| **3. P.** | laudāvisset | monuisset | audīvisset | rēxisset | fuisset |
| **Pl. 1. P.** | laudāvissēmus | monuissēmus | audīvissēmus | rēxissēmus | fuissēmus |
| **2. P.** | laudāvissētis | monuissētis | audīvissētis | rēxissētis | fuissētis |
| **3. P.** | laudāvissent | monuissent | audīvissent | rēxissent | fuissent |

1.2 Die Formen des Konjunktivs Plusquamperfekt werden in allen Konjugationen gebildet aus dem **Perfektstamm**, dem **Moduszeichen** -isse- und den bekannten **Personalendungen**. Als Hilfe merke dir:

Konjunktiv Plusquamperfekt = Infinitiv Perfekt + Personalendungen

1.3 Der Konjunktiv Plusquamperfekt von **īre** lautet: īssem, īssēs, īsset, ...

### 2. Der Irrealis der Vergangenheit

S

2.1 Im konditionalen Satzgefüge (vgl. Lektion 25, S 2) bezeichnet der **Konjunktiv Plusquamperfekt** eine Bedingung in der Vergangenheit, die als **nicht mehr wirklich** oder **nicht mehr erfüllbar** angesehen wird (**Irrealis der Vergangenheit**).

2.2 Beachte den Unterschied zwischen dem Irrealis der Gegenwart und der Vergangenheit:

Orpheus clāmat:
„Sī tum verbīs Plūtōnis **pāruissem**, Eurydicēn **servāvissem**.
Nisī mē ad uxōrem **vertissem**, eam ad lūcem **retulissem**.“

Orpheus ruft laut:
„Wenn ich damals den Worten Plutos **gehorcht hätte**, **hätte** ich Eurydike **gerettet**.
Wenn ich mich nicht zu meiner Ehefrau **umgedreht hätte**, **hätte** ich sie ans Tageslicht **zurückgeführt**.“
(Orpheus hat sich aber umgedreht und dadurch die Rettung Eurydikes für immer zunichte gemacht.

| | |
|---|---|
| | Seine Aussage bezieht sich auf ein Ereignis in der Vergangenheit: **Irrealis der Vergangenheit.**) |
| Orpheus clāmat:<br>„Sī mihi nunc **licēret**, iterum Plūtōnem **adīrem**. Sed mihi nōn iam licet Tartarum intrāre." | Orpheus ruft laut:<br>„Wenn es mir jetzt **erlaubt wäre**, **würde** ich wiederum Pluto **aufsuchen**. Aber es ist mir nicht mehr erlaubt, den Tartarus zu betreten." (Orpheus würde zwar gerne noch einmal den Tartarus betreten, kann es aber nicht mehr. Seine Aussage bezieht sich auf einen Vorgang in der Gegenwart: **Irrealis der Gegenwart.**) |

# Vokabeln

calamitās – dum – fugere – movēre – adesse – nōtus – omnis – licet – vītam agere

| | | |
|---|---|---|
| *vōx, vōcis f. | die Stimme, Äußerung, der Laut | vocare; Vokal; E. voice |
| mē miserum! | ich Armer! | |
| quantus, a, um | wie groß, wie viel | Quantität |
| *errāre | sich irren, herumirren | E. error; F. l'erreur |
| *trīstis, trīste | traurig, finster, unfreundlich | trist |
| *flēre, fleō, flēvī | weinen, beweinen | |
| *carmen, carminis n. | das Lied, das Gedicht | |
| immortālis, immortāle | unsterblich | mors; E. immortal |
| mortuus, a, um | gestorben, tot | mors; F. mort |
| *reddere, reddō, reddidī | zurückgeben; machen zu | dare; E. to render; F. rendre |
| hūc (Adv.) | hierher | |
| *lūx, lūcis f. | das Licht, das Tageslicht | I. la luce |
| condiciō, condiciōnis f. | die Bedingung, die Lage | Konditionalsatz; E. condition |
| pōnere, pōnō, posuī | setzen, stellen, legen | deponere; Position |
| cōnsistere, cōnsistō, cōnstitī | sich hinstellen, haltmachen | |
| vertere, vertō, vertī | wenden, drehen | Version |
| cum (Subjunktion mit Indikativ) | als (plötzlich) | |

**J**

| | |
|---|---|
| māgnā vōce | mit lauter Stimme |
| condiciōnem pōnere | (jemandem) eine Bedingung stellen, auferlegen |

# Lektion 29

## Grammatik

### 1. Die e-Deklination

F

**1.1 Die Formen**

| | Singular | Plural |
|---|---|---|
| **Nominativ** | rēs | rēs |
| **Genitiv** | reī | rērum |
| **Dativ** | reī | rēbus |
| **Akkusativ** | rem | rēs |
| **Ablativ** | rē | rēbus |

1.2 Die Substantive der e-Deklination sind **Feminina**.

1.3 Einzige Ausnahme ist das Substantiv diēs (der Tag) mit dem Genus **masculinum**. Bedeutet diēs allerdings „Termin", ist sein Genus feminin.

### 2. Der dativus finalis

S

2.1 Der **dativus finalis** bezeichnet den **Zweck** oder die **Wirkung** einer Sache. Nach dem dativus finalis fragt man: „**Wozu?**"
Der Dativus finalis steht meistens nach esse (in der Bedeutung: zu etwas dienen, zu etwas gereichen).

2.2 Meistens ist der dativus finalis mit einem Dativ der Person verbunden. Dieser bezeichnet dann die Person, zu deren Vorteil (oder Nachteil) etwas ist: **dativus commodi** (bzw. incommodi). Nach dem dativus commodi (bzw. incommodi) fragt man: „**Für wen? Für was?**"

2.3 Der dativus commodi (bzw. incommodi) ist als Satzglied ein Objekt, der dativus finalis in Verbindung mit esse (oder mit venīre, dare) ist ein Prädikatsnomen:

| | |
|---|---|
| Sinon dīxit: | Sinon sagte: |
| „Equus līgneus vōbīs praesidiō erit." | „Das hölzerne Pferd wird euch zum Schutz dienen." |
| Sed is diēs Trōiānīs perniciēī fuit. | Aber dieser Tag war für die Trojaner verderblich. |

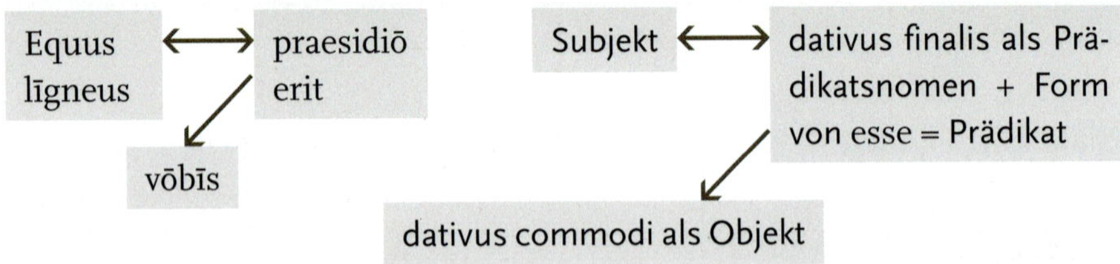


2.4 Nach bestimmten Verben (z. B. dare, venire) ist der dativus finalis als Satzglied ein Adverbiale:

Sinon dīxit:
„Graecī Minervae deae equum līgneum dōnō dant.“

Sinon sagte:
„Die Griechen geben der Göttin Minerva das hölzerne Pferd zum Geschenk.“

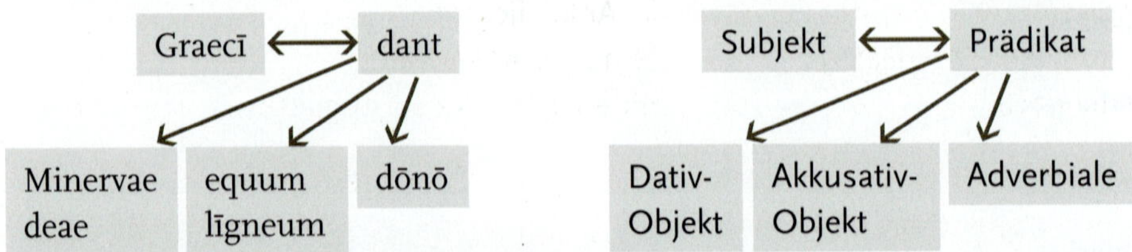


2.5 Merke die folgenden Wendungen:

| | |
|---|---|
| gaudiō esse | Freude bereiten |
| dolōrī esse | schmerzhaft sein |
| odiō esse | (jdm.) verhasst sein, gehasst werden (von jdm.) |
| praesidiō esse | zum Schutz dienen |
| perniciēī esse | verderblich sein |

# Vokabeln

oppūgnāre – expūgnāre – dolus – relinquere – comperīre – petere – ingēns – odium – dōnum

| | | |
|---|---|---|
| convocāre | zusammenrufen | vōx, vocāre |
| frūstrā (Adv.) | vergeblich, umsonst | frustriert |
| spēs, speī f. | die Hoffnung | I. la speranza; S. la esperanza |
| *diēs, diēī m., f. | der Tag, f.: der Termin | S. el dia |
| solvere, solvō, solvī | lösen | E. solution; F. la solution |
| rēs, reī f. | die Sache, das Ding | real |
| nihil | nichts | |
| disserere, disserō, disseruī | sprechen über, erörtern | |
| faciēs, faciēī f. | das Gesicht, das Aussehen, die Gestalt | E. face; F. la face |
| incrēdibilis, incrēdibile | unglaublich | crēdere; I. incredibile |
| nōmen, nōminis n. | der Name | nōmināre; Nomen; E. name |

| | | |
|---|---|---|
| fidēs, fideī f. | die Treue, das Vertrauen, der Glaube | fidus |
| *perniciēs, perniciēī f. | das Verderben, der Untergang | |
| medius, a, um | mittlerer, in der Mitte | medium |
| sīc (Adv.) | so, auf diese Weise | |
| nox, noctis f. | die Nacht | F. la nuit; I. la notte; S. la noche |
| aperīre, aperiō, aperuī | öffnen, aufdecken | F. ouvrir; I. aperire |

J

| | |
|---|---|
| spēs victoriae | die Hoffnung auf den Sieg |
| navēs solvere | die Anker lichten |
| fidem habēre (m. Dativ) | (jemandem) vertrauen |
| mediā nocte | mitten in der Nacht |

# Lektion 30

## Grammatik

### 1. Die Konjugation des Verbs im Konjunktiv Präsens

F

#### 1.1 Die Formen:

| | a-Konjugation | e-Konjugation | i-Konjugation | kons. Konjugation | |
|---|---|---|---|---|---|
| **Sg. 1. P.** | laudem | moneam | audiam | regam | capiam |
| **2. P.** | laudēs | moneās | audiās | regās | capiās |
| **3. P.** | laudet | moneat | audiat | regat | capiat |
| **Pl. 1. P.** | laudēmus | moneāmus | audiāmus | regāmus | capiāmus |
| **2. P.** | laudētis | moneātis | audiātis | regātis | capiātis |
| **3. P.** | laudent | moneant | audiant | regant | capiant |

**ferre** und Komposita: feram, ferās, ferat usw.

1.2 Das Moduszeichen des Konjunktiv Präsens ist in den meisten Konjugationen der Buchstabe -a-, der an den Präsensstamm angehängt wird. Nur in der a-Konjugation lautet das Moduszeichen des Konjunktiv Präsens -e-. Es steht dann an der Stelle des Stammvokales -a-.

**1.3 esse, posse, īre** und **velle**

| | esse | posse | īre |
|---|---|---|---|
| **Sg. 1. P.** | sim | possim | eam |
| **2. P.** | sīs | possīs | eās |
| **3. P.** | sit | possit | eat |
| **Pl. 1. P.** | sīmus | possīmus | eāmus |
| **2. P.** | sītis | possītis | eātis |
| **3. P.** | sint | possint | eant |

Wie bei allen Formen des Präsensstamms von **īre** und seinen Komposita gilt die Regel, dass vor dunklen Vokalen der Stamm zu e- wird, also auch vor dem Moduszeichen des Konjunktiv Präsens: -a-.

**velle:** velim, velīs, velit *usw.*
**nōlle:** nōlim, nōlīs, nōlit *usw.*
**malle:** mālim, mālīs, mālit *usw.*

S

## 2. Abhängige Begehrsätze

2.1 Abhängige Begehrsätze sind Gliedsätze, die den Inhalt eines Wunsches, einer Bitte oder eines Befehls ausdrücken. Sie werden im Lateinischen durch die Subjunktion **ut** (verneint: **nē**) eingeleitet, die zumeist mit „**dass**“ (bzw. „**dass nicht**“) übersetzt wird. Dabei wird der lateinische Konjunktiv im Deutschen in der Regel mit dem Indikativ wiedergegeben. Teilweise ist auch eine deutsche Übersetzung mit Infinitiv und „zu“ möglich.

2.2 Abhängige Begehrsätze stehen nach folgenden Verben:

| Verben des Wünschens und Bittens | | Verben des Befehlens und Veranlassens | | Verben des Strebens und Sorgens | |
|---|---|---|---|---|---|
| implōrāre | anflehen | imperāre | befehlen | id agere | sich darum kümmern |
| ōrāre | beten | monēre | ermahnen | | |
| rogāre | bitten | cōnstituere | beschließen | | |
| petere | bitten | | | | |

| | |
|---|---|
| Venus: „Tē rogō, pater, **ut** fīlium meum **servēs.**“ | Venus: „Ich bitte dich, Vater, **dass du** meinen Sohn **rettest.**“/„… meinen Sohn **zu retten.**“ |
| Iuppiter: „Ego id agō, **ut** fīlius tuus tūtus **sit.**“ | Jupiter: „Ich kümmere mich darum, **dass** dein Sohn sicher **ist.**“ |

2.3 Abhängige Begehrsätze haben meist die Satzfunktion eines Objekts:

| | |
|---|---|
| Venus Aenēae imperat, ut urbem relinquat. | Venus befiehlt Aeneas, dass er die Stadt verlässt/die Stadt zu verlassen. |

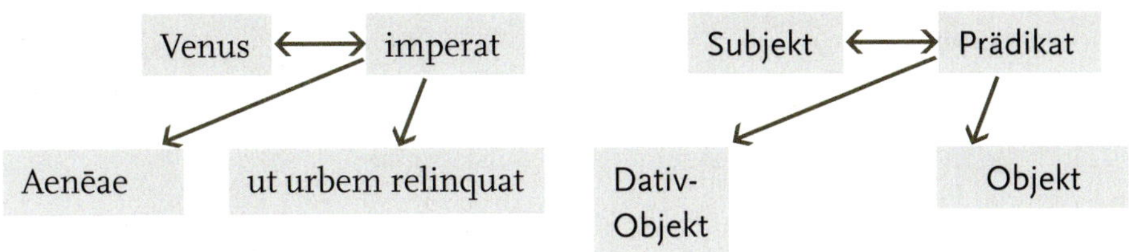


2.4 Es gibt auch abhängige Begehrsätze, die ausdrücken, dass etwas gerade **nicht** geschehen soll, was aber befürchtet wird. Diese stehen unter anderem nach folgenden Verben und Ausdrücken:

| **Verben (und Ausdrücke) des Fürchtens** | | **Verben des Hinderns** | |
|---|---|---|---|
| timēre<br>perīculum est | fürchten<br>es besteht die Gefahr | impedīre<br>prohibēre | hindern<br>abhalten, hindern |

Nach den **Verben des Fürchtens und Hinderns** bedeutet im Gliedsatz **nē**: „dass“,
**ut**: „dass nicht“.

| | |
|---|---|
| Venus: „Timeō, **nē** fīlius in marī **pereat.**“ | Venus: „Ich fürchte, **dass** mein Sohn auf dem Meer **umkommt.**“ |
| Iuppiter: „Impediō, **nē** fīlius tuus **pereat.**“ | Jupiter: „Ich verhindere, **dass** dein Sohn **umkommt.**“ |

**2.5 Die consecutio temporum: Zeitenfolge in konjunktivischen Nebensätzen (I)**

Das Tempus in konjunktivischen Nebensätzen (hier: im abhängigen Begehrsatz) folgt fast immer den Regeln einer festen Zeitenfolge (**consecutio temporum**):
Der **Konjunktiv Präsens** drückt die **Gleichzeitigkeit** zum übergeordneten Satz aus, wenn in diesem das **Präsens** oder das **Futur** steht.
Der **Konjunktiv Imperfekt** drückt die **Gleichzeitigkeit** zum übergeordneten Satz aus, wenn in diesem ein **Vergangenheitstempus** (Imperfekt, Perfekt, Plusquamperfekt) steht.

Es gelten die folgenden Regeln für die Gleichzeitigkeit:

Bei der Übersetzung ins Deutsche wird zumeist der Indikativ des Tempus gewählt, das im lateinischen Nebensatz steht. Der lateinische Konjunktiv Präsens wird also mit deutschem Indikativ Präsens übersetzt und der lateinische Konjunktiv Imperfekt mit deutschem Indikativ des Präteritums:

| Tempus des übergeordneten Satzes | Tempus des konjunktivischen Nebensatzes |
|---|---|
| Präsens oder Futur I | Konjunktiv Präsens |
| Imperfekt, Perfekt oder Plusquamperfekt | Konjunktiv Imperfekt |

Venus Iovem **implōrat**, ut fīlium **servet**. — Venus **fleht** Jupiter an, dass er ihren Sohn **rettet**.

Venus Iovem **implōrābat**, ut fīlium **servāret**. — Venus **flehte** Jupiter an, dass er ihren Sohn **rettete**.

# Vokabeln

dormīre – monēre – patria – dēspērāre – rogāre – servāre – tempestās – perīre – pervenīre – condere

| | | |
|---|---|---|
| ut (mit Konjunktiv) | dass | |
| *quaerere, quaerō, quaesīvī | suchen, erwerben wollen; fragen | E. question |
| *rēs secundae f. (Pl.) | das Glück | rēs, secundus |
| adversus, a, um | entgegengesetzt, feindlich | adversārius |
| *rēs adversae f. (Pl.) | das Unglück | |
| *dēserere, dēserō, dēseruī | verlassen, im Stich lassen | desertieren |
| ōrāre | bitten, beten | ōrātiō |
| nē (mit Konjunktiv) | dass nicht | |
| *fuga, ae f. | die Flucht | fugere; E. fugitive |
| umerus, ī m. | die Schulter | |
| portāre | tragen, bringen | Porto; I. portare |
| *comes, comitis m. | der Gefährte, der Begleiter | cum |
| X sē cōnferre, cōnferō, cōntulī | sich (wohin) begeben | ferre |
| Iuppiter, Iovis, Iovī, Iovem, ā Iove | Jupiter | |
| implōrāre | anflehen | E. to implore |
| impedīre | hindern, verhindern | E. impediment |
| postrēmō (Adv.) | schließlich, zuletzt | post |

**J**

| | |
|---|---|
| bonō animō esse | guten Mutes sein |
| fugā salūtem petere | sein Heil in der Flucht suchen |
| timēre, nē | fürchten, dass |
| perīculum est, nē | es besteht die Gefahr, dass |
| amīcum impedīre, nē | den Freund daran hindern, dass |

## Grammatik

### 1. Das Demonstrativpronomen hic, haec, hoc: dieser, diese, dieses

F

| | Singular | | | Plural | | |
|---|---|---|---|---|---|---|
| | **m.** | **f.** | **n.** | **m.** | **f.** | **n.** |
| **Nominativ** | hic | haec | hoc | hī | hae | haec |
| **Genitiv** | huius | huius | huius | hōrum | hārum | hōrum |
| **Dativ** | huic | huic | huic | hīs | hīs | hīs |
| **Akkusativ** | hunc | hanc | hoc | hōs | hās | haec |
| **Ablativ** | hōc | hāc | hōc | hīs | hīs | hīs |

### 2. Das Demonstrativpronomen ille, illa, illud: jener, jene, jenes

| | Singular | | | Plural | | |
|---|---|---|---|---|---|---|
| | **m.** | **f.** | **n.** | **m.** | **f.** | **n.** |
| **Nominativ** | ille | illa | illud | illī | illae | illa |
| **Genitiv** | illīus | illīus | illīus | illōrum | illārum | illōrum |
| **Dativ** | illī | illī | illī | illīs | illīs | illīs |
| **Akkusativ** | illum | illam | illud | illōs | illās | illa |
| **Ablativ** | illō | illā | illō | illīs | illīs | illīs |

### 3. Die Verwendung der Demonstrativpronomina hic, haec, hoc und ille, illa, illud

S

3.1 Das Demonstrativpronomen hic, haec, hoc dient dazu, Dinge oder Personen zu bezeichnen, die dem Sprecher zeitlich oder räumlich nahe sind:

| | |
|---|---|
| Haec causa nōs sollicitat. | Diese Angelegenheit (hier) beunruhigt uns. |

3.2 Das Demonstrativpronomen ille, illa, illud dient dazu, Dinge oder Personen zu bezeichnen, die vom Sprecher aus zeitlich oder räumlich weiter entfernt liegen:

| | |
|---|---|
| Illa tempora iūcunda fuērunt. | Jene (früheren) Zeiten waren angenehm. |
| Hic hortus amplus est, ille pulcher. | Dieser Garten (hier) ist groß, jener (dort) schön. |

3.3 Wenn die Pronomina hic und ille auf zwei vorher genannte Dinge oder Personen Bezug nehmen, bezeichnet hic das zuletzt Genannte (Näherliegende) und ille das zuerst Genannte (Entferntere):

| | |
|---|---|
| Nōbīs et hostēs et amīcī sunt. Hī nōs semper adiuvant, illī autem semper nōbīscum bellum gerunt. | Wir haben sowohl Feinde als auch Freunde. Diese (amīcī) unterstützen uns immer, jene (hostēs) aber führen ständig gegen uns Krieg. |

Das Neutrum des Pronomens hic weist oft auf den folgenden Gedanken hin:

| | |
|---|---|
| Haec tibi explicābō: ... | Ich werde dir Folgendes erklären: ... |

3.4 Nicht selten verweist ille auf eine Person oder Sache, die ausdrücklich als berühmt bezeichnet wird. Dann steht das Pronomen meist nach dem Substantiv:

| | |
|---|---|
| Scīpiō ille Carthāginem dēlēvit. | Jener/Der berühmte Scipio zerstörte Karthago. |
| Merke die Wendung: illud Catōnis | Jener berühmte Ausspruch/der berühmte Ausspruch des Cato |

## 4. Der doppelte Akkusativ

4.1 Bei bestimmten Verben kann neben einem Objekt im Akkusativ ein weiterer Akkusativ stehen, der die Prädikataussage inhaltlich vervollständigt. Der zweite Akkusativ ist somit ein **Prädikatsnomen**, das hier allerdings in Kasus-Kongruenz zu dem Akkusativ-Objekt steht. Daher wird diese Konstruktion auch als doppelter Akkusativ bezeichnet.

| | |
|---|---|
| Scīpiō sē fortem praestitit. | Scipio erwies sich als tapfer. |
| Rōmānī Scīpiōnem cōnsulem creāvērunt. | Die Römer wählten Scipio zum Konsul. |

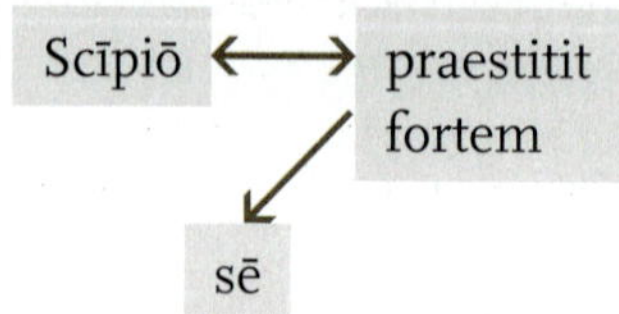


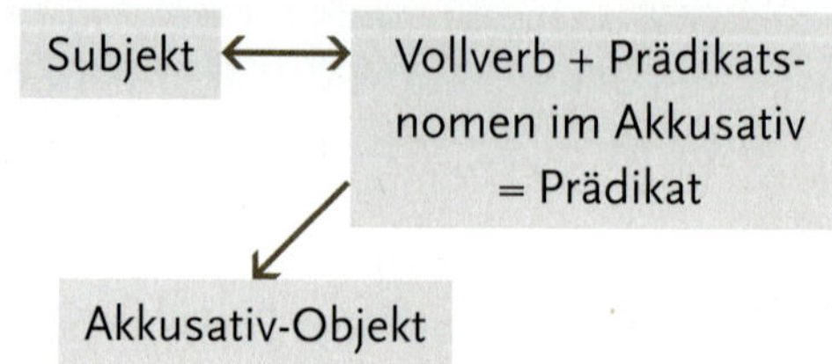

Rōmānī ⟷ creāvērunt cōnsulem
↙
Scīpiōnem

Subjekt ⟷ Vollverb + Prädikatsnomen im Akkusativ = Prädikat
↙
Akkusativ-Objekt

4.2 Der doppelte Akkusativ findet sich sehr häufig nach folgenden Verben:

| | |
|---|---|
| facere | (jemanden) zu etwas machen |
| creāre | (jemanden) zu etwas wählen |
| dīcere | (jemanden) zu etwas ernennen |
| nōmināre, vocāre | (jemanden) als etwas bezeichnen |
| dūcere, putāre | (jemanden) für etwas halten |
| habēre | (jemanden) als etwas haben,<br>(jemanden) für etwas halten |
| sē praestāre | sich als etwas erweisen, sich als etwas zeigen |

# Vokabeln

mōs – īgnōtus, a, um – explicāre – libenter – praeesse – celebrāre – ferre – convenīre – ōrātiō

| | | |
|---|---|---|
| imāgō, imāginis f. | das Bild, Abbild; Ahnenbild (die Wachsmaske) | imaginär; E. image, to imagine; F. l'image |
| *cōnservāre | bewahren, erhalten; retten | servāre; konservativ, Konserve; F. conserver |
| certus, a, um | sicher, gewiss | certē; Zertifikat; E. certain; I. certo |
| ostendere, ostendō, ostendī | zeigen, darlegen | ostentativ |
| hic, haec, hoc | dieser, diese, dieses | |
| ille, illa, illud | jener, jene, jenes | |
| *sē praestāre, praestō, praestitī | sich erweisen (als) | |
| aut | oder | aut – aut |
| pūblicus, a, um | öffentlich, staatlich | publizieren; E. public; F. publique |
| *pūblicum, ī n. | die Öffentlichkeit, der staatliche Bereich | Publikum; E. public |
| *rēs pūblica, reī pūblicae f. | das Gemeinwesen, der Staat | Republik; E. republic; F. la république |
| iterum (Adv.) | wiederum, zum zweiten Mal | iterum atque iterum |

| | | |
|---|---|---|
| creāre | verursachen, erschaffen, wählen | kreativ; E. to create |
| *familiāris, familiāris m. | der Familienangehörige, der Vertraute | familia; E. familiar; F. familier |
| nepōs, nepōtis m. | der Enkel, der Neffe | Nepotismus; E. nephew; F. le neveu |
| discēdere, discēdō, discessī | auseinandergehen, weggehen | |
| *factum, ī n. | die Tat; die Tatsache | facere; Faktum; E. fact; F. le fait; |
| *commemorāre | in Erinnerung rufen, erwähnen | E. to commemorate |
| *nōbilis, nōbile | berühmt, vornehm, adelig | nōtus; nobel; E. noble, I. nobile |
| *commovēre, commoveō, commōvī | bewegen, antreiben, erregen | movēre; E. commotion |
| *incitāre | antreiben, erregen | E. to incite; F. inciter |
| exemplum, ī n. | das Beispiel, Vorbild | Exempel, exemplarisch; E. example; F. l'exemple |
| *ēgregius, a, um | herausragend, hervorragend, ausgezeichnet | E. egregious; I./S. egregio |

# Lektion 32

## Grammatik

F

### 1. Die u-Deklination

#### 1.1 Die Formen

| | Singular | Plural |
|---|---|---|
| **Nominativ** | magistrātus | magistrātūs |
| **Genitiv** | magistrātūs | magistrātuum |
| **Dativ** | magistrātuī | magistrātibus |
| **Akkusativ** | magistrātum | magistrātūs |
| **Ablativ** | magistrātū | magistrātibus |

1.2 Die meisten Substantive der u-Deklination sind maskulinen Geschlechts.

S

## 2. Der ablativus qualitatis

Der ablativus qualitatis steht zur Angabe von körperlichen oder geistigen Eigenschaften. Nach dem ablativus qualitatis fragt man: **Von welcher Art? Wie beschaffen?**

a) Virī **māgnā virtūte** rem pūblicam servāvērunt. – Männer von großer Tapferkeit haben den Staat gerettet.

b) Marius **summō ingeniō** fuit. – Marius war von höchster Begabung/Marius war sehr begabt.

Der ablativus qualitatis kann nicht nur als Attribut (a), sondern auch als Prädikatsnomen (b) verwendet werden:

a)

Virī ⟷ servāvērunt
Virī → magnā virtūte
servāvērunt → rem pūblicam

Subjekt ⟷ Prädikat
Subjekt → Attribut
Prädikat → Akkusativ-Objekt

b)

Marius ⟷ summō ingeniō fuit

Subjekt ⟷ Prädikatsnomen + Form von esse = Prädikat

# Vokabeln

āmittere – incitāre – perniciēs – arcēre – nōn īgnōrāre – ingenium – vincere – fugāre – cōgnōscere

| | | |
|---|---|---|
| cōnsulātus, cōnsulātūs m. | das Konsulat | cōnsul; Konsulat |
| septimus, a, um | siebter, der Siebte | September, Septime |
| maximus, a, um | sehr groß, der Größte | māgnus; Maximum; E. maximum; F. le maximum; I. massimo |
| *exercitus, exercitūs m. | das Heer | I. l'esercito; S. el ejército |
| fortitūdō, fortitūdinis f. | die Tapferkeit, der Mut | fortis |
| paene (Adv.) | fast, beinahe | E. peninsula; F. la péninsule |
| disciplīna, ae f. | die Disziplin, Ordnung | discipulus; Disziplin; E. discipline; F. la discipline |
| barbarus, a, um | fremd; ungebildet; barbarisch | barbarisch; E. barbarian |
| barbarus, ī m. | der Ausländer; Barbar | |
| māgnitūdō, māgnitūdinis f. | die Größe, Bedeutung | māgnus; E. magnitude |
| quīntus, a, um | fünfter, der Fünfte | Quinte |

| | | |
|---|---|---|
| vehemēns, vehementis | heftig, energisch, gewaltig | vehement; I. veemente |
| *impetus, impetūs m. | der Ansturm, der Angriff | petere; Impetus |
| dēvincere, dēvincō, dēvīcī | (völlig) besiegen | vincere |
| et ... et | sowohl ... als auch | et |
| inimīcus, ī m. | der (persönliche) Feind | amīcus; E. enemy; F. l'ennemi |
| *magistrātus, magistrātūs m. | der Beamte; das Amt | magister; Magistrat |
| cum (mit Indikativ) | immer wenn; sooft | |
| *senātus, senātūs m. | der Senat, die Ratsversammlung | senex; Senat |
| lēx, lēgis f. | das Gesetz, das Gebot | legal, legitim |
| ūsus, ūsūs m. | der Gebrauch, die Verwendung; die Brauchbarkeit, der Nutzen | Usus; E. use; F. l'usage; I. l'uso |
| praetor, praetōris m. | der Prätor | |
| obtinēre, obtineō, obtinuī | besitzen, verwalten | tenēre |
| cursus, cursūs m. | der Lauf; die Bahn; die Laufbahn | currere; Kurs; F. le cours; I. il corso |
| honōs, honōris m. | die Ehre, das Ehrenamt | honorieren; E. honour; F. l'honneur |
| complēre, compleō, complēvī | anfüllen, erfüllen, vollenden | plēnus; komplett; E. to complete; F. compléter |
| cōnsulere, cōnsulō, cōnsuluī (mit Dat.) | (für jemanden) sorgen | |

**J**

| | |
|---|---|
| cōnsulātum petere | das Konsulat anstreben, sich um das Konsulat bewerben |
| ūsuī esse | von Nutzen sein, nützlich sein |
| lēgēs ferre | Gesetze beantragen |

# Lektion 33

## Grammatik

### 1. Die Deklination von domus

F

Die meisten Substantive der u-Deklination sind maskulinen Geschlechts (vgl. Lektion 32, F 1). Das Substantiv **domus** ist dagegen ein **Femininum** und hat in einigen Kasus die Ausgänge der o-Deklination (vgl. Lektion 8, F 1.2):

| | Singular | Plural |
|---|---|---|
| **Nominativ** | domus | domūs |
| **Genitiv** | domūs | **domōrum** |
| **Dativ** | domuī | domibus |
| **Akkusativ** | domum | **domōs** |
| **Ablativ** | in **domō** | in domibus |

### 2. Die Konjugation des Verbs im Konjunktiv Perfekt

**2.1 Die Formen:**

| | a-Konjugation | e-Konjugation | i-Konjugation | kons. Konjugation | esse |
|---|---|---|---|---|---|
| **Sg. 1. P.** | laudāverim | monuerim | audīverim | rēxerim | fuerim |
| **2. P.** | laudāveris | monueris | audīveris | rēxeris | fueris |
| **3. P.** | laudāverit | monuerit | audīverit | rēxerit | fuerit |
| **Pl. 1. P.** | laudāverimus | monuerimus | audīverimus | rēxerimus | fuerimus |
| **2. P.** | laudāveritis | monueritis | audīveritis | rēxeritis | fueritis |
| **3. P.** | laudāverint | monuerint | audīverint | rēxerint | fuerint |

**posse:** potuerim, potueris, potuerit ...
**īre:** ierim, ieris, ierit ...
**velle:** voluerim, volueris, voluerit ...
**ferre:** tulerim, tuleris, tulerit ...

2.2 Die **Formen des Konjunktivs Perfekt** werden in allen Konjugationen gebildet aus dem **Perfektstamm**, dem **Moduszeichen -eri -** und den bekannten **Personalendungen**.

2.3 Die Formen des Konjunktivs Perfekt haben keine direkte deutsche Entsprechung: Ihre Übersetzung richtet sich jeweils nach ihrer Verwendung im Satz.

S

## 3. Die consecutio temporum: Zeitenfolge in konjunktivischen Nebensätzen (II)

3.1 In Lektion 30, S 2.4 hast du bereits die consecutio temporum für die Verwendung des Konjunktivs Präsens und Imperfekt in Nebensätzen kennengelernt. Hier werden die Regeln der consecutio temporum für die Verwendung des Konjunktivs Perfekt und Plusquamperfekt in Nebensätzen erweitert:
Der **Konjunktiv Perfekt** drückt die **Vorzeitigkeit** zum übergeordneten Satz aus, wenn in diesem das **Präsens** oder das **Futur** steht.
Der **Konjunktiv Plusquamperfekt** drückt die **Vorzeitigkeit** zum übergeordneten Satz aus, wenn in diesem ein **Vergangenheitstempus** (Imperfekt, Perfekt, Plusquamperfekt) steht.

3.2 Zusammengefasst gelten also die folgenden Regeln:

| Tempus des übergeordneten Satzes | Tempus des konjunktivischen Nebensatzes | Zeitverhältnis |
|---|---|---|
| **Präsens/Futur** | Konjunktiv Präsens | gleichzeitig |
| | Konjunktiv Perfekt | vorzeitig |
| **Imperfekt/Perfekt/ Plusquamperfekt** | Konjunktiv Imperfekt | gleichzeitig |
| | Konjunktiv Plusquamperfekt | vorzeitig |

3.3 Bei der Übersetzung ins Deutsche wird zumeist der Indikativ des Tempus gewählt, das im lateinischen Nebensatz steht:

| | |
|---|---|
| Cum Milō cōnsulātum petat, Clōdius praetūram petit. | Als sich Milo um das Konsulat bewirbt, bewirbt sich Clodius um die Prätur. |
| Cum Milō cōnsulātum peteret, Clōdius praetūram petēbat. | Als sich Milo um das Konsulat bewarb, bewarb sich Clodius um die Prätur. |
| Clōdius, cum compererit Milōnem iter Lānuvium facere, Rōmam relinquit. | Nachdem Clodius erfahren hat, dass Milo nach Lanuvium fährt, verlässt er Rom. |

| | |
|---|---|
| Clōdius, cum comperisset Milōnem iter Lānuvium facere, Rōmam relīquit. | Nachdem Clodius erfahren hatte, dass Milo nach Lanuvium fuhr, verließ er Rom. |

## Vokabeln

inimīcus – petere – cōgnōscere – ēripere – odium – relinquere – uxor – occurrere – comes

| | | |
|---|---|---|
| cum (mit Konjunktiv) | als, nachdem; weil; während (dagegen) | |
| etsī | auch wenn, obwohl | etiam, sī |
| domus, domūs f. | das Haus, Gebäude | dominus, domina |
| domum (Akk.) | nach Hause | |
| vestis, vestis f. | das Kleidungsstück, Kleid | Weste; I. la veste |
| currus, currūs m. | der Wagen | currere |
| *tēlum, ī n. | das Geschoss, der Speer, die Waffe | |
| dēsilire, dēsilio, dēsiluī | herabspringen, hinabspringen | |
| *gladius, ī m. | das Schwert | Gladiator |
| ēdūcere, ēdūcō, ēdūxī | herausziehen, herausführen | dūcere, dux; E. to educe |
| tergum, ī n. | der Rücken | |
| *caedere, caedō, cecīdī | fällen, niederhauen, töten | occīdere |
| *interficere, interficiō, interfēcī | töten | facere |

J

| | |
|---|---|
| praetūram petere | die Prätur anstreben, sich um die Prätur bewerben |
| gladium ēdūcere | das Schwert zücken |
| ā tergō | von hinten, im Rücken |
| Clōdium petere | Clodius angreifen |

# Lektion 34

## Grammatik

F

### 1. Das Interrogativpronomen

#### 1.1 Das substantivische Interrogativpronomen quis, quid

| | | |
|---|---|---|
| **Nominativ** | quis? quid? | wer? was? |
| **Genitiv** | cuius? | wessen? |
| **Dativ** | cui? | wem? |
| **Akkusativ** | quem? quid? | wen? was? |
| **Ablativ** | ā quō? quōcum? | von wem? mit wem? |

#### 1.2 Das adjektivische Interrogativpronomen qui, quae, quod

| | **Singular** | | | **Plural** | | |
|---|---|---|---|---|---|---|
| | **m.** | **f.** | **n.** | **m.** | **f.** | **n.** |
| **Nominativ** | quī | quae | quod | quī | quae | quae |
| **Genitiv** | cuius | cuius | cuius | quōrum | quārum | quōrum |
| **Dativ** | cui | cui | cui | quibus | quibus | quibus |
| **Akkusativ** | quem | quam | quod | quōs | quās | quae |
| **Ablativ** | quō | quā | quō | quibus | quibus | quibus |

quī, quae, quod wird wie das Relativpronomen dekliniert (vgl. Lektion 23, F 1). Als adjektivisches Interrogativpronomen steht es wie ein Adjektiv bei einem Substantiv, nach dem es sich in Kasus, Numerus und Genus richtet (**KNG-Kongruenz**; vgl. Lektion 7, S 3). Die Übersetzung lautet: welcher? welche? welches?

#### 1.3 Die Verwendung des substantivischen und adjektivischen Interrogativpronomens

| | |
|---|---|
| a) Quis mihi dōnum fert? | a) Wer bringt mir das Geschenk? |
| Quī puer mihi dōnum fert? | Welcher Junge bringt mir das Geschenk? |
| Quae puella mihi dōnum fert? | Welches Mädchen bringt mir das Geschenk? |

| | |
|---|---|
| b) Quid in forō vidēs? Quod templum in forō vidēs? | b) Was siehst du auf dem Forum? Welchen Tempel siehst du auf dem Forum? |

## 2. Der Interrogativsatz (Fragesatz)

S

Bei Interrogativsätzen (Fragesätzen) unterscheidet man zwischen Wortfragen und Satzfragen.

2.1 Eine **Wortfrage** ist ein Fragesatz, der durch ein **Fragewort** (z. B. quis?, quid?, ubi?) eingeleitet wird.

| Frage: | Antwort: |
|---|---|
| **Quid** Quīntus videt? | Quīntus **Capitōlium** videt. |
| Was sieht Quintus? | Quintus sieht das Kapitol. |
| **Ubi** templum Iovis est? | Templum Iovis **in Palātiō** est. |
| Wo ist der Jupitertempel? | Der Jupitertempel befindet sich auf dem Palatin. |

2.2 Eine **Satzfrage** ist ein Fragesatz, der (im Deutschen) die Antwort „ja“ oder „nein“ erwartet. Im Lateinischen kann sie durch **-ne, nōnne** oder **num** eingeleitet werden. Diese einleitenden Wörter zeigen an, welche Antwort der Fragende erwartet, nämlich:

| | |
|---|---|
| bei **-ne:** | Ja oder Nein |
| bei **nōnne:** | Ja, Doch |
| bei **num:** | Nein |

| Frage: | Antwort: |
|---|---|
| Videt**ne** Quīntus Capitōlium? | Quīntus Capitōlium **videt/nōn videt.** |
| Sieht Quintus das Kapitol? | Ja/Nein. |
| **Nōnne** Quīntus Capitōlium videt? | Quīntus Capitōlium **videt.** |
| Sieht Quintus **etwa nicht** das Kapitol? | Doch, er sieht es. (Ja) |
| **Num** Quīntus ad Capitōlium properat? | Quīntus **nōn** ad Capitōlium **properat.** |
| Eilt Quintus **etwa** zum Kapitol? | Nein (er eilt nicht zum Kapitol). |

# Vokabeln

maximus – ante – expūgnāre – rēx – celebrāre – redīre – clārus – placēre

| | | |
|---|---|---|
| trēs, tria | drei | Trio |
| *auctōritās, auctōritātis f. | das Ansehen, der Einfluss, die Macht | Autorität, Auktion |
| nōnne (Fragepartikel) | nicht? denn nicht? etwa nicht? | |
| *regiō, regiōnis f. | Gebiet, Richtung | Region; E. region; F. la région |
| quī, quae, quod (adjektivisches Interrogativpronomen) | welcher, welche, welches | |
| comparāre (cum) | erwerben, (vor)bereiten, vergleichen (mit) | parāre; E. to compare |
| *prōcōnsul, prōcōnsulis m. | der Prokonsul, der Statthalter | cōnsul, cōnsulātus |
| *ferē (Adv.) | ungefähr, fast, beinahe | |
| *usque ad (mit Akk.) | bis zu | |
| *subicere, subiciō, subiēcī | unterwerfen | Subjekt |
| *potentia, ae f. | die Macht, der Einfluss | potēns, potestās |
| *augēre, augeō, auxī | vermehren, vergrößern, fördern | auctōritās |
| num (Fragepartikel) | etwa? | |
| *favēre, faveō, fāvī (mit Dativ) | (jemanden) begünstigen, fördern | Favorit |
| *poscere, poscō, popōscī | fordern, verlangen | |
| -ne (Fragepartikel) | (wird nicht übersetzt) | |
| alter, altera, alterum | der eine (von zweien), der andere; der zweite | Alternative |
| dēferre, dēferō, dētulī | (hinab)tragen, -bringen, darbieten | ferre |
| *cīvīlis, cīvīle | bürgerlich, Bürger- | cīvis; zivil |
| *committere, committō, commīsī | zusammenbringen, übergeben, anvertrauen | E. to commit; F. commettre |
| flūmen, flūminis n. | der Fluss | |
| rīpa, rīpae f. | das Ufer | F. la rive; I. la riva |
| pōns, pontis m. | die Brücke | F. le pont; I. il ponte |

**J**

| | |
|---|---|
| cōnsulātum dēferre | das Konsulat anbieten |
| amīcō favēre | dem Freund günstig gesinnt sein, den Freund begünstigen |
| bellum committere | den Krieg beginnen |

# Lektion 35

## Grammatik

### Indirekte Fragesätze

S

1. **Indirekte Fragesätze** sind abhängig von Verben des Fragens, Sagens und Wissens. Sie haben die Funktion eines **Objekts** oder eines **Subjekts**:
   a) Nōnia rogat, quis Caesarem interfēcerit. Nonia fragt, wer Cäsar getötet hat.

   Nōnia ⟷ rogat
   ↙
   quis Caesarem interfēcerit

   Subjekt ⟷ Prädikat
   ↙
   Akkusativ-Objekt

   b) Nōtum est, quis Caesarem interfēcerit. Es ist bekannt, wer Cäsar getötet hat.

   quis Caesarem interfēcerit ⟷ nōtum est

   Subjekt ⟷ Prädikat

2. Indirekte Fragesätze werden wie die direkten Fragesätze durch Fragepronomina, Frageadverbien oder durch Fragepartikel eingeleitet.

3. Indirekte Fragesätze stehen **im Lateinischen** immer im **Konjunktiv**, im Deutschen meist im Indikativ.

4. Indirekte Fragesätze können gleichzeitig und vorzeitig sein. Welches **Zeitverhältnis** jeweils vorliegt, kann man am Tempus des Prädikats des Nebensatzes erkennen. Die bisher bekannten Regeln der **consecutio temporum** (vgl. Lektion 33, S 3.2) gelten auch für die indirekten Fragesätze:

   | | |
   |---|---|
   | Nesciō, quid faciās. (Gleichzeitigkeit) | Ich weiß nicht, was du tust. |
   | Nesciō, quid fēceris. (Vorzeitigkeit) | Ich weiß nicht, was du getan hast. |
   | Nescīvī, quid facerēs. (Gleichzeitigkeit) | Ich wusste nicht, was du tatest. |
   | Nescīvī, quid fēcissēs. (Vorzeitigkeit) | Ich wusste nicht, was du getan hattest. |

5. Indirekte Wortfragen, Satzfragen und Wahlfragen (vgl. Lektion 34, S 2):
   **Indirekte Wortfragen** werden durch die bekannten Fragewörter (z. B. quis?, quid?, ubi?) eingeleitet:

   Quīntus rogat, **quis** Caesarem interfēcerit. Quintus fragt, **wer** Cäsar getötet hat.

   **Indirekte Satzfragen** werden durch num oder -ne (ob ...; ob nicht ...; ob etwa ...) eingeleitet. Dabei wird im Gegensatz zu den direkten Satzfragen (vgl. Lekton 34,

S 2.2) nicht angedeutet, welche Antwort erwartet wird. Du musst sie dir aus dem Kontext erschließen:

| | |
|---|---|
| Quīntus rogat, **num** senātōrēs cōnsilium cēperint Caesarem interficere. | Quintus fragt, **ob** die Senatoren den Plan gefasst haben, Cäsar zu töten. |
| Nōnia rogat, Caesar**ne** dē cōnsiliīs senātōrum audīverit. | Nonia fragt, **ob** Cäsar **nicht** von den Plänen der Senatoren gehört hat. |

**Indirekte Wahlfragen** (Doppelfragen) werden eingeleitet durch utrum ... an, -ne ... an, ... an und werden jeweils übersetzt mit: ob ... oder.

| | |
|---|---|
| Quīntus rogat, **utrum** Caesar domī mānserit **an** cūriam Pompeī adierit. | Quintus fragt, **ob** Cäsar zu Hause blieb **oder** in die Kurie ging. |

# Vokabeln

redīre – honōs – cōnsilium capere – placet – īnsidiās parāre – ostendere – dexter – cōnsīdere

| | | |
|---|---|---|
| *dēcernere, dēcernō, dēcrēvī | entscheiden, beschließen | Dekret, Dezernent |
| perpetuus, a, um | beständig, ununterbrochen | Perpetuum mobile |
| *exīstimāre | urteilen, meinen | E. to estimate; F. estimer |
| utrum ... an (-ne ... an; ... an) | ob ... oder | |
| futūrus, a, um | zukünftig | Futur |
| *somnium, ī n. | der Traum | F. le songe; I. il sogno |
| suprā (Präp. m. Akk.) | oberhalb, über, über ... hinaus | Sopran |
| nūbēs, nūbis f. | die Wolke | |
| volāre | fliegen, eilen | F. voler; I. volare; S. volar |
| iungere, iungō, iūnxī | verbinden, vereinigen | |
| *afficere, afficiō, affēcī | (mit etwas) versehen, behandeln | Affekt |
| *dubitāre | zögern (mit Infinitiv), zweifeln | E. to doubt; F. douter; I. dubitare |
| num | ob, ob nicht (indirekte Frage) | |
| *domī | zu Hause | domus |
| *manēre, maneō, mānsī | bleiben,warten; erwarten | F. la maison |
| accedēre, accēdō, accessī | herantreten, hinzukommen | E. to accede; F. accéder; I. accedere |
| temptāre | versuchen, prüfen; angreifen | E. to attempt; F. tenter; I. tentare |
| iacēre, iaceō, iacuī | liegen | |

**J**

| | |
|---|---|
| (cum amīcō) dexteram iungere | (dem Freund) die (rechte) Hand geben |
| cūrīs afficere | (jemanden) in Sorge versetzen; (jemandem) Sorgen bereiten |

# Lektion 36

## Grammatik

### 1. Die Konjugation des Verbs im Passiv (Präsensstamm)

F

#### 1.1 Die Formen des Indikativ Präsens:

| | a-Konjugation | e-Konjugation | i-Konjugation | kons. Konjugation | |
|---|---|---|---|---|---|
| Sg. 1. P. | laudor | moneor | audior | regor | capior |
| 2. P. | laudāris | monēris | audīris | regeris | caperis |
| 3. P. | laudātur | monētur | audītur | regitur | capitur |
| Pl. 1. P. | laudāmur | monēmur | audīmur | regimur | capimur |
| 2. P. | laudāminī | monēminī | audīminī | regiminī | capiminī |
| 3. P. | laudantur | monentur | audiuntur | reguntur | capiuntur |
| Infinitiv | laudārī | monērī | audīrī | regī | capī |

#### 1.2 Die Formen des Indikativ Imperfekt:

| | a-Konjugation | e-Konjugation | i-Konjugation | kons. Konjugation | |
|---|---|---|---|---|---|
| Sg. 1. P. | laudābar | monēbar | audiēbar | regēbar | capiēbar |
| 2. P. | laudābāris | monēbāris | audiēbāris | regēbāris | capiēbāris |
| 3. P. | laudābātur | monēbātur | audiēbātur | regēbātur | capiēbātur |
| Pl. 1. P. | laudābāmur | monēbāmur | audiēbāmur | regēbāmur | capiēbāmur |
| 2. P. | laudābāminī | monēbāminī | audiēbāminī | regēbāminī | capiēbāminī |
| 3. P. | laudābantur | monēbantur | audiēbantur | regēbantur | capiēbantur |

**1.3 Die Formen des Indikativ Futur:**

| | a-Konjugation | e-Konjugation | i-Konjugation | kons. Konjugation | |
|---|---|---|---|---|---|
| **Sg. 1. P.** | laudā**bor** | monē**bor** | audi**ar** | reg**ar** | capi**ar** |
| **2. P.** | laudā**beris** | monē**beris** | audi**ēris** | reg**ēris** | capi**ēris** |
| **3. P.** | laudā**bitur** | monē**bitur** | audi**ētur** | reg**ētur** | capi**ētur** |
| **Pl. 1. P.** | laudā**bimur** | monē**bimur** | audi**ēmur** | reg**ēmur** | capi**ēmur** |
| **2. P.** | laudā**biminī** | monē**biminī** | audi**ēminī** | reg**ēminī** | capi**ēminī** |
| **3. P.** | laudā**buntur** | monē**buntur** | audi**entur** | reg**entur** | capi**entur** |

S

## 2. Aktiv und Passiv: Die Genera verbi (Diathesen)

2.1 Verbformen im **Aktiv** geben an, was das Subjekt tut. Das Subjekt ist also der Handlungsträger:
Cīvēs Rōmānī Augustum laudant. – Die römischen Bürger loben Augustus.
Verbformen im **Passiv** geben an, dass mit dem Subjekt etwas geschieht. Das Subjekt ist also von der Handlung betroffen:
Augustus ā cīvibus Rōmānīs laudātur. – Augustus wird von den römischen Bürgern gelobt.

2.2 Wie der Begriff „Genus“ bei den Nomina das Maskulinum, Femininum und Neutrum umfasst (vgl. Lektion 3, F 1.1), so lautet bei den Verben der Oberbegriff für Aktiv und Passiv: „**Genus verbi**“ (oder: „**Diathese**“).
Für die vollständige Bestimmung einer Verbform benötigst du daher fünf Merkmale: Person, Numerus, Modus, Tempus und Genus verbi, z. B.:
laudantur: 3. Person Plural Indikativ Präsens Passiv.

2.3 Ist der Verursacher des Geschehens eine **Person**, steht er beim Passiv im **Ablativ mit der Präposition ā, ab**. Ist der Verursacher des Geschehens ein **abstrakter Begriff**, steht er beim Passiv **im bloßen Ablativ**.

2.4 Wenn das Subjekt der Handlungsträger ist und zugleich selbst von dieser Handlung betroffen ist, kann das passive lateinische Prädikat im Deutschen mit dem Aktiv eines reflexiven Verbums übersetzt werden:
Cīvēs pāce dēlectantur: Die Bürger werden durch den Frieden erfreut.
= Die Bürger **freuen sich** über den Frieden.

### 3. Der doppelte Nominativ

Wenn die Verben, nach denen im Lateinischen ein **doppelter Akkusativ** steht (vgl. Lektion 31, S 4.2), **im Passiv** stehen, wird aus dem doppelten Akkusativ ein **doppelter Nominativ**.

Doppelter Akkusativ:
Senātōrēs Octāviānum Augustum appellant. — Die Senatoren nennen Octavian Augustus.

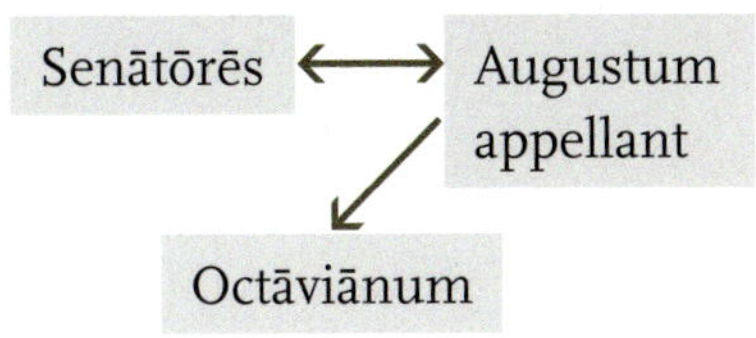


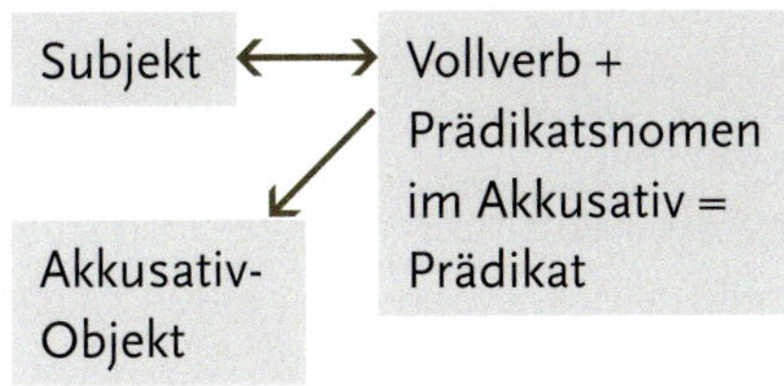


Doppelter Nominativ:
Octāviānus ā senātōribus Augustus appellātur. — Octavian wird von den Senatoren Augustus genannt.

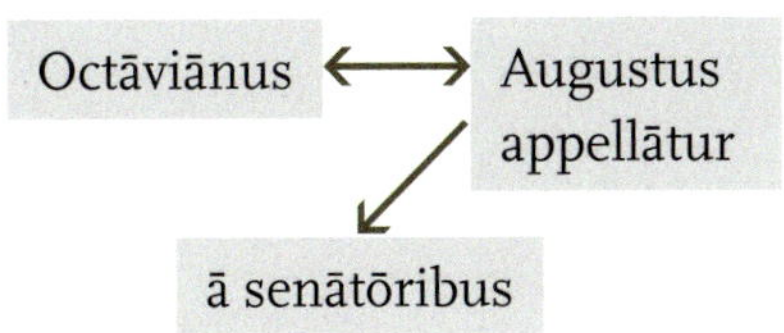


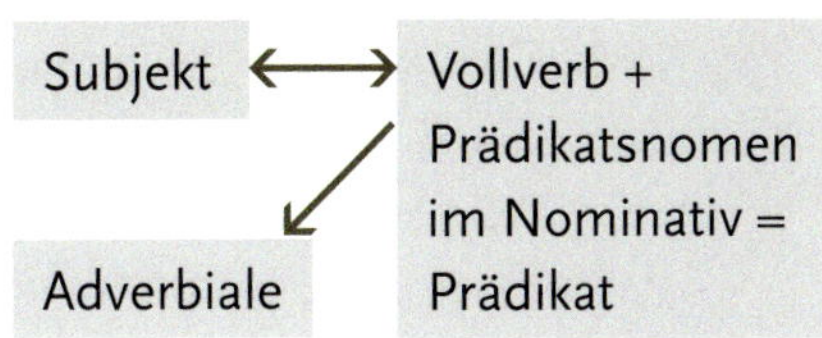


## Vokabeln

pāx – rēs pūblica – licentia – corrumpere – mōs – mūtāre – cīvīlis,e – lībertās

| | | |
|---|---|---|
| dēlectāre | erfreuen | |
| praeferre, praeferō, praetulī | vorziehen, lieber mögen als | Präferenz; F. préférer |
| *opprimere, opprimō, oppressī | unterdrücken, überfallen | E. to oppress |
| fallere, fallō, fefellī | täuschen, betrügen | |
| ūnus, a, um (Gen.: ūnīus, Dat.: ūnī) | ein einziger, einer | Unikat; F. un, une |
| *prīnceps, prīncipis m. | der Erste, Führende; Kaiser | Prinz; I. il principe |
| necesse est (mit AcI) | es ist notwendig, nötig, unausweichlich | E. necessary |
| *paulātim (Adv.) | allmählich | |
| discordia, ae f. | Zwietracht, Uneinigkeit | |

| | | |
|---|---|---|
| *restituere, restituō, restituī | wiederherstellen, zurückgeben | E. restitution |
| *scelus, sceleris n. | das Verbrechen, der Frevel | |
| *appellāre | nennen, ansprechen, ernennen zu | Appell; F. appeler |
| *cōnficere, cōnficiō, cōnfēcī | zustande bringen, vollenden, aufreiben | Konfektion |
| *tollere, tollō, sustulī | aufheben, erheben, beseitigen | I. togliere |

**J**

| | |
|---|---|
| nihil nisī | nichts außer; nur |
| scelus committere | ein Verbrechen begehen |
| bellum cōnficere | einen Krieg beenden |

# Lektion 37

## Grammatik

**F**

### 1. Das Partizip Perfekt Passiv (PPP)

Die meisten lateinischen Verben bilden ein Partizip Perfekt Passiv. Mit diesem wird das Passiv in den Zeiten des Perfektstamms ausgedrückt.

#### 1.1 Die Bildung des Partizip Perfekt Passiv (PPP)

Das **PPP** wird durch das Kennzeichen **-tus, -ta, -tum** oder **-sus, -sa, -sum** gebildet. Dekliniert wird es wie ein Adjektiv der a- und o-Deklination (vgl. Lektion 7, F 2):

**a-Konjugation:** laudāre → laudātus, a, um
**e-Konjugation:** delēre → delētus, a, um; monēre → monitus, a, um
**i-Konjugation:** audīre → audītus, a, um

Die Verben der **konsonantischen Konjugation** bilden das PPP auf unterschiedliche Weise. Daher musst du das PPP jeweils gesondert lernen, z. B.:
dūcere → ductus, a, um; mittere → missus, a, um; scrībere → scrīptus, a, um

#### 1.2 Das Partizip Perfekt Passiv und die Stammformen

Von nun an wird das PPP bei der Durchnahme neuer Verben bei den **Stammformen** mitgelernt. Dabei wird das PPP immer mit der Neutrum-Endung **-um** angegeben.

Die vollständige **Stammformenreihe** besteht nun aus folgenden vier Formen:

| Infinitiv Präsens | 1. Pers. Sg. Ind. Präs. | 1. Pers. Sg. Ind. Perf. | Partizip Perfekt Passiv | deutsche Bedeutung |
|---|---|---|---|---|
| laudāre | laudō | laudāvī | **laudātum** | loben |
| monēre | moneō | monuī | **monitum** | ermahnen |
| audīre | audiō | audīvī | **audītum** | hören |
| regere | regō | rēxī | **rēctum** | leiten |

Die vollständigen Stammformenreihen (einschließlich PPP) der bereits gelernten Verben werden von dieser Lektion an durch „Blaupunktvokabeln" im Wortschatz sowie in einer Liste weiterer Verben am Ende jeder Lektion aufgelistet. So werden von den bekannten Verben die noch nicht bekannten Partizipien des Perfektstammes nach und nach gelernt.

## 2. Das Passiv im Perfektstamm

### 2.1 Die Formen des Indikativ Perfekt Passiv

| | Singular | | Plural | |
|---|---|---|---|---|
| **1. Person** | laudātus, a, um **sum** | ich bin gelobt worden/wurde gelobt | laudātī, ae, a **sumus** | wir sind gelobt worden/ wurden gelobt |
| **2. Person** | laudātus, a, um **es** | du bist gelobt worden/ wurdest gelobt | laudātī, ae, a **estis** | ihr seid gelobt worden/ wurdet gelobt |
| **3. Person** | laudātus, a, um **est** | er/sie/es ist gelobt worden/wurde gelobt | laudātī, ae, a **sunt** | sie sind gelobt worden/ wurden gelobt |

Die Formen des Indikativ Perfekt Passiv werden durch das **PPP** in Verbindung mit den **Präsensformen von esse** gebildet. Die Endung des PPP richtet sich dabei nach Kasus, Numerus und Genus seines Bezugsworts (des Subjekts).

### 2.2 Die Formen des Indikativ Plusquamperfekt Passiv

| | Singular | | Plural | |
|---|---|---|---|---|
| **1. Person** | laudātus, a, um **eram** | ich war gelobt worden | laudātī, ae, a **erāmus** | wir waren gelobt worden |
| **2. Person** | laudātus, a, um **erās** | du warst gelobt worden | laudātī, ae, a **erātis** | ihr wart gelobt worden |
| **3. Person** | laudātus, a, um **erat** | er/sie/es war gelobt worden | laudātī, ae, a **erant** | sie waren gelobt worden |

Das **Plusquamperfekt Passiv** wird durch das **PPP** in Verbindung mit den **Imperfektformen** von esse gebildet. Die Endung des PPP richtet sich dabei nach Kasus, Numerus und Genus seines Bezugsworts (des Subjekts).

### 2.3 Die Formen des Futur II Passiv

| | Singular | Plural |
|---|---|---|
| **1. Person** | laudātus, a, um **erō** | laudātī, ae, a **erimus** |
| **2. Person** | laudātus, a, um **eris** | laudātī, ae, a **eritis** |
| **3. Person** | laudātus, a, um **erit** | laudātī, ae, a **erunt** |

Zur Übersetzung der Formen des Futur II vgl. Lektion 25, F 1.4.

Das **Futur II Passiv** wird durch das **PPP** in Verbindung mit den **Futur-I-Formen von esse** gebildet. Die Endung des PPP richtet sich dabei nach Kasus, Numerus und Genus seines Bezugsworts (des Subjekts).

### 2.4 Der Infinitiv Perfekt Passiv

Der **Infinitiv Perfekt Passiv** wird durch das **PPP** in Verbindung mit der Form esse gebildet. Die Endung des PPP richtet sich dabei nach Numerus und Genus seines Bezugsworts. Da der Infinitiv Perfekt Passiv vor allem im AcI vorkommt, werden die Endungen des PPP hier im Akkusativ angegeben: laudātum, am, um; ōs, ās, a esse: gerufen worden (zu) sein

Wie der Infinitiv Perfekt Aktiv bezeichnet auch der Infinitiv Perfekt Passiv die im Verhältnis zur übergeordneten Handlung bereits abgeschlossene Handlung (Infinitiv der Vorzeitigkeit, vgl. Lektion 19, S 2.4 b). Dies ist bei der Übersetzung durch die korrekte Wahl der deutschen Tempora wiederzugeben. Grundsätzlich gilt folgende Regel:
Steht im übergeordneten deutschen Satz ein Präsens oder Futur I, wird der lateinische Infinitiv Perfekt Passiv mit dem Perfekt übersetzt. Steht im übergeordneten deutschen Satz ein Vergangenheitstempus, wird der lateinische Infinitiv Perfekt Passiv mit dem Plusquamperfekt übersetzt:

| | |
|---|---|
| Multa templa ab Augustō restitūta esse cōnstat. | **Es steht fest,** dass viele Tempel von Augustus **wiederhergestellt worden sind.** |
| Templum Apollinis ab Augustō aedificātum esse audīvimus. | Wir **hörten**, dass der Apollotempel von Augustus **errichtet worden war.** |

## Vokabeln

domus – adesse – dolor – lūx – discēdere – uxor – īnfēstus – tempestās – vexāre – mōs – miser

| | | |
|---|---|---|
| • movēre, moveō, mōvī, mōtum | bewegen, veranlassen | Motor, Motiv; E. to move, movie |
| • relinquere, relinquō, relīquī, relictum | verlassen, zurücklassen | Reliquie, Relikt |
| • iubēre, iubeō, iūssī, iussum (m. Akk) | (jemandem) befehlen | |
| • discēdere, discēdō, discessī, discessum | auseinandergehen, weggehen | concedere |
| *sōlācium, ī n. | der Trost | E. solace |
| • dare, dō, dedī, datum | geben | Datum; I. dare |
| exclāmāre | aufschreien; ausrufen | ex, clamare; E. to exclaim |
| *perterrēre, perterreō, perterruī, perterritum | sehr erschrecken, in Angst versetzen | per, terrere |
| *lūctus, ūs m. | die Trauer | |
| hinc (Adv.) | von hier; daher; daraufhin | hic |
| • abdūcere, abdūcō, abdūxī, abductum | wegführen, abbringen | ab, ducere; E. to abduct |
| • cōgere, cōgō, coēgī, coāctum | zusammenbringen; zwingen | agere |
| *īnfēlīx, īnfēlīcis | unglücklich | felix |
| pietās, pietātis f. | das Pflichtbewusstsein, die Frömmigkeit | E. piety |
| coniūnx, coniugis m./f. | der Ehemann/die Ehefrau | Konjunktion |
| • commovēre, commoveō, commōvī, commōtum | bewegen, antreiben, erregen, erschüttern | movere |
| • agere, agō, ēgī, āctum | handeln, verhandeln; betreiben | Aktion, aktiv |
| frīgus, frīgoris n. | die Kälte, der Frost | frigid; E. fridge |
| hiems, hiemis f. | der Winter, die Kälte | F. l'hiver |

| | | |
|---|---|---|
| *scrībere, scrībō, scrīpsī, scrīptum | schreiben | Skript, Schrift |
| • mittere, mittō, mīsī, missum | schicken | Mission |
| *error, errōris m. | der Irrtum, die Irrfahrt | E. error |
| *indūcere, indūcō, indūxī, inductum | hineinführen; verleiten, veranlassen | Induktion |

**J**

| | |
|---|---|
| ante lūcem | vor Tagesanbruch |
| in errōrem indūcere | (jemanden) zu einem Fehler verleiten |

## Stammformen zur Wiederholung

Ab dieser Lektion werden jeweils am Ende einige bekannte Verben aus den Lektionen 1–36 mit ihrer gesamten Stammformenreihe aufgelistet. Nicht aufgeführt sind die regelmäßig gebildeten Stammformen der Verben der a-Konjugation. In der Wiederholungsliste sind die Verben, die in der jeweiligen Lektion im Wortschatz vorgekommen sind und deren gesamte Wortfamilie jetzt zusätzlich wiederholt wird, kursiv gesetzt.

| | | |
|---|---|---|
| 1 | *dare, dō, dedī, datum* | *geben* |
| 2 | circumdare, circumdō, circumdedī, circumdatum | umgeben, herumlegen |
| 3 | *movēre, moveō, mōvī, mōtum* | *bewegen, veranlassen* |
| 4 | commovēre, commoveō, commōvī, commōtum | bewegen, antreiben, erregen |
| 5 | terrēre, terreō, terruī, territum | erschrecken, in Schrecken versetzen |
| 6 | *perterrēre, perterreō, perterruī, perterritum* | *sehr erschrecken, in Angst versetzen* |
| 7 | *discēdere, discēdō, discessī, discessum* | *auseinandergehen, weggehen* |
| 8 | accēdere, accēdō, accessī, accessum | herantreten, hinzukommen |
| 9 | dūcere, dūcō, dūxī, ductum | führen, ziehen; halten für |
| 10 | *abdūcere, abdūcō, abdūxī, abductum* | *wegführen, abbringen* |
| 11 | ēdūcere, ēdūcō, ēdūxī, ēductum | herausführen, herausziehen |
| 12 | *indūcere, indūcō, indūxī, inductum* | *hineinführen, verleiten, veranlassen* |
| 13 | *mittere, mittō, mīsī, missum* | *schicken* |

| | | |
|---|---|---|
| 14 | āmittere, āmittō, āmīsī, āmissum | verlieren |
| 15 | committere, committō, commīsī, commissum | zusammenbringen, übergeben, anvertrauen |
| 16 | dīmittere, dīmittō, dīmīsī, dīmissum | entsenden, entlassen, aufgeben |
| 17 | ōmittere, ōmittō, ōmīsī, ōmissum | aufgeben, beiseite lassen |
| 18 | *scrībere, scrībō, scrīpsī, scrīptum* | *schreiben* |
| 19 | cōnscrībere, cōnscrībō, cōnscrīpsī, cōnscrīptum | in eine Liste eintragen, verfassen |

# Lektion 38

## Grammatik

### 1. Das Demonstrativpronomen iste, ista, istud

F

#### 1.1 Die Formen von iste

| | Singular | | | Plural | | |
|---|---|---|---|---|---|---|
| | **m.** | **f.** | **n.** | **m.** | **f.** | **n.** |
| **Nom.** | iste | ista | **istud** | istī | istae | ista |
| **Gen.** | istīus | istīus | istīus | istōrum | istārum | istōrum |
| **Dat.** | istī | istī | istī | istīs | istīs | istīs |
| **Akk.** | istum | istam | **istud** | istōs | istās | ista |
| **Abl.** | istō | istā | istō | istīs | istīs | istīs |

1.2 Das Demonstrativpronomen iste zeigt häufig auf Personen oder Dinge, die dem Sprecher zeitlich und räumlich nahe sind (vgl. Lektion 31, S 3). Es hat zuweilen eine abwertende Bedeutung. Übersetzt wird es mit „dieser (da)“.

## 2. Das Demonstrativpronomen ipse, ipsa, ipsum

### 2.1 Die Formen von ipse

| | Singular | | | Plural | | |
|---|---|---|---|---|---|---|
| | **m.** | **f.** | **n.** | **m.** | **f.** | **n.** |
| **Nom.** | ipse | ipsa | ipsum | ipsī | ipsae | ipsa |
| **Gen.** | ipsīus | ipsīus | ipsīus | ipsōrum | ipsārum | ipsōrum |
| **Dat.** | ipsī | ipsī | ipsī | ipsīs | ipsīs | ipsīs |
| **Akk.** | ipsum | ipsam | ipsum | ipsōs | ipsās | ipsa |
| **Abl.** | ipsō | ipsā | ipsō | ipsīs | ipsīs | ipsīs |

2.2 Das Demonstrativpronomen ipse dient zur Hervorhebung des Begriffs, auf den es sich bezieht. Es wird meist mit „selbst; persönlich; gerade" übersetzt.

Leō **ipse** praedam dīvīsit. — Der Löwe **selbst/persönlich** verteilte die Beute.

## 3. Grund- und Ordnungszahlen

Bei den Zahlwörtern unterscheidet man zwischen Grund- und Ordnungszahlen. Als **Grundzahlen** bezeichnet man die Zahlen, mit denen man zählt, also eins, zwei, drei usw. Dagegen geben **Ordnungszahlen** eine Position in einer Reihe an: der erste, zweite, dritte usw.

### 3.1 Lateinische Zahlwörter

| | | Grundzahl | Ordnungszahl |
|---|---|---|---|
| 1 | I | **ūnus, a, um** | prīmus, a, um |
| 2 | II | **duo, ae, o** | secundus, a, um |
| 3 | III | **trēs, tria** | tertius, a, um |
| 4 | IV | quattuor | quārtus, a, um |
| 5 | V | quīnque | quīntus, a, um |
| 6 | VI | sex | sextus, a, um |
| 7 | VII | septem | septimus, a, um |
| 8 | VIII | octō | octāvus, a, um |
| 9 | IX | novem | nōnus, a, um |

| | | | |
|---|---|---|---|
| 10 | X | decem | decimus, a, um |
| 11 | XI | ūndecim | ūndecimus, a, um |
| 12 | XII | duodecim | duodecimus, a, um |
| 13 | XIII | trēdecim | tertius decimus, a, um |
| 14 | XIV | quattuordecim | quartus decimus, a, um |
| 15 | XV | quīndecim | quīntus decimus, a, um |
| 16 | XVI | sēdecim | sextus decimus, a, um |
| 17 | XVII | septendecim | septimus decimus, a, um |
| 18 | XVIII | duodēvīgintī | duodēvīcēsimus, a, um |
| 19 | XIX | ūndēvīgintī | ūndēvīcēsimus, a, um |
| 20 | XX | vīgintī | vīcēsimus, a, um |
| 30 | XXX | trīgintā | trīcēsimus, a, um |
| 100 | C | centum | centēsimus, a, um |
| 200 | CC | ducentī, ae, a | ducentēsimus, a, um |
| 1000 | M | mīlle | mīllēsimus, a, um |

**3.2 Deklination der Ordnungszahlen**

Die Ordnungszahlen werden wie Adjektive der a- und o-Deklination dekliniert (vgl. Lektion 7, F 2).

**3.3 Deklination der Grundzahlen**

Von den Grundzahlen werden nur 1, 2 und 3 sowie die Hunderterzahlen ab 200 (200, 300, 400 usw.) und der Plural von mīlle (1000) dekliniert. Alle übrigen Grundzahlen werden nicht dekliniert.

ūnus (eins), duo (zwei) und trēs (drei) werden folgendermaßen dekliniert:

| | m. | f. | n. | m. | f. | n. |
|---|---|---|---|---|---|---|
| **Nom.** | ūnus | ūna | ūnum | duo | duae | duo |
| **Gen.** | ūnīus | ūnīus | ūnīus | duōrum | duārum | duōrum |
| **Dat.** | ūnī | ūnī | ūnī | duōbus | duābus | duōbus |
| **Akk.** | ūnum | ūnam | ūnum | duo/duōs | duās | duo |
| **Abl.** | ūnō | ūnā | ūnō | duōbus | duābus | duōbus |

| | m. | f. | n. | n. |
|---|---|---|---|---|
| **Nom.** | trēs | trēs | tria | mīlia |
| **Gen.** | trium | trium | trium | mīlium |
| **Dat.** | tribus | tribus | tribus | mīlibus |
| **Akk.** | trēs | trēs | tria | mīlia |
| **Abl.** | tribus | tribus | tribus | mīlibus |

Der Plural von mīlle lautet mīlia, z. B.: duo mīlia (2000).

Die Hunderterzahlen werden wie Adjektive der a- und o-Deklination im Plural dekliniert; z. B.: ducentī, ae, a (200).

**3.4 Lerntipps für die Grundzahlen**

- Zahlen mit 8 oder 9 als Einern werden gebildet, indem man von den nächsthöheren Zehnern 1 oder 2 abzieht, z. B.: **duo-dē-vīgintī** („zwei weg von zwanzig"): 18; **ūn-dē-vīgintī** („eins weg von zwanzig"): 19, **vīgintī**: 20.
- Zehnerzahlen enden auf **-gintī** oder **-gintā**; z. B. vīgintī (20), trīgintā (30).
- Hunderterzahlen enden auf **-centī, ae, a** oder **-gentī, ae, a**; z. B. ducentī (200), quadringentī (400).

# Vokabeln

sententia – dēmōnstrāre – vērus – mōns – ambulāre – fortis – comes – vester – plūs – praeda

| | | |
|---|---|---|
| • reperīre, reperiō, repperī, repertum | finden | |
| ipse, ipsa, ipsum | selbst | |
| *versus, versūs m. | der Vers, die Zeile | Vers; E. verse |
| • vertere, vertō, vertī, versum | wenden, drehen | Version |
| *prūdēns, prūdentis | klug, verständig | I. prudente |
| *docēre, doceō, docuī, doctum | lehren, unterweisen | Dozent, Doktor |
| *liber, librī m. | das Buch | Libretto; I. libro |
| amīcitia, ae f. | die Freundschaft | amare; I. l'amicizia |
| leō, leōnis m. | der Löwe | E. lion; I. il leone |

| | | |
|---|---|---|
| animal, animālis n.,<br>Abl. Sg.: animālī;<br>Nom./Akk. Pl.: animālia,<br>Gen. Pl.: animālium | das Tier, das Lebewesen | animus; E. animal; I. l'animale |
| silva, ae f. | der Wald | I./S. la selva |
| valēre, valeō, valuī | stark sein, mächtig sein, gelten | Valenz; E. value |
| iste, ista, istud | dieser (da) | is, ea, id |
| • capere, capiō, cēpī, captum | fassen, ergreifen, erobern | kapieren; E. catch; I. capire |
| *dīvidere, dīvidō, dīvīsī, dīvīsum | trennen, teilen, verteilen | dividieren; E. divide |
| *pars, partis f. | der Teil | Partei; I. la parte |
| • facere, faciō, fēcī, factum | machen, tun | Fazit, Faktum; F. faire; I. fare |
| • tangere, tangō, tetigī, tactum | berühren | Tangente, Kontakt |
| • interficere, interficiō, interfēcī, interfectum | töten | facere |
| *improbus, a, um | schlecht, dreist, unständig | I./S. improbo |
| • auferre, auferō, abstulī, ablātum | wegtragen, wegbringen | Ablativ |

J

| | |
|---|---|
| amīcum mōrēs docēre | den Freund das richtige Verhalten lehren, den Freund im richtigen Verhalten unterweisen |
| partēs facere | etwas (auf)teilen |
| plūs valēre | stärker sein, mächtiger sein (als jemand) |

## Stammformen zur Wiederholung

| | | |
|---|---|---|
| 1 | *capere, capiō, cēpī captum* | *fassen, ergreifen, erobern* |
| 2 | accipere, accipiō, accēpī, acceptum | annehmen, aufnehmen |
| 3 | *facere, faciō, fēcī, factum* | *machen, tun; machen zu* |
| 4 | *interficere, interficiō, interfēcī, interfectum* | *töten* |
| 5 | afficere, afficiō, affēcī, affectum | (mit etwas) versehen, behandeln |
| 6 | cōnficere, cōnficiō, cōnfēcī, cōnfectum | zustande bringen, vollenden, aufreiben |
| 7 | ferre, ferō, tulī, lātum | tragen, bringen, ertragen; berichten |
| 8 | affere, afferō, attulī, allātum | herbeitragen, hinzufügen |

| | | |
|---|---|---|
| 9 | *auferre, auferō, abstulī, ablātum* | *wegtragen, wegbringen* |
| 10 | dēferre, dēferō, dētulī, dēlātum | hinabtragen, hinabbringen; darbieten |
| 11 | īnferre, īnferō, intulī, illātum | hineintragen |
| 12 | offerre, offerō, obtulī, oblātum | entgegenbringen, anbieten |
| 13 | praeferre, praeferō, praetulī, praelātum | vorziehen, lieber mögen (als etwas) |
| 14 | referre, referō, rettulī, relātum | zurückbringen, berichten |
| 15 | trānsferre, trānsferō, trānstulī, trānslātum | hinüberbringen |

# Lektion 39

## Grammatik

F

### 1. Das Partizip Perfekt Passiv (PPP)

Die Bildung des Partizip Perfekt Passiv (PPP) hast du schon in Lektion 37, F 1.1 kennengelernt: Das PPP wird durch das Kennzeichen **-tus**, **-ta**, **-tum** oder **-sus**, **-sa**, **-sum** gebildet und wie ein Adjektiv der a- und o-Deklination dekliniert.

S

### 2. Das Partizip Perfekt Passiv (PPP) als Participium coniunctum

2.1 Das Partizip Perfekt Passiv (PPP) richtet sich in Kasus, Numerus und Genus nach seinem Bezugswort: prīnceps perterritus, aedificia dēlēta, Christiānī comprehēnsī.
Wenn das Partizip durch zusätzliche Angaben näher bestimmt wird, stehen diese häufig zwischen dem Bezugswort und dem Partizip (sog. geschlossene Wortstellung):
virī poenīs affectī, aedificia incendiō dēlēta, mōrēs ā māiōribus nostrīs trāditī

2.2 Die Verwendung des PPP als Participium coniunctum (P.c.)

Das über KNG-Kongruenz mit seinem Bezugswort verbundene Partizip wird als **Participium coniunctum** (P.c.) bezeichnet. Das P.c., eine typische lateinische Konstruktion, kann adverbial oder attributiv verstanden werden:

a) Das P.c. kann die Satzfunktion eines **Attributs** übernehmen (selten):

| | |
|---|---|
| Imperātor Nerō **aedificia dēlēta** spectat. | Kaiser Nero betrachtet die zerstörten Gebäude. |

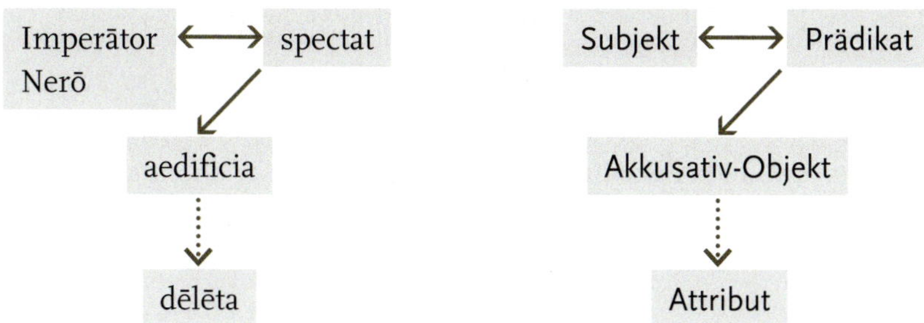


Das PPP als Attribut kann übersetzt werden:

- **wörtlich**: Kaiser Nero betrachtet die **zerstörten** Gebäude.
- mit einem **Relativsatz**: Kaiser Nero betrachtet die Gebäude, **die** zerstört worden sind.

b) Meist übernimmt aber das P.c. die Satzgliedfunktion eines **Adverbiale**:

| | |
|---|---|
| **Prīnceps** rūmōre **perterritus** Christiānōs accūsāvit. | Weil der Kaiser über das Gerücht sehr erschreckt (worden) war, klagte er die Christen an. |

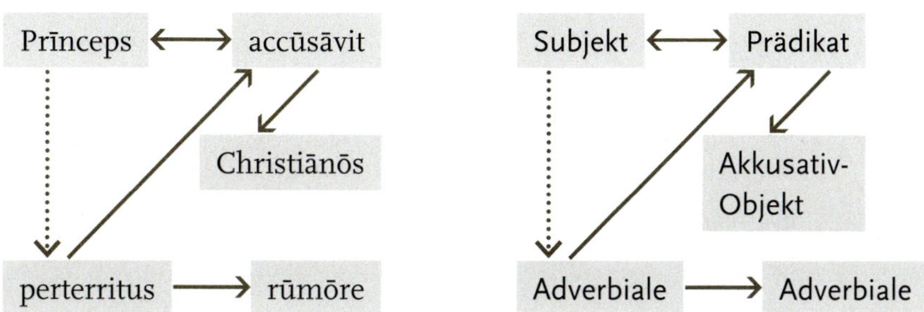


2.3 Das P.c. als Adverbiale bestimmt inhaltlich die Aussage des Satzes näher. Die Wiedergabe im Deutschen kann daher durch einen **adverbialen Gliedsatz** erfolgen. Je nach inhaltlichem Zusammenhang sind bei der Übersetzung eine oder mehrere Sinnrichtungen möglich:

a) **temporaler Sinn:**

**Nachdem/als** der Kaiser über das Gerücht sehr erschreckt war, klagte er die Christen an.

b) **kausaler Sinn**

**Weil** der Kaiser über das Gerücht sehr erschreckt war, klagte er die Christen an.

c) **konzessiver Sinn**

| | |
|---|---|
| Christiānī ā Nerōne incendiī accūsātī tamen urbem nōn incenderant. | Obwohl die Christen von Nero wegen Brandstiftung angeklagt worden waren, hatten sie die Stadt nicht angezündet. |

2.4 Das PPP drückt fast immer die **Vorzeitigkeit** zur übergeordneten Verbaussage aus. Dieses **Zeitverhältnis** ist bei der Übersetzung stets zu beachten:

| | |
|---|---|
| Prīnceps rūmōre perterritus Christiānōs **accūsat.** | Weil der Kaiser über das Gerücht sehr erschreckt (worden) **ist, klagt** er die Christen an. |
| Princeps rumore perterritus Christianos **accūsāvit.** | Weil der Kaiser über das Gerücht sehr erschreckt (worden) **war, klagte** er die Christen an. |

2.5 Da das P.c. als Attribut und als Adverbiale mit einem Nebensatz übersetzt werden kann, gilt auch diese Konstruktion als **satzwertig** (vgl. Lektion 19, S 2.1). In Lektion 41 wirst du noch weitere Möglichkeiten kennenlernen, ein P.c. elegant zu übersetzen.

# Vokabeln

ingēns – multitūdō – appellāre – nūper – īnfēstus – mōs – māiōrēs – interesse – fugere

| | | |
|---|---|---|
| •audīre, audiō, audīvī, audītum | hören | Audiokassette, Auditorium |
| *iussū (Abl.) | auf Befehl | iubēre |
| •caedere, caedō, cecīdī, caesum | fällen, niederhauen, töten | occīdere |
| *poena, ae f. | die Strafe; Buße | E. pain; F. la peine; I. la pena |
| *crūdēlis, crūdēle | grausam | E. cruel; F. cruel; I. crudele; |
| probāre | billigen, für gut befinden; prüfen; beweisen | probieren; E. proof; F. (é)prouver; I. la prova; S. la prueba |
| trādere, trādō, trādidī, trāditum | überliefern; übergeben | Tradition; E. tradition; I. tradire |
| •neglegere, neglegō, neglēxī, neglectum | vernachlässigen, unbeachtet lassen | intellegere; E. to neglect; F. négliger; |
| sacrum, ī n. | das Opfer; das Heiligtum | sacer, sacrificāre; sakral; E. sacred |
| ōdisse, ōdī | hassen | odium; E. odious; F. odieux |
| •colere, colō, coluī, cultum | bebauen, pflegen, verehren | kultivieren, Kultur |
| •convenīre, conveniō, convēnī, conventum | zusammenkommen, jemanden treffen | venire; Konvent; I. convenire |

| | | |
|---|---|---|
| quasi (Adv.) | gleichsam, (gleich)wie | |
| canere, canō, cecinī | singen; ertönen | Kantate; E. to chant; F. chanter |
| *incendere, incendō, incendī, incēnsum | anzünden, entflammen | incendium |
| equidem | (ich) allerdings, zumindest | |
| *incendium, ī n. | der Brand, die Feuersbrunst | incendere |
| *rūmor, rūmōris m. | das Gerücht, Gerede | rumoren; E. rumour; I. il rumore |
| • dīcere, dīcō, dīxī, dictum | sagen; sprechen | Diktion; F. dire; I. dire; S. decir |
| • dēlēre, dēleō, dēlēvī, dēlētum | zerstören, vernichten | E. to delete |
| at | aber | |
| *crīmen, crīminis n. | die Anklage, der Vorwurf; das Verbrechen | kriminell; E. crime; F. le crime |
| repetere, repetō, repetīvī, repetītum | wiederholen; zurückfordern | petere; E. to repeat; F. répéter |
| *supplicium, ī n. | die Todesstrafe; Hinrichtung | F. le supplice; I. il supplizio |
| • cupere, cupiō, cupīvī, cupītum | wünschen, begehren | |
| • quaerere, quaerō, quaesīvī, quaesītum | suchen; fragen | E. to query; question |
| *comprehendere, comprehendō, comprehendī, comprehēnsum | erfassen, ergreifen, verhaften; begreifen | E. to comprehend; F. comprendre I. comprendere; S. comprender |

J

| | |
|---|---|
| sacra facere | Opfer darbringen, opfern |
| crīminī dare | (jemandem) etwas zum Vorwurf machen |
| suppliciō afficere | (jemanden) hinrichten, mit dem Tode bestrafen |
| incendiī accūsāre | (jemanden) wegen Brandstiftung anklagen |

## Stammformen zur Wiederholung

| | | |
|---|---|---|
| 1 | *convenīre, conveniō, convēnī, conventum* | *zusammenkommen, jemanden treffen* |
| 2 | venīre, veniō, vēnī, ventum | kommen |
| 3 | invenīre, inveniō, invēnī, inventum | finden, erfinden |
| 4 | pervenīre, perveniō, pervēnī, perventum | ankommen, (wohin) gelangen |
| 5 | *caedere, caedō, cecīdī, caesum* | *fällen, niederhauen, töten* |

| | | |
|---|---|---|
| 6 | occīdere, occīdō, occīdī, occīsum | niederhauen, töten |
| 7 | *neglegere, neglegō, neglēxī, neglēctum* | *vernachlässigen, unbeachtet lassen* |
| 8 | intellegere, intellegō, intellēxī, intellēctum | erkennen, begreifen |
| 9 | *trādere, trādō, trādidī, trāditum* | *überliefern; übergeben* |
| 10 | addere, addō, addidī, additum | hinzufügen, ergänzen |
| 11 | condere, condō, condidī, conditum | gründen, erbauen; aufbewahren, verbergen |
| 12 | crēdere, crēdō, crēdidī, crēditum | glauben, (an)vertrauen |
| 13 | perdere, perdō, perdidī, perditum | verderben, zugrunde richten; verlieren |
| 14 | reddere, reddō, reddidī, redditum | zurückgeben, machen zu |
| 15 | vendere, vendō, vendidī, venditum | verkaufen |

# Lektion 40

## Grammatik

**F**

### 1. Die Konjugation des Verbs im Konjunktiv Passiv (Präsensstamm)

1.1 Im Präsensstamm sind die **Personalendungen** der Formen im Konjunktiv Passiv dieselben wie bei den Formen des Indikativ Passiv (vgl. Lektion 36, F 1). Die **Moduszeichen** entsprechen denen des Konjunktivs Aktiv (vgl. Lektion 30, F 1; Lektion 27, F 1).

**1.2 Die Formen des Konjunktiv Präsens:**

| | a-Konjugation | e-Konjugation | i-Konjugation | kons. Konjugation | |
|---|---|---|---|---|---|
| **Sg. 1. P.** | lauder | monear | audiar | regar | capiar |
| **2. P.** | laudēris | moneāris | audiāris | regāris | capiāris |
| **3. P.** | laudētur | moneātur | audiātur | regātur | capiātur |

| | | | | | |
|---|---|---|---|---|---|
| **Pl. 1. P.** | laudēmur | moneāmur | audiāmur | regāmur | capiāmur |
| **2. P.** | laudēminī | moneāminī | audiāminī | regāminī | capiāminī |
| **3. P.** | laudentur | moneantur | audiantur | regantur | capiantur |

**1.3 Die Formen des Konjunktiv Imperfekt:**

| | a-Konjugation | e-Konjugation | i-Konjugation | kons. Konjugation | |
|---|---|---|---|---|---|
| **Sg. 1. P.** | laudārer | monērer | audīrer | regerer | caperer |
| **2. P.** | laudārēris | monērēris | audīrēris | regerēris | caperēris |
| **3. P.** | laudārētur | monērētur | audīrētur | regerētur | caperētur |
| **Pl. 1. P.** | laudārēmur | monērēmur | audīrēmur | regerēmur | caperēmur |
| **2. P.** | laudārēminī | monērēminī | audīrēminī | regerēminī | caperēminī |
| **3. P.** | laudārentur | monērentur | audīrentur | regerentur | caperentur |

## 2. Die Konjugation des Verbs im Konjunktiv Passiv (Perfektstamm)

2.1 Die konjunktivischen Formen des Perfektstammes im Passiv werden gebildet aus dem Partizip Perfekt Passiv (PPP) und den Formen von esse im Konjunktiv (vgl. Lektion 37, F 2.1–2.2; Lektion 30, F 1.3; Lektion 27, F 1).

**2.2 Die Formen des Konjunktiv Perfekt und Plusquamperfekt Passiv**

| | Konjunktiv Perfekt Passiv | Konjunktiv Plusquamperfekt Passiv |
|---|---|---|
| **Sg. 1. P.** | laudātus, a, um sim | laudātus, a, um essem |
| **2. P.** | laudātus, a, um sīs | laudātus, a, um essēs |
| **3. P.** | laudātus, a, um sit | laudātus, a, um esset |
| **Pl. 1. P.** | laudātī, ae, a sīmus | laudātī, ae, a essēmus |
| **2. P.** | laudātī, ae, a sītis | laudātī, ae, a essētis |
| **3. P.** | laudātī, ae, a sint | laudātī, ae, a essent |

S

## 3. Finalsätze

3.1 Finalsätze stehen im Lateinischen wie abhängige Begehrsätze im Konjunktiv. Sie werden eingeleitet mit **ut** (damit; um ... zu m. Inf.) oder, falls verneint, mit **nē** (damit nicht, um nicht ... zu m. Inf.). Finalsätze drücken einen **Zweck** oder eine **Absicht** aus.

| | |
|---|---|
| Maxentius sē in urbem recēperat, **ut** intrā moenia impetūs Cōnstantīnī arcēret. | Maxentius hatte sich in die Stadt zurückgezogen, **um** innerhalb der Mauern die Angriffe Konstantins abzuwehren. |
| Maxentius ad pontem Mulvium fūgit, **nē** ab hostibus occīderētur. | Maxentius floh zur Milvischen Brücke, **damit** er **nicht** von den Feinden getötet werde/wurde. |

3.2 Finalsätze haben im Lateinischen die Satzgliedfunktion eines Adverbiale:

## 4. Konsekutivsätze

4.1 Auch Konsekutivsätze stehen im Lateinischen mit dem Konjunktiv. Sie werden eingeleitet mit **ut** (dass; sodass) oder, falls verneint, mit **ut non** (dass nicht, sodass nicht). Konsekutivsätze drücken eine **Folge** aus. Sie stehen häufig nach Wörtern, die im übergeordneten Satz das Ausmaß eines Vorgangs oder einer Eigenschaft ausdrücken, welches eine genannte Folge nach sich zieht, z. B.: ita: so (... dass); tantus, a, um: so groß (... dass).

| | |
|---|---|
| Mīlitēs **tantā** fortitūdine pūgnāvērunt, **ut** hostēs vincerent. | Die Soldaten kämpften mit so großer Tapferkeit, dass sie die Feinde besiegten. |

4.2 Auch Konsekutivsätze haben die Satzgliedfunktion eines Adverbiale:

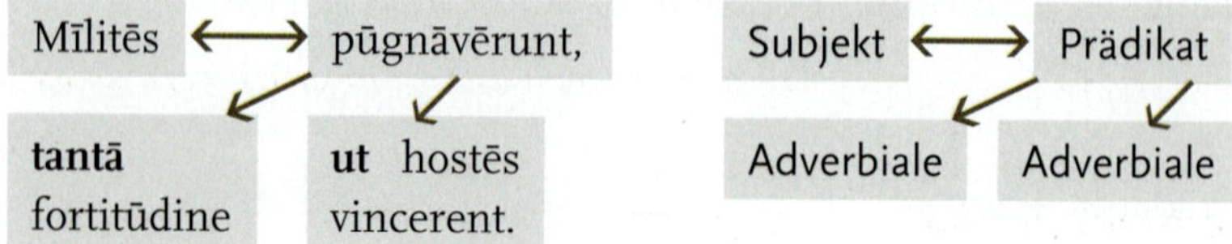


## 5. Explikativsätze

Explikativsätze sind Erläuterungssätze. Nach bestimmten unpersönlichen Ausdrücken wie accidit (es ereignet sich), contingit (es glückt), multum abest (es fehlt viel daran), füllt der mit ut (und Konjunktiv) eingeleitete Gliedsatz den unpersönlichen Ausdruck mit Inhalt. Explikativsätze haben meist die Satzfunkton eines Subjekts.

# Vokabeln

scrībere – facere – scīre – quōmodo – bellum gerere – arcēre – castra – impetus – exercitus – vōx

| | | |
|---|---|---|
| • petere, petō, petīvī, petītum | erstreben, (er)bitten; eilen, angreifen | Petition |
| ut (mit Konjunktiv) | dass; damit; sodass | |
| *accidere, accidit, accidit | geschehen, sich ereignen | E. accident; F. accident |
| • comperīre, comperiō, comperī, compertum | erfahren | |
| • gerere, gerō, gessī, gestum | ausführen, führen, tragen | Geste, gestikulieren |
| *expellere, expellō, expulī, expulsum | vertreiben, verbannen | E. to expel; F. expulser; I. espellere; S. expulsar |
| *recipere, recipiō, recēpī, receptum | zurücknehmen, aufnehmen, wiedergewinnen | capere; Rezeption; E. to receive F. recevoir; I. ricevere |
| *sē recipere | sich zurückziehen | |
| intrā (Präp. mit Akk.) | innerhalb (von) | intrāre; intravenös; I. entro |
| *moenia, moenium n. | die (Stadt-)Mauern | |
| *collocāre | aufstellen, errichten | I. collocare; S. collocar |
| *contingere, contingit, contigit | gelingen, zuteil werden | |
| *dīvīnus, a, um | göttlich | E. divine; F. divin; I. divino |
| • monēre, moneō, monuī, monitum | mahnen, ermahnen, erinnern | |
| scūtum, ī n. | der Schild | |
| cūrāre | besorgen, sorgen für | cūra; kurieren; E. to cure |
| cōnfirmāre | stärken, (be)festigen; (fest) versichern | Konfirmation; E. to confirm |
| aciēs, aciēī f. | Schlacht(reihe); Schärfe | ācer |
| īnstruere, īnstruō, īnstrūxī, īnstrūctum | aufstellen; ausrüsten; unterrichten | Instruktion; E. to instruct; F. instruire; I. istruire |
| • vincere, vincō, vīcī, victum | (be)siegen, übertreffen | victōria; F. vaincre; I. vincere |
| premere, premō, pressī, pressum | (unter)drücken, bedrängen | Presse, Depression; E. to press; F. presser; I. premere |

| | |
|---|---|
| castra collocāre | ein Lager aufstellen, errichten |
| proelium committere | eine Schlacht beginnen |
| aciem īnstruere | eine Schlachtreihe aufstellen |

J

## Stammformen zur Wiederholung

| | | |
|---|---|---|
| 1 | habēre, habeō, habuī, habitum | haben, halten; mit dopp. Akk.: (jemanden) halten für |
| 2 | adhibēre, adhibeō, adhibuī, adhibitum | anwenden, hinzuziehen |
| 3 | prohibēre, prohibeō, prohibuī, prohibitum | (etwas von jemandem) abhalten, (jemanden an etwas) hindern |
| 4 | dēbēre, dēbeō, dēbuī, dēbitum | müssen |
| 5 | *monēre, moneō, monuī, monitum* | *ermahnen, erinnern* |
| 6 | obtinēre, obtineō, obtinuī, obtentum | besitzen, verwalten |
| 7 | impedīre, impediō, impedīvī, impedītum | hindern, verhindern |
| 8 | aperīre, aperiō, aperuī, apertum | öffnen, aufdecken |
| 9 | sentīre, sentiō, sēnsī, sēnsum | fühlen, meinen |
| 10 | *comperīre, comperiō, comperī, compertum* | *erfahren* |
| 11 | *petere, petō, petīvī, petītum* | *erstreben, (er)bitten, eilen; angreifen* |
| 12 | *gerere, gerō, gessī, gestum* | *tragen, ausführen* |
| 13 | *vincere, vincō, vīcī, victum* | *siegen, besiegen* |

# Lektion 41

## Grammatik

### 1. Das Partizip Präsens Aktiv (PPA)

F

#### 1.1 Die Deklination des PPA

| | Singular | | Plural | |
|---|---|---|---|---|
| **Nom.** | laudāns | laudāns | laudantēs | laudantia |
| **Gen.** | laudantis | | laudantium | |
| **Dat.** | laudantī | | laudantibus | |
| **Akk.** | laudantem | laudāns | laudantēs | laudantia |
| **Abl.** | laudante | | laudantibus | |

Die übrigen Konjugationsklassen bilden das PPA entsprechend:

| | | | |
|---|---|---|---|
| monēre | audīre | regere | capere |
| monēns, monentis | audiēns, audientis | regēns, regentis | capiēns, capientis |

1.2 Das PPA bildet man aus dem Präsensstamm, dem Kennzeichen **-nt-** und den Endungen der Adjektive der 3. Deklination (vgl. Lektion 20, F 2.2; Lektion 22, F 2.3). Achtung: Im Ablativ Singular endet das PPA auf **-e**!

### 2. Das Partizip Präsens Aktiv (PPA) als Participium coniunctum (P.c.)

S

2.1 Wie beim PPP (Vgl. Lektion 39, S 2.1) gelten KNG-Kongruenz und die sog. geschlossene Wortstellung auch für das Participium coniunctum mit PPA.

2.2 Wie das PPP kann das PPA als Participium coniunctum folgende Funktionen im Satz übernehmen:

a) **Attribut** (selten):

| | |
|---|---|
| Rōmānī impetū Eburōnum māgnā virtūte pūgnantium perterritī sunt. | Die Römer wurden von dem Angriff der Eburonen, **die** mit großer Tapferkeit kämpften, sehr erschreckt. |

b) **Adverbiale** (meist):

| | |
|---|---|
| Eburōnēs impetum in mīlitēs Rōmānōs castra relinquentēs fēcērunt. | Die Eburonen griffen die römischen Soldaten an, **als** sie ihr Lager verließen. |

2.3 Das logische Verhältnis zwischen dem P.c. als Adverbiale und dem restlichen Satz ergibt sich aus dem inhaltlichen Zusammenhang (vgl. Lektion 39, S 2.3):

| | |
|---|---|
| Eburōnēs impetum in mīlitēs Rōmānōs castra relinquentēs fēcērunt. | Die Eburonen griffen die römischen Soldaten an, **als** sie ihr Lager verließen. (**temporale** Sinnrichtung) |
| Gallī plūrima tēla in ōrdinēs Rōmānōrum conicientēs multōs mīlitēs occidērunt. | **Indem** die Gallier zahlreiche Speere in die Reihen der Römer schleuderten, töteten sie viele Soldaten. (**modale** Sinnrichtung) |

2.4 Das PPA drückt die **Gleichzeitigkeit** zur übergeordneten Verbaussage aus.

2.5 Da auch das Participium coniunctum mit PPA in seiner Funktion als Attribut mit einem Relativsatz oder in seiner Funktion als Adverbiale mit einem Adverbialsatz übersetzt wird, ist es eine **satzwertige Konstruktion** (vgl. Lektion 39, S 2.5).

2.6 Neben der Übersetzung durch Unterordnung (vgl. Lektion 39, F 2.3) gibt es für das Participium coniunctum mit PPP und PPA noch weitere Möglichkeiten: die **Beiordnung** und den **Präpositionalausdruck**. Die folgende Tabelle gibt einen Überblick über die verschiedenen Übersetzungsmöglichkeiten:

| Sinnrichtung | Frage | Unterordnung | Beiordnung | Präpositional-ausdruck |
|---|---|---|---|---|
| temporal | Wann? | während; als; nachdem | und dabei; und danach | während; nach |
| kausal | Warum? | weil; da | und deshalb; und daher | wegen |
| konditional | Unter welcher Bedingung? | wenn, falls | und in dem Fall | im Falle |
| konzessiv | Trotz welchen Umstandes? | obwohl | aber dennoch; aber trotzdem | trotz |
| modal | Wie? | indem; dadurch, dass; wobei | und dadurch; und so | mit |

Beispiel für die Übersetzung bei **temporaler** Sinnrichtung:

| | |
|---|---|
| | Cotta **pūgnāns** ab hostibus circumventus est. |
| a) Unterordnung (Adverbialsatz) | **Während/Als** Cotta kämpfte, wurde er von den Feinden umzingelt. |
| b) Beiordnung | Cotta kämpfte und wurde **dabei** von den Feinden umzingelt. |
| c) Präpositionalausdruck | **Während** seines Kampfes wurde Cotta von den Feinden umzingelt. |

Beispiel für die Übersetzung bei **konzessiver** Sinnrichtung:

| | |
|---|---|
| | Cotta magnā virtūte **pūgnāns tamen** ab hostibus interfectus est. |
| a) Unterordnung (Adverbialsatz) | **Obwohl** Cotta mit großer Tapferkeit kämpfte, wurde er trotzdem von den Feinden getötet. |
| b) Beiordnung | Cotta kämpfte mit großer Tapferkeit, wurde **aber trotzdem** von den Feinden getötet. |
| c) Präpositionalausdruck | **Trotz** seines tapferen Kampfes wurde Cotta von den Feinden getötet. |

# Vokabeln

īnsidiae – exspectāre – agmen – ostendere – ante (Adv.) – perterrēre – inīre – excitāre – precēs

| | | |
|---|---|---|
| *animadvertere, animadvertō, animadvertī, animadversum | wahrnehmen, bemerken | animus; vertere |
| adventus, adventūs m. | die Ankunft | venīre; Advent |
| dēscendere, dēscendō, dēscendī | herabsteigen | |
| *undique (adv.) | von allen Seiten, überall | |
| demum (Adv.) | endlich; erst | |
| prōvidēre, prōvideō, prōvīdī, prōvīsum | vorhersehen; Vorsorge treffen | vidēre; Provision; E. to provide |
| *cohors, cohortis f. | die Kohorte (10. Teil einer Legion) | Kohorte |
| *incipere, incipiō, coepī, inceptum | anfangen, beginnen | capere |

| | | |
|---|---|---|
| •contendere, contendō, contendī, contentum | sich anstrengen; eilen; kämpfen | E. to contend |
| *conicere, coniciō, coniēcī, coniectum | schleudern, werfen; vermuten | |
| urgēre, urgeō, ursī | bedrängen | E. urgent; F. urgent |
| *parcere, parcō, pepercī (m. Dat.) | (jemanden) (ver)schonen; (etw.) sparen | |
| •respondēre, respondeō, respondī, respōnsum | antworten, erwidern | Korrespondenz; E. to respond; F. répondre |
| sermō, sermōnis m. | die Unterhaltung, das Gespräch | E. sermon; F. le sermon |
| abicere, abiciō, abiēcī, abiectum | wegwerfen, niederlegen | conicere |
| •trahere, trahō, trāxī, tractum | ziehen, schleppen | Traktor |
| *circumvenīre, circumveniō, circumvēnī, circumventum | umzingeln; umgeben | venīre |
| *ōrdō, ōrdinis m. | die Reihe, Ordnung, der Stand | Orden; E. order; F. l'ordre, I. l'ordine |
| occāsiō, occāsiōnis f. | die Gelegenheit | E. occasion; F. l'occasion; I. l'occasione |

**J**

| | |
|---|---|
| hostibus parcere | die Feinde verschonen |
| sermōnem cum amīcō habēre | ein Gespräch mit dem Freund führen, sich mit dem Freund unterhalten |
| sermōnem trahere | ein Gespräch in die Länge ziehen |

## Stammformen zur Wiederholung

| | | |
|---|---|---|
| 1 | complēre, compleō, complēvī, complētum | anfüllen, erfüllen, vollenden |
| 2 | flēre, fleō, flēvī, flētum | weinen, beweinen |
| 3 | augēre, augeō, auxī, auctum | vermehren, vergrößern, fördern |
| 4 | rīdēre, rīdeō, rīsī, rīsum | (über etwas) lachen |
| 5 | vidēre, videō, vīdī, vīsum | sehen |
| 6 | arcessere, arcessō, arcessīvī, arcessītum | (jemanden) herbeiholen, herbeikommen lassen |
| 7 | dēcernere, dēcernō, dēcrēvī, dēcrētum | entscheiden, beschließen |

| | | |
|---|---|---|
| 8 | lacessere, lacessō, lacessīvī, lacessītum | reizen, herausfordern |
| 9 | pōnere, pōnō, posuī, positum | setzen, stellen, legen |
| 10 | dēpōnere, dēpōnō, dēposuī, dēpositum | niederlegen, aufgeben |
| 11 | expōnere, expōnō, exposuī, expositum | aussetzen, ausstellen |

# Lektion 42

## Grammatik

### 1. Die Bildung von Adverbien aus Adjektiven

1.1 Neben Wörtern, die von sich aus zur Wortart Adverb gehören (z. B. diū, saepe), können Adverbien auch von Adjektiven gebildet werden. Diese Adverbien erkennt man an ihrer Form:

a) Bei den Adjektiven der **a- und o-Deklination** wird an den Wortstock die Endung **-ē** gesetzt (callidus → callidē).

b) Bei den Adjektiven der **3. Deklination** wird an den Wortstock die Endung **-iter** angefügt (fortis → fortiter). Adjektive, deren Stamm auf **-nt-** endet, erhalten die Endung **-er** (vehemēns → vehementer).

**1.2 Die Übersicht:**

| a-/o-Deklination | | 3. Deklination | |
|---|---|---|---|
| **Adjektiv** | **Adverb** | **Adjektiv** | **Adverb** |
| molestus, a, um | molest**ē** | brevis, breve | brev**iter** |
| miser, misera, miserum | miser**ē** | ācer, ācris, ācre | ācr**iter** |
| pulcher, pulchra, pulchrum | pulchr**ē** | prūdēns, prūdentis | prūden**ter** |

1.3 Die Adverbien der folgenden Adjektive stellen eine **Ausnahme** dar:
bonus → bene; rārus → rārō; facilis → facile

S

## 2. Das Adverb

Das Adverb hat als Adverbiale die Funktion, Verbalaussagen z. B. nach Ort, Zeit oder Art und Weise näher zu bestimmen (vgl. Lektion 1, S 3):

Caesar Helvētiōs **celeriter** oppressit. Caesar überfiel die Helvetier **schnell**.

## 3. Adjektive und Substantive als Prädikativum

3.1 Manche lateinischen Adjektive, die in KNG-Kongruenz zu ihrem Bezugswort stehen, können weder als Prädikatsnomen noch als Attribut verstanden werden. Sie machen stattdessen eine zusätzliche Aussage über ihr Bezugswort und werden daher als **Prädikativum** bezeichnet:

Mīlitēs incolumēs in castra rediērunt.

Die Soldaten kehrten ins Lager zurück und dabei waren sie unverletzt.

zusätzliche Aussage über das Bezugswort

→ Die Soldaten kehrten **unverletzt** ins Lager zurück.

3.2 Bei den Adjektiven, die als Prädikativa verwendet werden, handelt es sich vor allem um solche, die einen körperlichen oder seelischen Zustand, eine Reihenfolge oder eine Mengenangabe bezeichnen:

Caesar **prīmus** omnium imperātōrum Rōmānōrum Rhēnum trānsiit. Caesar überschritt **als erster** von allen römischen Feldherren den Rhein.

3.3 Als substantivische Prädikativa werden Begriffe verwendet, die ein Lebensalter oder ein Amt bezeichnen:

Vārus **imperātor** trium legiōnum cecidit. Varus fiel **als Feldherr** von drei Legionen.

3.4 Das Prädikativum kannst du im Deutschen oft mit dem Wort „als" übersetzen.

# Vokabeln

vincere – animadvertere – aciēs – sē recipere – arcēre – īnstāre – putāre – dubitāre – subicere – parēre

| | | |
|---|---|---|
| *loca, ōrum n. | die Orte; die Gegend | locus |
| incolumis, incolume | wohlbehalten, unverletzt | |

| | | |
|---|---|---|
| *palūs, palūdis f. | der Sumpf | |
| modo ... modo (Adv.) | bald ... bald | |
| *dēficere, dēficiō, dēfēcī, dēfectum | abnehmen, fehlen; abfallen | facere; Defizit, Defekt |
| *caedēs, caedis f. | das Morden, das Blutbad | caedere |
| salvus, a, um | gesund, wohlbehalten, unverletzt | F. sauf, sauve |
| *effugere, effugiō, effūgī | entfliehen, entkommen | fugere |
| • cōgnōscere, cōgnōscō, cōgnōvī, cōgnitum | kennenlernen, erkennen | kognitiv |
| facilis, facile | leicht, mühelos | F. facile |
| *dēcipere, dēcipiō, dēcēpī, dēceptum | täuschen, betrügen, hintergehen | capere; E. deception |
| *sēcūrus, a, um | sorglos, unbesorgt | E. security |
| • subicere, subiciō, subiēcī, subiectum | unterwerfen | Subjekt |
| turpis, turpe | hässlich, schändlich | |
| ops, opis f. | die Kraft, Macht | opulent |
| Pl.: opēs, opum f. | die Streitkräfte, der Reichtum, Einfluss | |
| tolerāre | ertragen, aushalten | Toleranz |
| persuādēre, persuādeō, persuāsī, persuāsum (mit Dat.) | (mit ut) überreden, (mit AcI) überzeugen | E. to persuade; F. persuader |

J

| | |
|---|---|
| *animō dēficere | den Mut sinken lassen, mutlos werden |
| vim sibi afferre | Selbstmord begehen |
| *bene facere, quod | gut daran tun, dass |
| Germānīs persuādēre, ut | die Germanen (dazu) überreden, dass |

## Stammformen zur Wiederholung

| | | |
|---|---|---|
| 1 | ascendere, ascendō, ascendī, ascēnsum | besteigen; hinaufsteigen, emporsteigen |
| 2 | cōnstituere, cōnstituō, cōnstituī, cōnstitūtum | festsetzen, beschließen |
| 3 | restituere, restituō, restituī, restitūtum | wiederherstellen, zurückgeben |
| 4 | dēfendere, dēfendō, dēfendī, dēfēnsum | verteidigen |

| | | |
|---|---|---|
| 5 | solvere, solvō, solvī, solūtum | lösen |
| 6 | flectere, flectō, flexī, flexum | biegen, beugen, umstimmen |
| 7 | iungere, iungō, iūnxī, iūnctum | verbinden, vereinigen |
| 8 | lūdere, lūdō, lūsī, lūsum | spielen |
| 9 | regere, regō, rēxī, rēctum | lenken, leiten |
| 10 | tollere, tollō, sustulī, sublātum | aufheben, erheben, beseitigen |

# Lektion 43

## Grammatik

S

### Der Ablativus absolutus (Ablativ mit Partizip)

1. Der Ablativus absolutus ist die Bezeichnung für eine häufige lateinische **Konstruktion**, die aus einem Nomen im Ablativ und aus einem Partizip im Ablativ besteht. Das Partizip steht zum Nomen in KNG-Kongruenz. Diese Konstruktion ist syntaktisch nicht mit dem restlichen Satz verknüpft und wird daher als „absolut" („losgelöst") bezeichnet.

2. Der Ablativus absolutus ist eine **satzwertige Konstruktion**. Er hat immer die Satzgliedfunktion eines **Adverbiale**.

3. Das Tempus, das für die Übersetzung des Ablativus absolutus gewählt wird, richtet sich nach dem Tempus des Prädikats im restlichen Satz: Da das **PPP** die **Vorzeitigkeit** ausdrückt, muss nach einem Präsens/Futur für den Ablativus absolutus ein Perfekt gewählt werden, nach einem Vergangenheitstempus das Plusquamperfekt.

4.1 Die **Sinnrichtung** des Ablativus absolutus richtet sich dabei nach dem Zusammenhang des Textes. Für die Übersetzung gibt es dieselben Möglichkeiten wie beim Participium coniunctum (vgl. Lektion 41, S 2.6). Es wird empfohlen, den Ablativus absolutus zunächst als eigenständigen Aussagesatz zu übersetzen und ihn dann mit dem restlichen Satz gedanklich zu verbinden:

Hostibus proeliō victīs Rōmānī veniam nōn dant.

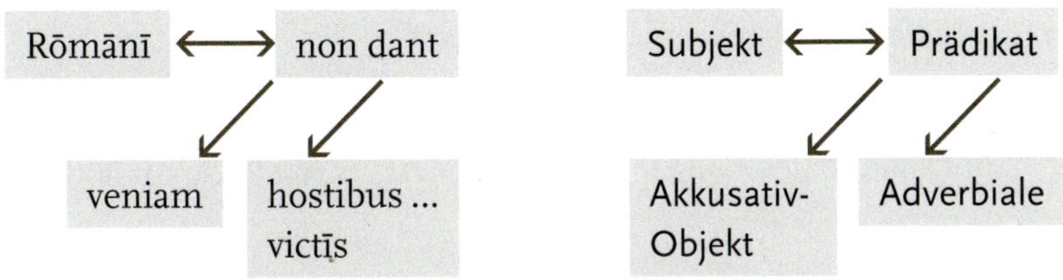


4.2 **1. Schritt**: Übersetzung durch einen Aussagesatz

| | |
|---|---|
| Hostibus proeliō victīs | Rōmānī veniam nōn dant. |
| Die Feinde sind in der Schlacht besiegt worden. | Die Römer gewähren keine Gnade. |

**2. Schritt:** Übersetzung mit Sinnrichtung

a) **Unterordnung (adverbialer Gliedsatz):**
**Nachdem/Weil** die Feinde in der Schlacht besiegt sind, gewähren die Römer keine Gnade.

b) **Beiordnung (Hauptsatz) mit logischer Verknüpfung:**
Die Feinde sind in der Schlacht besiegt worden **und dann/und deswegen** gewähren die Römer keine Gnade.

c) **Präpositionalausdruck:**
**Nach dem Sieg** über die Feinde in der Schlacht gewähren die Römer keine Gnade.

# Vokabeln

flūmen – rīpa – cōnsistere – oculus – āmittere – accipere – comes – abdūcere – quaerere

| | | |
|---|---|---|
| *vulnus, vulneris n. | die Verletzung, die Wunde | |
| *facultās, facultātis f. | die Fähigkeit; die Möglichkeit | facere; Fakultät |
| *ōs, ōris n. | der Mund, das Gesicht | Ōstia; oral |
| respōnsum, ī n. | die Antwort | respondēre; E. response |
| *praemium, ī n. | die Belohnung, der Preis | Prämie; I. il premio |
| *mīlitāris, mīlitāre | militärisch, soldatisch | mīles |
| pretium, ī n. | der Preis, der Wert | Pretiose; E. price; F. le prix |
| *praedicāre | ausrufen; rühmen, preisen | predigen |
| dēdere, dēdō, dēdidī, dēditum | übergeben, ausliefern | dare |
| • dēserere, dēserō, dēseruī, dēsertum | verlassen, im Stich lassen | desertieren |

| | | |
|---|---|---|
| nēve (nach ut, nē) | und nicht | |
| prōdere, prōdō, prōdidī, prōditum | überliefern; verraten | dare |
| ambō, ambae, ambō | beide (zusammen) | |
| retinēre, retineō, retinuī, retentum | zurückhalten, festhalten | tenere; F. retenir; I. ritenere |

J

| | |
|---|---|
| sermōnem cum frātre habēre | sich mit dem Bruder unterhalten |
| facultātem dare | (jemandem) die Möglichkeit geben |
| sē dēdere | sich ergeben, kapitulieren |

## Stammformen zur Wiederholung

| | | |
|---|---|---|
| 1 | adiuvāre, adiuvō, adiūvī, adiūtum | (jemanden) unterstützen, (jemandem) helfen |
| 2 | cōnsulere, cōnsulō, cōnsuluī, cōnsultum | (jemanden) um Rat fragen |
| 3 | corrumpere, corrumpō, corrūpī, corruptum | verderben, bestechen |
| 4 | dēvincere, dēvincō, dēvīcī, dēvictum | (völlig) besiegen |
| 5 | emere, emō, ēmī, emptum | kaufen |
| 6 | tendere, tendō, tetendī, tentum | ausstrecken |
| 7 | ēripere, ēripiō, ēripuī, ēreptum | entreißen |
| 8 | parere, pariō, peperī, partum | hervorbringen, gebären |

# Lektion 44

## Grammatik

S

### 1. Der Ablativus absolutus mit PPA

1.1 Wie beim Participium coniunctum (vgl. Lektion 41, S 2.4) drückt das PPA im Ablativus absolutus die **Gleichzeitigkeit** zum Prädikat des Satzes aus.
Das Tempus, das dabei für die Übersetzung des Ablativus absolutus gewählt wird, richtet sich nach dem Tempus des Prädikats im restlichen Satz: Nach

einem Präsens/Futur muss für den Ablativus absolutus ein Präsens gewählt werden, nach einem Vergangenheitstempus das Präteritum:

| | |
|---|---|
| Cīvitās nostra nōn iam tūta **erit** lēgiōnibus Rōmānīs redeuntibus. | Unsere Stadt **wird** nicht mehr sicher sein, wenn die römischen Legionen **zurückkehren**. |
| Mīlitibus Rōmānīs fortiter pūgnantibus Batāvī castra **expūgnāvērunt**. | Die Bataver **eroberten** das Lager, obwohl die römischen Soldaten tapfer **kämpften**. |

1.2 Für die Übersetzung gibt es dieselben Möglichkeiten wie beim Ablativus absolutus mit PPP (vgl. Lektion 43, S 4.1 und 4.2).

## 2. Der nominale Ablativus absolutus

2.1 Der Ablativus absolutus kann auch ohne Partizip nur aus zwei **Nomina**, die aufeinander bezogen sind, gebildet werden (**nominaler Ablativus absolutus**). Der nominale Ablativus absolutus drückt immer die Gleichzeitigkeit aus.

2.2 Der nominale Ablativus absolutus steht besonders nach Nomina, die
- a) eine handelnde Person bezeichnen,
- b) eine Altersangabe machen,
- c) eine Amtsbezeichnung angeben
- d) und nach einigen Adjektiven in KNG-Kongruenz zum Bezugswort.

Merke folgende Wendungen:

| | | |
|---|---|---|
| a) | Cīvīlī duce: | unter der Führung des Civilis |
| b) | mē puerō: | in meiner Kindheit |
| | Caesare adulēscente: | In Cäsars Jugend |
| c) | Cicerōne cōnsule: | unter dem Konsulat Ciceros |
| | Catōne praetōre: | während Catos Prätur |
| | Caesare imperātōre: | unter Cäsar als Feldherrn |
| d) | salvīs amīcīs: | ohne Schaden für die Freunde |

# Vokabeln

incendium – nūntiāre – crēdere – īgnis – dīvinus – dēficere – persuadēre – dēvincere – foedus

| | | |
|---|---|---|
| *prīncipātus, prīncipātūs m. | die erste Stelle, der Vorrang | prīnceps |
| difficilis, difficile | schwierig, schwer (zu tun) | facilis |
| *coniūrātiō, coniūrātiōnis f. | die Verschwörung | |
| *situs, a, um | gelegen, liegend | |
| prīmō (Adv.) | zuerst | |
| līber, lībera, līberum | frei | līberāre |

| | | |
|---|---|---|
| pōstulāre | fordern, verlangen | Postulat |
| occidere, occidō, occidī | untergehen, umkommen | |
| sēdēs, sēdis f. | der Platz, Sitz; Wohnsitz | sedēre |
| *coniungere, coniungō, coniūnxī, coniūnctum | verbinden, vereinigen | iungere, coniūnx; Konjunktion |

J

| | |
|---|---|
| *novīs rēbus studēre | einen Umsturz vorbereiten; sich um eine Veränderung der bestehenden Verhältnisse bemühen |
| foedus facere | ein Bündnis schließen |

# Lektion 45

## Grammatik

F

### 1. Adjektive der dritten Deklination: dīves, vetus, pauper

1.1 Du kennst bereits die Adjektive der dritten Deklination (vgl. Lektion 20, F 2; Lektion 22, F 2). Einige wenige aus dieser Gruppe von Adjektiven werden wie Substantive der konsonantischen Deklination dekliniert. Sie sind einendig und bilden
den **Ablativ Singular** auf **-e**,
den **Nominativ und Akkusativ Plural neutrum** auf **-a**,
und den **Genitiv Plural** auf **-um**.
Diese Adjektive sind: vetus, veteris: alt; pauper, pauperis: arm; dīves, dīvitis: reich.

**1.2 Die Formen**

| | Singular | | Plural | |
|---|---|---|---|---|
| | **m./f.** | **n.** | **m./f.** | **n.** |
| **Nominativ** | vetus | vetus | veterēs | veter**a** |
| **Genitiv** | veteris | veteris | veter**um** | veter**um** |
| **Dativ** | veterī | veterī | veteribus | veteribus |
| **Akkusativ** | veterem | vetus | veterēs | veter**a** |
| **Ablativ** | veter**e** | vetere | veteribus | veteribus |

## 2. Der genitivus subiectivus und der genitivus obiectivus

S

2.1 Der genitivus subiectivus/obiectivus steht vor allem bei Substantiven, die eine Verbalaussage enthalten, z. B.: timor → timēre, amor → amāre. In Verbindung mit solchen Substantiven kann der Genitiv die Person bezeichnen, die logisch die Verbalhandlung ausführt (= **genitivus subiectivus**):
Amor patris: die Liebe des Vaters – Frage: Wer liebt? – Der Vater (= Subjekt) liebt.

2.2 Der Genitiv kann aber auch die Person bezeichnen, welche logisch von der Verbalhandlung betroffen ist (= **genitivus obiectivus**):
Amor patriae: die Liebe zum Vaterland – Frage: Wen liebt jemand? – Jemand liebt das Vaterland (= Objekt).

2.3 In beiden Fällen hat der Genitiv die Funktion eines Attributs. Welcher der beiden Genitive vorliegt, ergibt sich aus der kombinierten Bedeutung der beiden Substantive oder aus dem Kontext:
timor mortis: die Furcht **vor** dem Tod, die Todesfurcht, aber nicht: die Furcht des Todes;
timor Rōmānōrum: die Furcht **der** Römer, oder, je nach Kontext: die Furcht **vor** den Römern.

## 3. Der Genitiv der Beschaffenheit (genitivus qualitatis)

Ähnlich wie der ablativus qualitatis (vgl. Lektion 32, S 2) gibt der genitivus qualitatis die Beschaffenheit oder Eigenschaft seines Bezugswort an. Dabei kann er die Funktion eines **Attributs** und – in Verbindung mit einer Form von esse – die eines **Prädikatsnomens** übernehmen. Auch nach dem genitivus qualitatis fragt man: **Von welcher Art? Wie beschaffen?**

| | |
|---|---|
| Calgācus, vir māgnae virtūtis, ōrātiōnem habuit. | Calgacus, ein Mann von großer Tapferkeit/ein sehr tapferer Mann, hielt eine Rede. |
| Calgācus māgnae virtūtis fuit. | Calgacus war von großer Tapferkeit/ war sehr tapfer. |

In den meisten Fällen kannst du den genitivus qualitatis erst mit „von ..." übersetzen, bevor du im Deutschen dann eine elegante Übersetzung mit einem Adjektiv wählst.

# Vokabeln

virtūs – multitūdō – pōscere – proelium – occupāre – superbia – effugere – subicere – licentia – auferre

| | | |
|---|---|---|
| *genus, generis n. | die Abstammung, Art; das Geschlecht | gēns; generell; F. le genre; I. il genere |
| *praestāre, praestō, praestitī (mit Dat.) | (jemanden) übertreffen | I. prestare; S. prestar |
| apud (mit Akk.) | bei; vor (jemandem) | |
| cupidus, a, um (mit Gen.) | (be)gierig (nach etwas) | cupere; F. cupide; I. cupido |
| initium, ī n. | der Anfang, Beginn | inīre; Initiative |
| orbis, orbis m. | der Kreis, Kreislauf | Orbit; E. orbit; F. l'orbite |
| orbis terrārum | der Erdkreis, die Welt | |
| *avāritia, ae f. | die Habgier, der Geiz | E. avarice; F. l'avarice; I. l'avarizia |
| *possidēre, possideō, possēdī, possessum | besitzen | Possessiv-Pronomen |
| *dīves, dīvitis | reich | dīvitiae |
| *pauper, pauperis | arm | E. poor; F. pauvre; I. povero |
| rapere, rapiō, rapuī, raptum | an sich reißen, rauben | raptāre; I. rapire; S. raptar |
| falsus, a, um | falsch | fallere; E. false; F. faux; I. falso |
| *reprehendere, reprehendō, reprehendī, reprehēnsum | zurückhalten; kritisieren, tadeln | E. to reprehend; F. reprendre; I. riprendere |
| īgnārus, a, um (mit Gen.) | ohne Kenntnis (von etwas), unwissend (in etwas) | īgnōrāre; ignorant; E. ignorant; F. ignare |
| vetus, veteris | alt | Veteran |
| memor, memoris (mit Gen.) | sich erinnernd, in Erinnerung (an etwas) | commemorāre; Memory |
| posterī, posterōrum m. | die Nachkommen | post, postrēmō |

**J**

| | |
|---|---|
| omnibus virtūte praestāre | alle an Tapferkeit übertreffen |
| cupidus proeliī | kampfeswütig |
| īgnārus terrae | ohne Kenntnis des Landes |
| Este memorēs māiōrum! | Denkt an eure Vorfahren! |

# 1. Verben

## 1.1 Indikativ Aktiv

Präsensstamm

### Präsens

| | | a-Konjugation | e-Konjugation | i-Konjugation | kons. Konjugation | |
|---|---|---|---|---|---|---|
| Infinitiv | | laudāre | monēre | audīre | regere | capere |
| Sg. | 1. P. | laudō | moneō | audiō | regō | capiō |
| | 2. P. | laudās | monēs | audīs | regis | capis |
| | 3. P. | laudat | monet | audit | regit | capit |
| Pl. | 1. P. | laudāmus | monēmus | audīmus | regimus | capimus |
| | 2. P. | laudātis | monētis | audītis | regitis | capitis |
| | 3. P. | laudant | monent | audiunt | regunt | capiunt |

### Imperfekt

| | | a-Konjugation | e-Konjugation | i-Konjugation | kons. Konjugation | |
|---|---|---|---|---|---|---|
| Sg. | 1. P. | laudābam | monēbam | audiēbam | regēbam | capiēbam |
| | 2. P. | laudābās | monēbās | audiēbās | regēbās | capiēbās |
| | 3. P. | laudābat | monēbat | audiēbat | regēbat | capiēbat |
| Pl. | 1. P. | laudābāmus | monēbāmus | audiēbāmus | regēbāmus | capiēbāmus |
| | 2. P. | laudābātis | monēbātis | audiēbātis | regēbātis | capiēbātis |
| | 3. P. | laudābant | monēbant | audiēbant | regēbant | capiēbant |

### Futur

| | | a-Konjugation | e-Konjugation | i-Konjugation | kons. Konjugation | |
|---|---|---|---|---|---|---|
| Sg. | 1. P. | laudābō | monēbō | audiam | regam | capiam |
| | 2. P. | laudābis | monēbis | audiēs | regēs | capiēs |
| | 3. P. | laudābit | monēbit | audiet | reget | capiet |
| Pl. | 1. P. | laudābimus | monēbimus | audiēmus | regēmus | capiēmus |
| | 2. P. | laudābitis | monēbitis | audiētis | regētis | capiētis |
| | 3. P. | laudābunt | monēbunt | audient | regent | capient |

### Imperativ

| | a-Konjugation | e-Konjugation | i-Konjugation | kons. Konjugation | |
|---|---|---|---|---|---|
| **Singular** | laudā! | monē! | audī! | rege! | cape! |
| **Plural** | laudāte! | monēte! | audīte! | regite! | capite! |

### Partizip Präsens Aktiv (PPA)

| a-Konjugation | e-Konjugation | i-Konjugation | kons. Konjugation | |
|---|---|---|---|---|
| laudāns<br>laudantis | monēns<br>monentis | audiēns<br>audientis | regēns<br>regentis | capiēns<br>capientis |

## Perfektstamm

### Perfekt

| | | a-Konjugation | e-Konjugation | i-Konjugation | kons. Konjugation |
|---|---|---|---|---|---|
| **Infinitiv** | | laudāvisse | monuisse | audīvisse | rēxisse |
| **Sg.** | **1. P.** | laudāvī | monuī | audīvī | rēxī |
| | **2. P.** | laudāvistī | monuistī | audīvistī | rēxistī |
| | **3. P.** | laudāvit | monuit | audīvit | rēxit |
| **Pl.** | **1. P.** | laudāvimus | monuimus | audīvimus | rēximus |
| | **2. P.** | laudāvistis | monuistis | audīvistis | rēxistis |
| | **3. P.** | laudāvērunt | monuērunt | audīvērunt | rēxērunt |

### Plusquamperfekt

| | | a-Konjugation | e-Konjugation | i-Konjugation | kons. Konjugation |
|---|---|---|---|---|---|
| **Sg.** | **1. P.** | laudāveram | monueram | audīveram | rēxeram |
| | **2. P.** | laudāverās | monuerās | audīverās | rēxerās |
| | **3. P.** | laudāverat | monuerat | audīverat | rēxerat |
| **Pl.** | **1. P.** | laudāverāmus | monuerāmus | audīverāmus | rēxerāmus |
| | **2. P.** | laudāverātis | monuerātis | audīverātis | rēxerātis |
| | **3. P.** | laudāverant | monuerant | audīverant | rēxerant |

**Futur II**

| | | a-Konjugation | e-Konjugation | i-Konjugation | kons. Konjugation |
|---|---|---|---|---|---|
| **Sg.** | **1. P.** | laudāverō | monuerō | audīverō | rēxerō |
| | **2. P.** | laudāveris | monueris | audīveris | rēxeris |
| | **3. P.** | laudāverit | monuerit | audīverit | rēxerit |
| **Pl.** | **1. P.** | laudāverimus | monuerimus | audīverimus | rēxerimus |
| | **2. P.** | laudāveritis | monueritis | audīveritis | rēxeritis |
| | **3. P.** | laudāverint | monuerint | audīverint | rēxerint |

## 1.2 Indikativ Passiv

**Präsensstamm**

**Präsens**

| | | a-Konjugation | e-Konjugation | i-Konjugation | kons. Konjugation | |
|---|---|---|---|---|---|---|
| **Infinitiv** | | laudārī | monērī | audīrī | regī | capī |
| **Sg.** | **1. P.** | laudor | moneor | audior | regor | capior |
| | **2. P.** | laudāris | monēris | audīris | regeris | caperis |
| | **3. P.** | laudātur | monētur | audītur | regitur | capitur |
| **Pl.** | **1. P.** | laudāmur | monēmur | audīmur | regimur | capimur |
| | **2. P.** | laudāminī | monēminī | audīminī | regiminī | capiminī |
| | **3. P.** | laudantur | monentur | audiuntur | reguntur | capiuntur |

**Imperfekt**

| | | a-Konjugation | e-Konjugation | i-Konjugation | kons. Konjugation | |
|---|---|---|---|---|---|---|
| **Sg.** | **1. P.** | laudābar | monēbar | audiēbar | regēbar | capiēbar |
| | **2. P.** | laudābāris | monēbāris | audiēbāris | regēbāris | capiēbāris |
| | **3. P.** | laudābātur | monēbātur | audiēbātur | regēbātur | capiēbātur |
| **Pl.** | **1. P.** | laudābāmur | monēbāmur | audiēbāmur | regēbāmur | capiēbāmur |
| | **2. P.** | laudābāminī | monēbāminī | audiēbāminī | regēbāminī | capiēbāminī |
| | **3. P.** | laudābantur | monēbantur | audiēbantur | regēbantur | capiēbantur |

**Futur**

| | | a-Konjugation | e-Konjugation | i-Konjugation | kons. Konjugation | |
|---|---|---|---|---|---|---|
| Sg. | 1. P. | laudābor | monēbor | audiar | regar | capiar |
| | 2. P. | laudāberis | monēberis | audiēris | regēris | capiēris |
| | 3. P. | laudābitur | monēbitur | audiētur | regētur | capiētur |
| Pl. | 1. P. | laudābimur | monēbimur | audiēmur | regēmur | capiēmur |
| | 2. P. | laudābiminī | monēbiminī | audiēminī | regēminī | capiēminī |
| | 3. P. | laudābuntur | monēbuntur | audientur | regentur | capientur |

**Perfektstamm**

**Infinitiv**

| a-Konjugation | e-Konjugation | i-Konjugation | kons. Konjugation |
|---|---|---|---|
| laudātum esse | monitum esse | audītum esse | rēctum esse |

**Perfekt**

| | | a-Konjugation | e-Konjugation | i-Konjugation | kons. Konjugation |
|---|---|---|---|---|---|
| Sg. | 1. P. | laudātus, a, um sum | monitus, a, um sum | audītus, a, um sum | rēctus, a, um sum |
| | 2. P. | laudātus, a, um es | monitus, a, um es | audītus, a, um es | rēctus, a, um es |
| | 3. P. | laudātus, a, um est | monitus, a, um est | audītus, a, um est | rēctus, a, um est |
| Pl. | 1. P. | laudātī, ae, a sumus | monitī, ae, a sumus | audītī, ae, a sumus | rēctī, ae, a sumus |
| | 2. P. | laudātī, ae, a estis | monitī, ae, a estis | audītī, ae, a estis | rēctī, ae, a estis |
| | 3. P. | laudātī, ae, a sunt | monitī, ae, a sunt | audītī, ae, a sunt | rēctī, ae, a sunt |

**Plusquamperfekt**

| | | a-Konjugation | e-Konjugation | i-Konjugation | kons. Konjugation |
|---|---|---|---|---|---|
| Sg. | 1. P. | laudātus, a, um eram | monitus, a, um eram | audītus, a, um eram | rēctus, a, um eram |
| | 2. P. | laudātus, a, um erās | monitus, a, um erās | audītus, a, um erās | rēctus, a, um erās |
| | 3. P. | laudātus, a, um erat | monitus, a, um erat | audītus, a, um erat | rēctus, a, um erat |
| Pl. | 1. P. | laudātī, ae, a erāmus | monitī, ae, a erāmus | audītī, ae, a erāmus | rēctī, ae, a erāmus |
| | 2. P. | laudātī, ae, a erātis | monitī, ae, a erātis | audītī, ae, a erātis | rēctī, ae, a erātis |
| | 3. P. | laudātī, ae, a erant | monitī, ae, a erant | audītī, ae, a erant | rēctī, ae, a erant |

**Futur II**

| | | a-Konjugation | e-Konjugation | i-Konjugation | kons. Konjugation |
|---|---|---|---|---|---|
| **Sg.** | **1. P.** | laudātus, a, um erō | monitus, a, um erō | audītus, a, um erō | rēctus, a, um erō |
| | **2. P.** | laudātus, a, um eris | monitus, a, um eris | audītus, a, um eris | rēctus, a, um eris |
| | **3. P.** | laudātus, a, um erit | monitus, a, um erit | audītus, a, um erit | rēctus, a, um erit |
| **Pl.** | **1. P.** | laudātī, ae, a erimus | monitī, ae, a erimus | audītī, ae, a erimus | rēctī, ae, a erimus |
| | **2. P.** | laudātī, ae, a eritis | monitī, ae, a eritis | audītī, ae, a eritis | rēctī, ae, a eritis |
| | **3. P.** | laudātī, ae, a erunt | monitī, ae, a erunt | audītī, ae, a erunt | rēctī, ae, a erunt |

**Partizip Perfekt Passiv (PPP)**

| a-Konjugation | e-Konjugation | i-Konjugation | kons. Konjugation |
|---|---|---|---|
| laudātus, a, um | monitus, a, um | audītus, a, um | rēctus, a,um |

## 1.3 Konjunktiv Aktiv

**Präsens**

**Präsensstamm**

| | | a-Konjugation | e-Konjugation | i-Konjugation | kons. Konjugation | |
|---|---|---|---|---|---|---|
| **Sg.** | **1. P.** | laudem | moneam | audiam | regam | capiam |
| | **2. P.** | laudēs | moneās | audiās | regās | capiās |
| | **3. P.** | laudet | moneat | audiat | regat | capiat |
| **Pl.** | **1. P.** | laudēmus | moneāmus | audiāmus | regāmus | capiāmus |
| | **2. P.** | laudētis | moneātis | audiātis | regātis | capiātis |
| | **3. P.** | laudent | moneant | audiant | regant | capiant |

**Imperfekt**

| | | a-Konjugation | e-Konjugation | i-Konjugation | kons.Konjugation | |
|---|---|---|---|---|---|---|
| **Sg.** | **1. P.** | laudārem | monērem | audīrem | regerem | caperem |
| | **2. P.** | laudārēs | monērēs | audīrēs | regerēs | caperēs |
| | **3. P.** | laudāret | monēret | audīret | regeret | caperet |
| **Pl.** | **1. P.** | laudārēmus | monērēmus | audīrēmus | regerēmus | caperēmus |
| | **2. P.** | laudārētis | monērētis | audīrētis | regerētis | caperētis |
| | **3. P.** | laudārent | monērent | audīrent | regerent | caperent |

Perfektstamm

Perfekt

| | | a-Konjugation | e-Konjugation | i-Konjugation | kons. Konjugation |
|---|---|---|---|---|---|
| Sg. | 1. P. | laudāverim | monuerim | audīverim | rēxerim |
| | 2. P. | laudāveris | monueris | audīveris | rēxeris |
| | 3. P. | laudāverit | monuerit | audīverit | rēxerit |
| Pl. | 1. P. | laudāverimus | monerimus | audīverimus | rēxerimus |
| | 2. P. | laudāveritis | monueritis | audīveritis | rēxeritis |
| | 3. P. | laudāverint | monuerint | audīverint | rēxerint |

Plusquamperfekt

| | | a-Konjugation | e-Konjugation | i-Konjugation | kons. Konjugation |
|---|---|---|---|---|---|
| Sg. | 1. P. | laudāvissem | monuissem | audīvissem | rēxissem |
| | 2. P. | laudāvissēs | monuissēs | audīvissēs | rēxissēs |
| | 3. P. | laudāvisset | monuisset | audīvisset | rēxisset |
| Pl. | 1. P. | laudāvissēmus | monuissēmus | audīvissēmus | rēxissēmus |
| | 2. P. | laudāvissētis | monuissētis | audīvissētis | rēxissētis |
| | 3. P. | laudāvissent | monuissent | audīvissent | rēxissent |

## 1.4 Konjunktiv Passiv

Präsensstamm

Präsens

| | | a-Konjugation | e-Konjugation | i-Konjugation | kons.Konjugation | |
|---|---|---|---|---|---|---|
| Sg. | 1. P. | lauder | monear | audiar | regar | capiar |
| | 2. P. | laudēris | moneāris | audiāris | regāris | capiāris |
| | 3. P. | laudētur | moneātur | audiātur | regātur | capiātur |
| Pl. | 1. P. | laudēmur | moneāmur | audiāmur | regāmur | capiāmur |
| | 2. P. | laudēminī | moneāminī | audiāminī | regāminī | capiāminī |
| | 3. P. | laudentur | moneantur | audiantur | regantur | capiantur |

Imperfekt

| | | a-Konjugation | e-Konjugation | i-Konjugation | kons.Konjugation | |
|---|---|---|---|---|---|---|
| Sg. | 1. P. | laudārer | monērer | audīrer | regerer | caperer |
| | 2. P. | laudārēris | monērēris | audīrēris | regerēris | caperēris |
| | 3. P. | laudārētur | monērētur | audīrētur | regerētur | caperētur |
| Pl. | 1. P. | laudārēmur | monērēmur | audīrēmur | regerēmur | caperēmur |
| | 2. P. | laudārēminī | monērēminī | audīrēminī | regerēminī | caperēminī |
| | 3. P. | laudārentur | monērentur | audīrentur | regerentur | caperentur |

**Perfektstamm**

Perfekt

| | | a-Konjugation | e-Konjugation | i-Konjugation | kons. Konjugation |
|---|---|---|---|---|---|
| Sg. | 1. P. | laudātus, a, um sim | monitus, a, um sim | audītus, a, um sim | rēctus, a, um sim |
| | 2. P. | laudātus, a, um sīs | monitus, a, um sīs | audītus, a, um sīs | rēctus, a, um sīs |
| | 3. P. | laudātus, a, um sit | monitus, a, um sit | audītus, a, um sit | rēctus, a, um sit |
| Pl. | 1. P. | laudātī, ae, a sīmus | monitī, ae, a sīmus | audītī, ae, a sīmus | rēctī, ae, a sīmus |
| | 2. P. | laudātī, ae, a sītis | monitī, ae, a sītis | audītī, ae, a sītis | rēctī, ae, a sitīs |
| | 3. P. | laudātī, ae, a sint | monitī, ae, a sint | audītī, ae, a sint | rēctī, ae, a sint |

Plusquamperfekt

| | | a-Konjugation | e-Konjugation | i-Konjugation | kons.Konjugation |
|---|---|---|---|---|---|
| Sg. | 1. P. | laudātus, a, um essem | monitus, a, um essem | audītus, a, um essem | rēctus, a, um essem |
| | 2. P. | laudātus, a, um essēs | monitus, a, um essēs | audītus, a, um essēs | rēctus, a, um essēs |
| | 3. P. | laudātus, a, um esset | monitus, a, um esset | audītus, a, um esset | rēctus, a, um esset |
| Pl. | 1. P. | laudātī, ae, a essēmus | monitī, ae, a essēmus | audītī, ae, a essēmus | rēctī, ae, a essēmus |
| | 2. P. | laudātī, ae, a essētis | monitī, ae, a essētis | audītī, ae, a essētis | rēctī, ae, a essētis |
| | 3. P. | laudātī, ae, a essent | monitī, ae, a essent | audītī, ae, a essent | rēctī, ae, a essent |

## 1.5 esse

### Indikativ – Präsensstamm

| | | Präsens | Imperfekt | Futur I |
|---|---|---|---|---|
| Sg. | 1. P. | sum | eram | erō |
| | 2. P. | es | erās | eris |
| | 3. P. | est | erat | erit |
| Pl. | 1. P. | sumus | erāmus | erimus |
| | 2. P. | estis | erātis | eritis |
| | 3. P. | sunt | erant | erunt |

| | Imperativ |
|---|---|
| Sg. | es! |
| Pl. | este! |

### Indikativ – Perfektstamm

| | | Perfekt | Plusquamperfekt | Futur II |
|---|---|---|---|---|
| Sg. | 1. P. | fuī | fueram | fuerō |
| | 2. P. | fuistī | fuerās | fueris |
| | 3. P. | fuit | fuerat | fuerit |
| Pl. | 1. P. | fuimus | fuerāmus | fuerimus |
| | 2. P. | fuistis | fuerātis | fueritis |
| | 3. P. | fuērunt | fuerant | fuerint |

| Infinitiv |
|---|
| fuisse |

### Konjunktiv

| | | Präsens | Imperfekt | Perfekt | Plusquamperfekt |
|---|---|---|---|---|---|
| Sg. | 1. P. | sīm | essem | fuerim | fuissem |
| | 2. P. | sis | essēs | fueris | fuissēs |
| | 3. P. | sit | esset | fuerit | fuisset |
| Pl. | 1. P. | sīmus | essēmus | fuerimus | fuissēmus |
| | 2. P. | sītis | essētis | fueritis | fuissētis |
| | 3. P. | sint | essent | fuerint | fuissent |

## 1.6 ire

**Indikativ – Präsensstamm**

| | | Präsens | Imperfekt | Futur I |
|---|---|---|---|---|
| Sg. | 1. P. | eō | ībam | ībō |
| | 2. P. | īs | ībās | ībis |
| | 3. P. | it | ībat | ībit |
| Pl. | 1. P. | īmus | ībāmus | ībimus |
| | 2. P. | ītis | ībātis | ībitis |
| | 3. P. | eunt | ībant | ībunt |

| | Imperativ |
|---|---|
| Sg. | ī! |
| Pl. | īte! |

**Indikativ – Perfektstamm**

| | | Perfekt | Plusquamperfekt | Futur II |
|---|---|---|---|---|
| Sg. | 1. P. | iī | ieram | ierō |
| | 2. P. | īstī | ierās | ieris |
| | 3. P. | iit | ierat | ierit |
| Pl. | 1. P. | iimus | ierāmus | ierimus |
| | 2. P. | īstis | ierātis | ieritis |
| | 3. P. | iērunt | ierant | ierint |

| Infinitiv |
|---|
| īsse |

**Konjunktiv**

| | | Präsens | Imperfekt | Perfekt | Plusquamperfekt |
|---|---|---|---|---|---|
| Sg. | 1. P. | eam | īrem | ierim | īssem |
| | 2. P. | eās | īrēs | ieris | īssēs |
| | 3. P. | eat | īret | ierit | īsset |
| Pl. | 1. P. | eāmus | īrēmus | ierimus | īssēmus |
| | 2. P. | eātis | īrētis | ieritis | īssētis |
| | 3. P. | eant | īrent | ierint | īssent |

## 1.7 velle, nōlle, mālle

**Indikativ – Präsensstamm**

| | | Präsens | Imperfekt | Futur I |
|---|---|---|---|---|
| Sg. | 1. P. | volō | volēbam | volam |
| | 2. P. | vīs | volēbās | volēs |
| | 3. P. | vult | volēbat | volet |
| Pl. | 1. P. | volumus | volēbāmus | volēmus |
| | 2. P. | vultis | volēbātis | volētis |
| | 3. P. | volunt | volēbant | volent |

| | | Präsens | Imperfekt | Futur I |
|---|---|---|---|---|
| Sg. | 1. P. | nōlō/mālō | nōlēbam/mālēbam | nōlam/mālam |
| | 2. P. | nōn vīs/māvīs | nōlēbas/mālēbās | nōlēs/mālēs |
| | 3. P. | nōn vult/māvult | nōlēbat/mālēbat | nōlet/mālet |
| Pl. | 1. P. | nōlumus/mālumus | nōlēbāmus/mālēbāmus | nōlēmus/mālēmus |
| | 2. P. | nōn vultis/māvultis | nōlēbātis/mālēbātis | nōlētis/mālētis |
| | 3. P. | nōlunt/mālunt | nōlēbant/mālēbant | nōlent/mālent |

**Partizip Präsens Aktiv (PPA)**

| | |
|---|---|
| volēns, volentis | nolēns, nolentis |

**Perfektstamm**

| | | Perfekt | Plusquamperfekt | Futur II |
|---|---|---|---|---|
| Sg. | 1. P. | voluī | volueram | voluerō |
| | 2. P. | voluistī | voluerās | volueris |
| | 3. P. | voluit | voluerat | voluerit |
| Pl. | 1. P. | voluimus | voluerāmus | voluerimus |
| | 2. P. | voluistis | voluerātis | volueritis |
| | 3. P. | voluērunt | voluerant | voluerint |

| Infinitiv |
|---|
| voluisse |

Die Verben nōlle und mālle werden im Perfektstamm wie velle gebildet.

**Konjunktiv**

| | | Präsens | Imperfekt | Perfekt | Plusquamperfekt |
|---|---|---|---|---|---|
| **Sg.** | **1. P.** | velim | vellem | voluerim | voluissem |
| | **2. P.** | velīs | vellēs | volueris | voluissēs |
| | **3. P.** | velit | vellet | voluerit | voluisset |
| **Pl.** | **1. P.** | velīmus | vellēmus | voluerimus | voluissēmus |
| | **2. P.** | velītis | vellētis | volueritis | voluissētis |
| | **3. P.** | velint | vellent | voluerint | voluissent |

Die Verben nōlle und mālle werden im Konjunktiv wie velle gebildet.

## 1.8 ferre

**Aktiv**

| | | Präsens | | Imperfekt | | Futur I |
|---|---|---|---|---|---|---|
| | | Indikativ | Konjunktiv | Indikativ | Konjunktiv | Indikativ |
| **Sg.** | **1. P.** | ferō | feram | ferēbam | ferrem | feram |
| | **2. P.** | fers | ferās | ferēbās | ferrēs | ferēs |
| | **3. P.** | fert | ferat | ferēbat | ferret | feret |
| **Pl.** | **1. P.** | ferimus | ferāmus | ferēbāmus | ferrēmus | ferēmus |
| | **2. P.** | fertis | ferātis | ferēbātis | ferrētis | ferētis |
| | **3. P.** | ferunt | ferant | ferēbant | ferrent | ferent |

Imperativ: fer! ferte!  Partizip Präsens Aktiv: ferēns, ferentis

| | | Perfekt | | Plusquamperfekt | | Futur II |
|---|---|---|---|---|---|---|
| | | Indikativ | Konjunktiv | Indikativ | Konjunktiv | Indikativ |
| **Sg.** | **1. P.** | tulī | tulerim | tuleram | tulissem | tulerō |
| | **2. P.** | tulistī | tuleris | tulerās | tulissēs | tuleris |
| | **3. P.** | tulit | tulerit | tulerat | tulisset | tulerit |
| **Pl.** | **1. P.** | tulimus | tulerimus | tulerāmus | tulissēmus | tulerimus |
| | **2. P.** | tulistis | tuleritis | tulerātis | tulissētis | tuleritis |
| | **3. P.** | tulērunt | tulerint | tulerant | tulissent | tulerint |

Partizip Perfekt Passiv: lātus, a, um

**Passiv**

| | | Präsens | | Imperfekt | | Futur I |
|---|---|---|---|---|---|---|
| | | Indikativ | Konjunktiv | Indikativ | Konjunktiv | Indikativ |
| Sg. | 1. P. | feror | ferar | ferēbar | ferrer | ferar |
| | 2. P. | ferris | ferāris | ferēbāris | ferrēris | ferēris |
| | 3. P. | fertur | ferātur | ferēbātur | ferrētur | ferētur |
| Pl. | 1. P. | ferimur | ferāmur | ferēbāmur | ferrēmur | ferēmur |
| | 2. P. | feriminī | ferāminī | ferēbāminī | ferrēminī | ferēminī |
| | 3. P. | feruntur | ferantur | ferēbantur | ferrentur | ferentur |

| | | Perfekt | | Plusquamperfekt | | Futur II |
|---|---|---|---|---|---|---|
| | | Indikativ | Konjunktiv | Indikativ | Konjunktiv | Indikativ |
| Sg. | 1. P. | lātus sum | lātus sim | lātus eram | lātus essem | lātus erō |
| | 2. P. | lātus es | lātus sīs | lātus erās | lātus essēs | lātus eris |
| | 3. P. | lātus est | lātus sit | lātus erat | lātus esset | lātus erit |
| Pl. | 1. P. | lāti sumus | lāti sīmus | lāti erāmus | lāti essēmus | lāti erimus |
| | 2. P. | lāti estis | lāti sītis | lāti erātis | lāti essētis | lāti eritis |
| | 3. P. | lāti sunt | lāti sint | lāti erant | lāti essent | lāti erunt |

# 2. Substantive

## 2.1 a-Deklination

**a-Deklination**

| | Singular | Plural |
|---|---|---|
| Nominativ | domina | dominae |
| Genitiv | dominae | dominārum |
| Dativ | dominae | dominīs |
| Akkusativ | dominam | dominās |
| Ablativ | dominā | dominīs |
| Vokativ | domina! | dominae! |

## 2.2 o-Deklination

**o-Deklination masculinum**

| | Singular | Plural | Singular | Plural |
|---|---|---|---|---|
| **Nom.** | dominus | dominī | puer | puerī |
| **Gen.** | dominī | dominōrum | puerī | puerōrum |
| **Dat.** | dominō | dominīs | puerō | puerīs |
| **Akk.** | dominum | dominōs | puerum | puerōs |
| **Abl.** | dominō | dominīs | puerō | puerīs |
| **Vok.** | domine! | dominī! | puer! | puerī! |

**o-Deklination neutrum**

| Singular | Plural |
|---|---|
| templum | templa |
| templī | templōrum |
| templō | templīs |
| templum | templa |
| templō | templīs |

## 2.3 Dritte Deklination

**Dritte Deklination**

| | Singular | Plural | Singular | Plural | Singular | Plural |
|---|---|---|---|---|---|---|
| **Nominativ** | rēx | rēgēs | māter | mātrēs | urbs | urbēs |
| **Genitiv** | rēgis | rēgum | mātris | mātrum | urbis | urbium |
| **Dativ** | rēgī | rēgibus | mātrī | mātribus | urbī | urbibus |
| **Akkusativ** | rēgem | rēgēs | mātrem | mātrēs | urbem | urbēs |
| **Ablativ** | cum rēge | cum rēgibus | cum mātre | cum mātribus | in urbe | in urbibus |
| **Vokativ** | rēx! | rēgēs! | māter! | mātrēs! | | |

**Dritte Deklination: Neutra**

| | Singular | Plural | Singular | Plural |
|---|---|---|---|---|
| **Nominativ** | tempus | tempora | mare | maria |
| **Genitiv** | temporis | temporum | maris | marium |
| **Dativ** | temporī | temporibus | marī | maribus |
| **Akkusativ** | tempus | tempora | mare | maria |
| **Ablativ** | tempore | temporibus | marī | maribus |

## 2.4 e-Deklination

| | Singular | Plural |
|---|---|---|
| **Nominativ** | rēs | rēs |
| **Genitiv** | reī | rērum |
| **Dativ** | reī | rēbus |
| **Akkusativ** | rem | rēs |
| **Ablativ** | rē | rēbus |

## 2.5 u-Deklination

| | Singular | Plural |
|---|---|---|
| **Nominativ** | magistrātus | magistrātūs |
| **Genitiv** | magistrātūs | magistrātuum |
| **Dativ** | magistrātuī | magistrātibus |
| **Akkusativ** | magistrātum | magistrātūs |
| **Ablativ** | magistrātū | magistrātibus |

# 3. Adjektive

## 3.1 a- und o-Deklination

| | Singular | | | Plural | | |
|---|---|---|---|---|---|---|
| | **m.** | **f.** | **n.** | **m.** | **f.** | **n.** |
| **Nominativ** | bonus | bona | bonum | bonī | bonae | bona |
| **Genitiv** | bonī | bonae | bonī | bonōrum | bonārum | bonōrum |
| **Dativ** | bonō | bonae | bonō | bonīs | bonīs | bonīs |
| **Akkusativ** | bonum | bonam | bonum | bonōs | bonās | bona |
| **Ablativ** | bonō | bonā | bonō | bonīs | bonīs | bonīs |

## 3.2 Dritte Deklination

| | Singular | | | Plural | | |
|---|---|---|---|---|---|---|
| | **m.** | **f.** | **n.** | **m.** | **f.** | **n.** |
| **Nominativ** | ācer | ācris | ācre | ācrēs | ācrēs | ācria |
| **Genitiv** | ācris | ācris | ācris | ācrium | ācrium | ācrium |
| **Dativ** | ācrī | ācrī | ācrī | ācribus | ācribus | ācribus |
| **Akkusativ** | ācrem | ācrem | ācre | ācrēs | ācrēs | ācria |
| **Ablativ** | ācrī | ācrī | ācrī | ācribus | ācribus | ācribus |

# 4. Pronomina

## 4.1 Personalpronomen

| | Singular | | Plural | |
|---|---|---|---|---|
| | 1. Person | 2. Person | 1. Person | 2. Person |
| Nominativ | ego | tū | nōs | vōs |
| Genitiv | meī | tuī | nōstrī/nostrum | vestrī/vestrum |
| Dativ | mihi | tibi | nōbīs | vōbīs |
| Akkusativ | mē | tē | nōs | vōs |
| Ablativ | ā mē; mēcum | ā tē; tēcum | ā nōbīs; nōbīscum | ā vōbīs; vōbīscum |

## 4.2 Reflexivpronomen

| | Singular | Plural |
|---|---|---|
| Genitiv | suī | suī |
| Dativ | sibī | sibī |
| Akkusativ | sē | sē |
| Ablativ | ā sē; sēcum | ā sē; sēcum |

## 4.3 Relativpronomen

| | Singular | | | Plural | | |
|---|---|---|---|---|---|---|
| | m. | f. | n. | m. | f. | n. |
| Nominativ | quī | quae | quod | quī | quae | quae |
| Genitiv | cuius | cuius | cuius | quōrum | quārum | quōrum |
| Dativ | cui | cui | cui | quibus | quibus | quibus |
| Akkusativ | quem | quam | quod | quōs | quās | quae |
| Ablativ | quō | quā | quō | quibus | quibus | quibus |

## 4.4 Interrogativpronomen

**substantivisch:**

| | |
|---|---|
| **Nominativ** | quis? quid? |
| **Genitiv** | cuius? |
| **Dativ** | cui? |
| **Akkusativ** | quem? quid? |
| **Ablativ** | ā quō? quōcum? |

**adjektivisch:**

| | Singular | | |
|---|---|---|---|
| | m. | f. | n. |
| **Nominativ** | quī | quae | quod |

Die Deklination wird gebildet wie das Relativpronomen (4.3).

## 4.5 Demonstrativpronomina

| | Singular | | | Plural | | |
|---|---|---|---|---|---|---|
| | m. | f. | n. | m. | f. | n. |
| **Nominativ** | hic | haec | hoc | hī | hae | haec |
| **Genitiv** | huius | huius | huius | hōrum | hārum | hōrum |
| **Dativ** | huic | huic | huic | hīs | hīs | hīs |
| **Akkusativ** | hunc | hanc | hoc | hōs | hās | haec |
| **Ablativ** | hōc | hāc | hōc | hīs | hīs | hīs |

| | Singular | | | Plural | | |
|---|---|---|---|---|---|---|
| | m. | f. | n. | m. | f. | n. |
| **Nominativ** | ille | illa | illud | illī | illae | illa |
| **Genitiv** | illīus | illīus | illīus | illōrum | illārum | illōrum |
| **Dativ** | illī | illī | illī | illīs | illīs | illīs |
| **Akkusativ** | illum | illam | illud | illōs | illās | illa |
| **Ablativ** | illō | illā | illō | illīs | illīs | illīs |

| | Singular | | | Plural | | |
|---|---|---|---|---|---|---|
| | m. | f. | n. | m. | f. | n. |
| **Nominativ** | is | ea | id | iī (eī) | eae | ea |
| **Genitiv** | eius | eius | eius | eōrum | eārum | eōrum |
| **Dativ** | eī | eī | eī | iīs (eīs) | iīs (eīs) | iīs (eīs) |
| **Akkusativ** | eum | eam | id | eōs | eās | ea |
| **Ablativ** | eō | eā | eō | iīs (eīs) | iīs (eīs) | iīs (eīs) |

| | Singular | | | Plural | | |
|---|---|---|---|---|---|---|
| | m. | f. | n. | m. | f. | n. |
| **Nominativ** | iste | ista | istud | istī | istae | ista |
| **Genitiv** | istīus | istīus | istīus | istōrum | istārum | istōrum |
| **Dativ** | istī | istī | istī | istīs | istīs | istīs |
| **Akkusativ** | istum | istam | istud | istōs | istās | ista |
| **Ablativ** | istō | istā | istō | istīs | istīs | istīs |

| | Singular | | | Plural | | |
|---|---|---|---|---|---|---|
| | m. | f. | n. | m. | f. | n. |
| **Nominativ** | ipse | ipsa | ipsum | ipsī | ipsae | ipsa |
| **Genitiv** | ipsīus | ipsīus | ipsīus | ipsōrum | ipsārum | ipsōrum |
| **Dativ** | ipsī | ipsī | ipsī | ipsīs | ipsīs | ipsīs |
| **Akkusativ** | ipsum | ipsam | ipsum | ipsōs | ipsās | ipsa |
| **Ablativ** | ipsō | ipsā | ipsō | ipsīs | ipsīs | ipsīs |

# 5. Präpositionen

| mit dem Ablativ | |
|---|---|
| ā, ab:<br>von,<br>von … her,<br>von … an | Ā forō ad Capitōlium properō.<br>Ich eile *vom* Marktplatz zum Kapitol. |
| cum:<br>mit,<br>zusammen mit | Cum amīcīs ad forum properō.<br>*Zusammen mit* den Freunden eile ich zum Marktplatz. |
| | |
| dē:<br>von,<br>von … herab,<br>über | Dē Capitōliō monumenta forī spectō.<br>Ich betrachte *vom* Kapitol herab die Denkmäler des Marktplatzes.<br>Dāvus dē summō deō nārrat.<br>Davus erzählt *vom* (*über den*) höchsten Gott. |
| ē, ex:<br>aus,<br>aus … heraus | Dominus ē vīllā exit.<br>Der Herr tritt *aus* dem Landhaus *heraus*.<br>Nāvēs frūmentum ē Siciliā apportant.<br>Die Schiffe bringen Getreide *aus* Sizilien herbei. |
| in:<br>in, an,<br>auf (wo?) | In forō sum.<br>Ich bin *auf* dem Marktplatz.<br>In theātrō sum.<br>Ich bin *im* Theater. |

| mit dem Akkusativ | |
|---|---|
| ad:<br>zu, bis … zu,<br>bei | Ad thermās properō.<br>Ich eile *zu* den Thermen.<br>Ad thermās amīcōs videō.<br>*Bei* den Thermen sehe ich meine Freunde. |
| ante:<br>vor | Dāvus ante templum est.<br>Davus befindet sich *vor* dem Tempel. |
| apud:<br>bei; vor (jemandem) | Calgācus apud mīlitēs ōrātiōnem habuit.<br>Calgacus hielt vor seinen Soldaten eine Rede. |
| contrā:<br>gegen | Rōmānī contrā hostēs pūgnant.<br>Die Römer kämpfen *gegen* die Feinde. |
| in:<br>nach, in<br>(wohin?) | In theātrum properō.<br>Ich eile *in* das Theater.<br>Fīliī rēgis in Graeciam properant.<br>Die Söhne des Königs eilen *nach* Griechenland. |
| inter:<br>zwischen,<br>unter,<br>während | Inter templum et statuās āra est.<br>*Zwischen* dem Tempel und den Statuen befindet sich ein Altar.<br>Inter amīcōs etiam Quīntus est.<br>*Unter* den Freunden befindet sich auch Quintus.<br>Inter cēnam Dāvus fābulam recitat.<br>*Während* des Essens liest Davus eine Geschichte vor. |

| mit dem Ablativ | | mit dem Akkusativ | |
|---|---|---|---|
| | | intrā: innerhalb (von) | Māxentius intrā moenia urbis impetūs Cōnstantīnī exspectāvit. Maxentius erwartete innerhalb der Stadtmauern die Angriffe des Konstantin. |
| prō: für, vor, anstelle von | Plebeiī parātī nōn sunt prō patriā pūgnāre. Die Plebejer sind nicht bereit, *für* das Vaterland zu kämpfen. | per: durch (... hindurch) | Per forum ad Capitōlium properō. Ich eile *über* (durch) den Marktplatz (hindurch) zum Kapitol. |
| sine: ohne | Quīntus sine amīcīs in thermās properat. Quintus eilt *ohne* seine Freunde in die Thermen. | post: hinter, nach | Dāvus post templum est. Davus befindet sich *hinter* dem Tempel. |
| | | suprā: oberhalb, über, über ... hinaus | Caesar in somniō vīderat sē suprā nūbēs volāre. Caesar hatte im Traum gesehen, dass er *über* den Wolken schwebte. |
| | | usque ad: bis zu | Caesar Galliam ūsque ad Ōceanum subiēcit. Caesar unterwarf Gallien *bis zum* Atlantik. |

# Grammatisches Register der Lektionen 1 – 45

(Angegeben ist jeweils die Lektion, in der das Phänomen erstmals auftritt.)


**Ablativ**
- als Objekt 8
- der Art und Weise (modi) 8
- der Beschaffenheit (qualitatis) 32
- der Trennung (separativus) 8
- des Grundes (causae) 8
- des Mittels (instrumenti) 8

**Ablativus absolutus**
- gleichzeitig 44
- nominaler Abl. abs. 44
- vorzeitig 43

**Adjektiv**
- als Substantiv 7
- Attribut 7
- Prädikatsnomen 7

**Adverb** 1
- Bildung aus Adjektiven 42

**Adverbiale**
- Ablativ 8
- Ablativus absolutus 43; 44
- Akkusativ der Richtung 16
- dativus finalis 29
- Finalsatz 40
- Konsekutivsatz 40
- Participium coniunctum 39; 41

**Adverbialsatz** 13; 14

**Akkusativ**
- als Objekt 3
- der Richtung 16
- der zeitlichen Ausdehnung 12
- doppelter Akkusativ 31

**Akkusativ mit Infinitiv (AcI)**
- als Objekt 19
- als Subjekt 19
- Zeitverhältnis im AcI 19

**Aktiv** 36

**Attribut**
- ablativus qualitatis 32
- Adjektiv 7
- Genitiv 6
- Participium coniunctum 39; 41
- Relativsatz 23

**Bindevokal** 2; 11

**consecutio temporum**
- Gleichzeitigkeit 30
- Vorzeitigkeit 35

**Dativ**
- als Objekt 4
- des Besitzers (possessoris) 12
- des Vorteils (commodi) 29
- des Zwecks (finalis) 29

**Deklination** 1
- Adjektive: a-/o-Deklination 7
- Adjektive auf -(e)r 9
- Adjektive: dritte Deklination 20; 22; 45
- Partizip Präsens Aktiv (PPA) 41
- Substantive: a-Deklination 8
- Substantive: dritte Deklination 12; 13; 18; 19
- Substantive: e-Deklination 29
- Substantive: o-Deklination 8
- Substantive: auf -(e)r 9
- Substantive: u-Deklination 32

**Diathese** 36

**Dritte Deklination (Substantive)**
- Einsilbige 13
- Gleichsilbige 18
- i-Stämme (Neutrum) 19
- Konsonantenstämme 12

Neutra 13

**Genitiv**
Attribut 6
genitivus obiectivus 45
der Beschaffenheit (qualitatis) 45
genitivus subiectivus 45

**Genus** 3
natürliches Geschlecht 4

**Genus verbi** 36

**Gliedsatz**
als Adverbiale 13
Kausalsatz 13
Konditionalsatz 25
Temporalsatz 3; 14

**Imperativ**
a-/e-/i-Konjugation 5
esse 10
konsonantische Konjugation 15

**Infinitiv** 1
als Subjekt 7
der Gleichzeitigkeit im AcI 19
der Vorzeitigkeit im AcI 19

**Irrealis**
der Gegenwart 27
der Vergangenheit 28

**Kasus**
Ablativ als Adverbiale 8
Ablativ als Objekt 8
Akkusativ als Objekt 3
Akkusativ der Richtung 16
Akkusativ der zeitl. Ausdehnung 12
doppelter Akkusativ 31
Dativ als Objekt 4
Dativ des Besitzers 12
Dativ des Vorteils 29
Dativ des Zwecks 29
Genitiv als Attribut 6
Genitiv der Beschaffenheit 45
genitivus obiectivus 45
genitivus subiectivus 45
Nominativ 1
doppelter Nominativ 36
Vokativ 5

**Kongruenz**
Subjekt – Prädikat 1; 2
Adjektiv 7

**Konnektoren** 13

**Konjugation** 1
ferre 26
Futur I Aktiv 24
Futur II Aktiv 25
Imperfekt Aktiv (a-/e-/i-Konjugation) 10
Imperfekt Aktiv (konson. Konjugation) 11
Imperfekt (esse) 10
ire 20
Konjunktiv Imperfekt Aktiv 27
Konjunktiv Perfekt Aktiv 33
Konjunktiv Plusquamperfekt Aktiv 28
Konjunktiv Präsens Aktiv 30
Passiv (Präsensstamm) 36
Passiv (Perfektstamm) 37
Passiv (Konjunktiv) 40
Perfekt Aktiv (a-/e-/i-Konjugation) 13
Perfekt (esse) 13
Plusquamperfekt Aktiv 17
Präsens Aktiv (a-/e-/i-Konjugation) 4
Präsens Aktiv (konson. Konjugation) 11
Präsens (esse) 7
posse (Präsens, Imperfekt, Perfekt) 16
velle, nolle, malle 22

**Modus** 5
Imperativ 5
Indikativ 5
Konjunktiv 27

**Nominativ** 1
doppelter Nominativ 36

**Numerus** 1

**Partizip**
Partizip Perfekt Passiv (PPP) 37
Partizip Präsens Aktiv (PPA) 41

Participium coniunctum 39; 41

**Passiv** 36

**Perfektbildung**
Dehnungsperfekt 15
ohne Stammveränderung 18
Reduplikationsperfekt 17
s-Perfekt 15
v-/u-Perfekt 13

**Perfektstamm** 13

**Pronomina**
Demonstrativpronomen (is) 18
Demonstrativpronomen (hic) 31
Demonstrativpronomen (ille) 31
Demonstrativpronomen (iste) 38
Demonstrativpronomen (ipse) 38
Interrogativpronomen
adjektivisch 34
substantivisch 34
is, ea, id als Personalpronomen 18
is, ea, id als Possessivpronomen 18
Personalpronomen (1./2. Pers.) 16
Personalpronomen im AcI 21
Possessivpronomen 17
Reflexivpronomen 21
Relativpronomen 23

**Prädikat** 1

**Prädikativum** 42

**Prädikatsnomen**
ablativus qualitatis 32
Adjektiv 7
dativus finalis 29
Substantiv 6

**Präposition** 9

**Präpositionalausdruck**
als Adverbiale 9
als Objekt 9

**Relativer Satzanschluss** 24

**Relativsatz**
als Attribut 23

**Satzarten**
abhängiger Begehrsatz 30
Adverbialsatz 13; 14
Aufforderungssatz 5
Aussagesatz 5
Finalsatz 40
Fragesatz 5; 34; 35
Kausalsatz 13
Konditionalsatz 25; 27; 28
Konsekutivsatz 40
Temporalsatz 13; 14

**Satzfrage** 34; 35

**Satzgefüge** 13

**Satzglieder**
Adverbiale 8
Attribut 6; 7
Objekt 3; 4
Prädikat 1
Subjekt 1; 7

**Satzreihe** 13

**Subjekt** 1

**Tempus**
Futur I 24
Futur II 25
historisches Präsens 11
Imperfekt 10
Perfekt 13
Plusquamperfekt 17

**Vokativ** 5

**Wortfrage** 34; 35

**Zahlen** 38

**Zeitenfolge**
Gleichzeitigkeit 30
Vorzeitigkeit 35

**Zeitverhältnis**
Gleichzeitigkeit im AcI 19
Vorzeitigkeit im AcI 19
PPA: gleichzeitig 41
PPP: vorzeitig 39

# Eigennamenverzeichnis (Lektionen 1 – 45)

(Hinweis: P15 = Plateaulektion nach Lektion 15 etc.)

| | | |
|---|---|---|
| Achilles, Achillis m. | Achill, Sohn der Nymphe Thetis und des sterblichen Königs Peleus. Stärkster Kämpfer der Griechen vor Troja; tötet Hektor, den Sohn des trojanischen Königs Priamos. | 30 |
| Actium, ī n. | Hafenstadt am Golf von Ambrakia, nördlich der griechischen Landschaft Arkananien. Hier besiegte Octaviānus, der spätere Kaiser → Augustus, im Jahr 31 v. Chr. in einer Seeschlacht → M. Antōnius. | 36 |
| Aenēās, Aenēae m. (Vokativ: Aenēa) | Sohn des → Anchīsēs und Vater des → Ascānius, mit denen er aus dem brennenden Troja flieht. Der Sage nach hatte ihn dazu seine Mutter, die Göttin → Venus, aufgefordert. Nach langer Flucht gelangt er nach Italien, wo er sich in Latium niederlässt; gilt als Ahnherr der Römer. | P15, 30, P30 |
| Aesōpus, ī m. | Äsop, griechischer Dichter; der Legende nach ein freigelassener Sklave von der Insel Samos; er erfand die literarische Gattung der Fabel. Zahlreiche Motive seiner Fabeln wurden in Rom von → Phaedrus in die lateinische Sprache übernommen. | 38 |
| Africa, ae f. | seit 146 v. Chr. römische Provinz im Gebiet des eroberten und zerstörten → Carthāgō | 23 |
| Agēnōr, Agēnōris m. | Agenor, Vater der → Europa und König der phönizischen Stadt Tyros | 26 |
| Agricola, ae m. | Cnaeus Iūlius Agricola, römischer Senator und Heerführer (40 – 93 n. Chr.); 77 – 84 Statthalter in Britannien, wo er in erfolgreichen Kämpfen gegen die Britannier die römische Herrschaft nach Norden erweiterte. | 45 |
| Alba Longa, ae f. | Stadt in → Latium am Albanersee (heute Albano). Der Sage nach gegründet von → Ascanius (Iūlus), dem Sohn des → Aenēās. | 30 |
| Alexander Māgnus | Alexander der Große (356 – 323 v. Chr.), König der Makedonen ab 336 v. Chr.; zog 334 v. Chr. mit seinen Truppen nach Kleinasien und besiegte dort bei Issos (333 v. Chr.) und Gaugamela (331 v. Chr.) die Truppen des persischen Großkönigs Dareios III.; zog dann mit seinem Heer bis nach Indien, bis ihn eine Meuterei seiner Soldaten zur Rückkehr zwang. | 34 |
| Allia, ae f. | Nebenfluss des Tiber in Mittelitalien; dort vernichteten im Jahr 387 v. Chr. die Gallier ein römisches Heer | 10 |
| Alpēs, ium f. | die Alpen | 23 |

| | | |
|---|---|---|
| Ambiorīx, Ambiorīgis m. | Fürst des gallischen Stammes der → Eburonen; vernichtete im Jahr 54 v. Chr. bei einem Überfall auf die Truppen der römischen Legaten → Cotta und → Sabīnus 15 Kohorten. | 41 |
| Anchīsēs, Anchīsis m. | Ehemann der Göttin → Venus und Vater des → Aenēas. Flieht mit ihm zusammen aus dem brennenden Troja. | 30 |
| M. Antōnius, ī m. | Offizier im Heer Caesars, mit dem er im Jahr 44 v. Chr. gemeinsam Konsul war. Verbündete sich nach Caesars Tod mit Lepidus und → Octaviānus zum Triumvirat gegen die Caesarmörder. Wurde 31 v. Chr. bei → Actium von den Truppen des Octavianus besiegt und beging kurz darauf Selbstmord. | 36 |
| Apollō, Apollinis m. | Apoll; Gott der Weissagung und Dichtkunst | 13, 27 |
| Aristaeus, ī m. | Hirte, der sich in → Eurydicē, die Ehefrau des → Orpheus verliebt hatte | 28 |
| Armīnius, ī m. | Fürst des germanischen Stammes der Cherusker; er diente unter Kaiser → Tiberius zunächst im römischen Heer; vernichtete im Jahr 9 n. Chr. mit seinen Truppen die drei Legionen des römischen Statthalters → P. Quintīlius Vārus im Teutoburger Wald. | 42, 43 |
| Ascanius, ī m. | Sohn des → Aenēas, der später auch Iulus genannt wird; flieht mit seinem Vater aus Troja und gründet später in → Latium die Stadt → Alba Longa. Aus seinem Geschlecht stammen die Zwillinge Romulus und Remus. | 30 |
| Asia, ae f. | Kleinasien; seit 129 v. Chr. römische Provinz | 34 |
| Augustus, ī m. | eigentlich: C. Octāvius (63 v. Chr. – 14 n. Chr.); Großneffe des C. Iūlius → Caesar, von dem er mit 18 Jahren adoptiert wurde. Seit dieser Zeit nannte er sich C. Iūlius Caesar Octaviānus. Nach dem Tod Caesars verbündete sich Octaviānus zunächst mit M. Antōnius und besiegte mit dessen Unterstützung im Jahr 42 v. Chr. die Caesarmörder. Nach dem Sieg über Antōnius bei Actium 31 v. Chr. war Octaviānus unumschränkter Alleinherrscher (prīnceps). 27 v. Chr. verlieh ihm der Senat den Ehrentitel Augustus (der „Erhabene“). | 36, 37 |
| Aventīnus, ī m. | der Aventin; einer der sieben Hügel Roms | 11 |
| Batāvī, ōrum m. | die Bataver, germanischer Volksstamm, der in der Nähe der Rheinmündung siedelte. Unter ihrem Anführer → Iūlius Civīlis erhoben sich die Bataver im Jahr 69 n. Chr. gegen die römischen Legionen am Rhein. Der Aufstand wurde jedoch bald niedergeschlagen. | 44 |
| Bithȳnia, ae f. | Bithynien, Königreich im nordwestlichen Kleinasien, seit 74 v. Chr. römische Provinz | 34 |

| | | |
|---|---|---|
| Bovillae, ae f. | kleine Stadt in Latium, an der Via Appia, etwa 12 römische Meilen (18 km) von Rom entfernt. | 33 |
| Britannia, ae f. | Britannien, seit dem 1. Jahrhundert n. Chr. römische Provinz | 45 |
| Brūtus, ī m. | Lūcius Iūnius Brūtus, legendärer Begründer der römischen Republik und des Konsulats im Jahr 509 v. Chr. | 13 |
| C. Fabrīcius, i m. | Konsul 282 v. Chr., Zensor 275 v. Chr. Er galt als römisches Beispiel für Unbestechlichkeit und Unerschrockenheit. | 22 |
| Caesar, Caesaris m. | Cāius Iūlius Caesar (100–44 v. Chr.); römischer Politiker aus dem patrizischen Geschlecht der Julier, die sich auf → Ascanius (Iūlus), den Sohn des → Aenēās, zurückführten. Konsul 59 v. Chr.; er eroberte als Proconsul 58–51 v. Chr. Gallien (→ Gallia). Im Bürgerkrieg (49–45 v. Chr.) besiegte er → Pompēius und wurde dadurch gleichsam Alleinherrscher in Rom. Im Februar 44 v. Chr. wurde er zum Diktator auf Lebenszeit ernannt, am 15. März des Jahres dann aber von einer Opposition des Senats unter der Führung des C. Cassius und M. Iūnius Brūtus ermordet. | 34 |
| Calgācus, ī m. | Anführer des britischen Stammes der Kaledonier; im Jahr 84 n. Chr. vom römischen Feldherrn → Agricola in der Schlacht am Mons Graupius im Norden Britanniens besiegt. | 44 |
| Cambodūnum, ī n. | römische Siedlung im Gebiet der heutigen Stadt Kempten im Allgäu | P 45 |
| Campānia, ae f. | Kampanien; fruchtbare Landschaft in Mittelitalien | 20 |
| Campus Mārtius m. | das Marsfeld; Bezeichnung für die Ebene zwischen dem Tiber und dem Kapitol, in der ursprünglich die Heeresversammlungen stattfanden | 35, 40 |
| Cannae, ārum, f. | Dorf in Apulien, wo → Hannibal 216 v. Chr. in einer Schlacht dem römischen Heer eine vernichtende Niederlage zufügte. | 23 |
| Capitōlium, ī n. | das Kapitol, einer der sieben Hügel Roms, mit einer befestigten Burg und dem Tempel für die römische Göttertrias → Iuppiter, → Iūnō, → Minerva. | 9, 10, 18, 44 |
| Carneadēs, is m. | Karneades, Philosoph aus Kyrene (ca. 214–129 v. Chr.), lehrte in Athen, nahm im Jahr 155 v. Chr. an der Gesandtschaft griechischer Philosophen nach Rom teil. | 25 |
| Carthāgō, inis f. | Karthago, Stadt in Nordafrika; Hauptstadt der Karthager (→ Poenī) | 23, 24, P 30 |
| Catilīna, ae m. | Lūcius Sergius Catilīna, (108–62 v. Chr.), Senator aus einer alten patrizischen Familie. 66 v. Chr. Proprätor in der Provinz Africa, die er ausbeutete. Nach zwei gescheiterten Versuchen, zum Konsul gewählt zu werden, versuchte er im Jahr 63 v. Chr. durch die Ermordung des Konsuls | P 35 |

| | | |
|---|---|---|
| | → Cicerō, einen Umsturz herbeizuführen und so an die Macht zu kommen. Nach seiner Flucht nach Etrurien ist er dort im Kampf gegen die römischen Truppen 62 v. Chr. gefallen. | |
| Catō, Catōnis m. | Marcus Porcius Catō (234–149 v. Chr.), sittenstrenger römische Politiker, Konsul 195 v. Chr., Zensor 184 v. Chr. | P10, 24 |
| Cheruscī, ōrum m. | die Cherusker; germanischer Volksstamm, der zwischen Weser und Elbe siedelte. | 42, 43 |
| Christiānī, ōrum m. | die Christen | 39, 40, P40 |
| Christus, ī m. | „der Gesalbte"; griechische Übersetzung der hebräischen Bezeichnung „der Messias" für Jesus von Nazareth. | 39, P40 |
| Cicerō, Cicerōnis m. | Marcus Tullius Cicerō (106–43 v. Chr.), römischer Politiker aus dem Ritterstand; Anhänger und zeitweise Wortführer der Senatspartei; der größte Redner Roms; Verfasser bedeutender Schriften zu Redekunst und Philosophie. Wurde als erster seiner Familie im Jahr 63 v. Chr. zum Konsul gewählt (homō novus). In seinem Konsulat vereitelte er den Umsturzversuch des → Catilīna, dessen Verschwörung er aufdeckte. | P10, P35 |
| Cimbrī, ōrum m. | die Kimbern; germanischer Volksstamm. Drang gegen Ende des 2. Jahrhunderts v. Chr. nach Gallien und Norditalien ein und vernichtete 105 v. Chr. bei Arausio (heute: Orange) ein römisches Heer völlig; wurde 101 v. Chr. bei → Vercellae von → Marius besiegt. | 32 |
| Circus Maximus, ī m. | größte Rennbahn in Rom | 6 |
| Civīlis | Cāius Iūlius Civīlis (25–ca. 70 n. Chr.), Fürst der Bataver, der im römischen Heer als Anführer einer Einheit von Hilfstruppen diente. Im Jahr 69 n. Chr. versuchte er, durch einen Aufstand die römischen Legionen am Rhein zu vertreiben, wurde aber nach kurzer Zeit besiegt. | 44 |
| Clōdius, Clōdiī m. | Publius Clōdius Pulcher (ca. 92–52 v. Chr.), stammte aus dem Patriziergeschlecht der Claudier. Um im Jahr 58 v. Chr. Volkstribun werden zu können, ließ er sich in die Plebs aufnehmen und nannte seinen Gentilnamen von da an „Clōdius". Als Volkstribun veranlasste er im Jahr 58 die Verbannung Ciceros für dessen Vorgehen gegen → Catilina. Mithilfe seiner Gladiatorenbanden terrorisierte er Rom, bis er im Jahr 52 v. Chr. in einer Auseinandersetzung mit → Milo bei → Bovillae getötet wurde. | 33 |
| Cloelia, ae f. | römisches Mädchen, das als Geisel zu König → Porsenna geschickt wurde. | P25 |
| Concordia, ae f. | die Göttin der Eintracht. Ihr Tempel befand sich auf dem Forum in Rom. | P10 |

| | | |
|---|---|---|
| Constantīnus, ī m. | C. Flāvius Valērius Constantīnus (285–337 n. Chr.), wurde im Jahr 306 zum römischen Kaiser ausgerufen. Besiegte 312 den Gegenkaiser → Maxentius an der Milvischen Brücke vor den Toren Roms. 313 erließ er das Toleranzedikt von Mailand, durch das die Ausübung der christlichen Religion im römischen Reich offiziell anerkannt wurde. Nach dem Sieg über seinen Mitregenten Licīnius herrschte er ab 324 allein und wählte Byzanz zur Hauptstadt des römischen Reiches, die er in Konstantinopel umbenannte. | 40 |
| Corinthus, ī f. | Korinth, bedeutende griechische Handelsstadt am Isthmus, der Landenge zwischen der Peloponnes und Mittelgriechenland. | 27 |
| Coriolānus, ī m. | Coriolan, legendärer Held der Römer im Krieg gegen die Volsker (→ Volscī); begab sich nach einem Streit mit den Plebejern zu den Volskern und griff mit ihnen Rom an. | 15 |
| Cotta, ae m. | Lūcius Aurunculēius Cotta, Legat im Heer Caesars; geriet im Winter 54/53 v. Chr. gemeinsam mit dem Legaten → Sabīnus in einen Hinterhalt der Eburonen unter Ambiorix und wurde dabei getötet. | 41 |
| Crēta, ae f. | Insel im östlichen Mittelmeer | 26 |
| Danūvius, i m. | die Donau | P45 |
| Didō, Didōnis f. | sagenhafte Gründerin und Königin der Stadt → Carthāgō. Sie verliebte sich in → Aenēās, der auf seiner Flucht von Troja in Carthago landete. Als Aeneas sie verließ und nach Italien weiterfuhr, beging Dido Selbstmord. | P30 |
| Eburōnēs, Eburōnum m. | die Eburonen, gallischer Stamm, der im Gebiet zwischen Maas und Rhein siedelte. Sie überfielen im Winter 54/53 v. Chr. unter ihrem Anführer → Ambiorix die römischen Kohorten der Legaten → Cotta und → Sabīnus. | 41 |
| Epīrus, ī f. | Landschaft an der Westküste Griechenlands | 22 |
| Etruscī, ōrum m. | die Etrusker | P15, 21, P25 |
| Eurōpa, ae f. | Tochter des Königs → Agēnor aus der phönizischen Stadt Tyros | 26 |
| Eurydicē, ēs f. | Eurydike, Ehefrau des berühmten Sängers → Orpheus | 28 |
| Flāvus, ī m. | Germane aus dem Stamm der Cherusker, der als Soldat im römischen Heer diente; Bruder des → Armīnius. | 43 |
| Gallī, ōrum m. | römischer Sammelname für die keltischen Stämme | 10, 41 |

| | | |
|---|---|---|
| Gallia, ae f. | Bezeichnung der Römer für das Gebiet zwischen Rhein, Alpen, Pyrenäen und Atlantik. Die römischen Provinzen in Gallien waren zunächst eingeteilt in Gallia Cisalpīna und in Gallia Nārbōnēnsis. Das von → Caesar eroberte Gebiet Galliens wurde später die Provinz Gallia Transalpīna. | 23, 34, 41 |
| Germānī, ōrum m. | die Germanen; römische Bezeichnung für eine in viele Stämme zerfallende Völkergruppe Mittel-, Nord- und Osteuropas | 32, 42, 44 |
| Germānia, ae f. | römische Bezeichnung für die beiden linksrheinischen Provinzen Niedergermanien (Germānia inferior) und Obergermanien (Germānia superior), aber auch für das nicht unterworfene rechtsrheinische Gebiet (Germānia māgna). | 42 |
| Germānicus, ī m. | Iūlius Caesar Germānicus (15 v. Chr. – 19 n. Chr.); Sohn des Drusus und der Antonia, der im Jahr 4 n. Chr. von Kaiser → Tiberius adoptiert wurde. Führte 14 – 16 n. Chr. drei erfolgreiche Feldzüge in Germanien durch und besiegte dabei Arminius bei Idistaviso an der Weser. | 43 |
| Graecī, ōrum m. | die Griechen | 25, 26, 29, 30 |
| Graecia, ae f. | Griechenland | 13, 16 |
| Hannibal, Hannibalis m. | karthagischer Feldherr (246 – 183 v. Chr.), der mit seinen Truppen die Alpen überquerte und in Italien einmarschierte; brachte den Römern bei Cannae (216 v. Chr.) eine vernichtende Niederlage bei; wurde erst 202 v. Chr. von Publius Cornēlius Scīpiō Africānus māior bei → Zama besiegt. | 23 |
| Hector, Hectoris m. | Hektor, Sohn des trojanischen Königs Priamus, den Achill im Zweikampf getötet hat. | 30 |
| Hispānia, ae f. | Spanien; seit 198 v. Chr. römische Provinz | 23 |
| Homērus, ī m. | größter Dichter der Griechen im 8. Jh. v. Chr., unter dessen Namen die beiden Epen Ilias und Odyssee überliefert sind. | 10 |
| Iocasta, ae f. | Iokaste, Ehefrau des → Lāius, Mutter des → Oedipus | 27 |
| Italia, ae f. | Italien | 30, P 30 |
| Iudaea, ae f. | römische Provinz im heutigen Südpalästina, von → Pompēius im Jahr 63 v. Chr. erobert. | 34 |
| Iugurtha, ae m. | Jugurtha, König von Numidien (ca. 160 – 104 v. Chr.). Nach dem Tod seines Onkels, König Micipsa, übernahm er 118 v. Chr. die Herrschaft und ließ seine beiden Vettern, die unter dem Schutz Roms standen, ermorden. Die Römer erklärten ihm 111 v. Chr. den Krieg, der erst 105 v. Chr. durch → Marius beendet werden konnte. | 32 |

| | | |
|---|---|---|
| Iūnō, Iūnōnis f. | Schwester und Ehefrau des → Iuppiter, Schutzgöttin der Frauen | 9 |
| Iuppiter, Iovis m. | höchster Gott und Schützer des römischen Reiches. Entspricht in der griechischen Mythologie dem Göttervater Zeus. | 6, 9, 26, 30, P30, P45 |
| Lāius, ī m. | König von Theben und Vater des → Oedipus | 27 |
| Lānuvium, ī n. | Stadt in → Latium, an der Via Appia, heute Cività Lavinia | 33 |
| Lāocoōn, Lāocoontis m. | Priester, der die Trojaner davor warnte, das hölzerne Pferd in ihre Stadt zu ziehen. | 29 |
| Latium, ī n. | Landschaft in Mittelitalien, zwischen den Albaner- und den Sabinerbergen; Wohnsitz der Latiner | 30 |
| Māgna Graecia, ae f. | Großgriechenland; Bezeichnung für das Gebiet der griechischen Küstenstädte in Unteritalien und auf Sizilien | 22, 26 |
| C. Marius, ī m. | Cāius Marius (157–86 v. Chr.), aus dem Ritterstand; wurde aufgrund seiner hervorragenden militärischen Fähigkeiten als homō novus 107 v. Chr. zum Konsul gewählt; bekleidete dieses Amt insgesamt siebenmal. Führte eine Reform des römischen Heeres durch und besiegte 105 v. Chr. den König → Iugurtha, 101 v. Chr. bei → Vercellae die Kimbern (→ Cimbrī). | 32 |
| Mārs, Mārtis m. | der römische Kriegsgott | P15 |
| Masinissa, ae m. | König von → Numīdīa, etwa 240–149 v. Chr.; sein Angriff auf → Carthāgō löste 149 v. Chr. den dritten Punischen Krieg aus. | 24 |
| Maxentius, ī m. | Marcus Aurēlius Maxentius (um 278–312 n. Chr.), Sohn des Kaisers Maximian, wurde im Jahr 306 mit Unterstützung des römischen Senats zum Gegenkaiser Konstantins ausgerufen. Von ihm wurde er 312 in der Schlacht an der Milvischen Brücke besiegt. | 40 |
| Menēnius Agrippa, ae m. | Konsul im Jahr 503 v. Chr., sorgte im Jahr 494 v. Chr. dafür, dass die Plebejer wieder in Stadt zurückkehrten. | 14 |
| Mercūrius, ī m. | Merkur, römischer Gott; Götterbote; Schutzpatron der Reisenden, der Kaufleute, aber auch der Diebe. | 6, P30, P45 |
| Messāna, ae f. | Messina; Stadt auf Sizilien | 22 |
| Mīlo, Mīlōnis m. | T. Annius Mīlo, Volkstribun des Jahres 57 v. Chr. und Prätor des Jahres 55 v. Chr. Setzte sich für die Rückberufung Ciceros aus dem Exil ein und wurde dadurch zu einem erbitterten Gegner des → Clōdius, mit dem er sich zahlreiche Straßenkämpfe lieferte. Wurde wegen der Ermordung des Clodius angeklagt und von → Cicerō verteidigt. | 33 |

| | | |
|---|---|---|
| Minerva, ae f. | Tochter des → Iuppiter, Göttin der Weisheit, der Künste und Wissenschaften, des Handwerks. Entspricht in der griechischen Mythologie der Göttin Athene. | 6, 9, 29 |
| Mithridātēs, Mithridātis m. | Mithridātēs VI. Eupator (120–63 v. Chr.), König von → Pontus, einer der größten Gegner Roms im Osten. Er wurde nach drei langen Kriegen im Jahr 63 v. Chr. von → Pompēius besiegt. | 34 |
| mōns Sacer, Sacri m. | der Heilige Berg; Hügel im Norden der Stadt Rom. Dorthin zogen im Jahr 494 v. Chr. die Plebejer, um ihren Forderungen Nachdruck zu verleihen. | 14 |
| Mūcius Scaevola | Cāius Mūcius Scaevola; legendärer Held der Römer im Krieg gegen → Porsenna. | 21, P25 |
| Mulvius pōns, pontis m. | die Milvische Brücke über den Tiber an der Via Flaminia, nördlich von Rom. Hier fand im Jahr 312 die Schlacht zwischen den Kaisern Konstantin und Maxentius statt. | 40 |
| Nerō, Nerōnis m. | L. Domitius Ahēnobarbus Nerō (37–68 n. Chr.), seit 54 n. Chr. römischer Kaiser. Nach kurzer Zeit begann eine Schreckensherrschaft, in der Nero u. a. zuerst seine Mutter, dann seine Ehefrau Octavia ermorden ließ. Im Zusammenhang mit dem Brand Roms im Jahr 64 ließ er viele Christen als vermeintliche Brandstifter hinrichten. Im Jahr 68 wurde Nero bei einem Aufstand verschiedener Provinzstatthalter schließlich vom Senat zum Staatsfeind erklärt und beging Selbstmord. Mit Nero endete die julisch-claudische Dynastie. | 39 |
| Numīdīa, ae f. | Numidien; Land südlich von → Carthāgō, im Gebiet des heutigen Ostalgerien. | 24 |
| Oceanus, ī m. | der Ozean; römische Bezeichnung für die Nordsee und den Atlantischen Ozean westlich von Spanien und Frankreich. | 34, P45 |
| Octaviānus, ī m. | → Augustus | 36 |
| Oedipus, ī m. | Sohn des → Lāius und der → Iocasta; wurde als Kind von seinen Eltern ausgesetzt. Durch ein unglückliches Orakel wurde er gegen seinen Willen zum Mörder seines Vaters. Als er die Stadt Theben vor der Bedrohung durch die Sphinx gerettet hatte, erhielt er ohne sein Wissen seine eigene Mutter zur Ehefrau. | 27 |
| Orpheus, ī m. | der berühmteste Sänger und Musiker der Antike. Sohn des thrakischen Königs Oiagros und der Muse Kalliope. | 28 |
| Ōstia, ae f. | Hafenstadt Roms an der Tibermündung | 19 |

| | | |
|---|---|---|
| Ovīdius, ī m. | P. Ovīdius Nāsō (43 v. Chr.–17/18 n. Chr.), römischer Ritter aus Sulmo bei Rom, wo er eine senatorische Laufbahn begann. Schon bald widmete er sich aber nur noch der Dichtkunst. Zu seinen wichtigsten Werken zählen die Liebesdichtungen Amores und Ars amatoria und das Epos Metamorphosen. Im Jahr 8 n. Chr. wurde Ovid von → Augustus lebenslänglich nach Tomi am Schwarzen Meer verbannt. Die Gründe sind bis heute nicht geklärt. Über sein Schicksal in der Verbannung berichtet Ovid in seinen Gedichten Tristia und Epistulae ex Ponto. | 37 |
| Palātium, ī n. | der Palatin; einer der sieben Hügel Roms | 11 |
| Plīnius, ī m. | C. Plīnius Caecīlius Secundus, der Jüngere (62–etwa 113 n. Chr.), geboren in Cōmum (heute: Como in Oberitalien); römischer Beamter und Schriftsteller. Konsul im Jahr 100; verwaltete seit 111 als kaiserlicher Statthalter die römische Provinz → Bithȳnia und stand deswegen in regem Briefwechsel mit dem Kaiser → Trāiānus. | P 40 |
| Plūto, Plūtōnis m. | Bruder des Jupiter, König der Unterwelt und Ehemann der → Proserpina | 28 |
| Phaedrus, ī m. | römischer Fabeldichter (ca. 15 v. Chr.–45 n. Chr.), Freigelassener des Augustus. Begründete mit seinen fünf Büchern fābulae Aesōpiae die Gattung der Fabel in Rom. | 38 |
| Poenī, ōrum m | die Punier; antiker Name der Karthager | 23, 24 |
| Polybius, ī m. | Polybios (ca. 200–120 v. Chr.), griechischer Geschichtsschreiber; kam 167 v. Chr. nach Rom; war eng befreundet mit → P. Cornēlius Scīpiō Africānus minor, dessen Lehrer er wurde. | 31 |
| Polybus, ī m. | König von → Corinthus | 27 |
| Pompēius, ī m. | Cnaeus Pompēius Māgnus (106–48 v. Chr.), römischer Feldherr und Politiker auf der Seite der Optimaten. Konsul im Jahr 70 v. Chr. Besiegte im Jahr 67 v. Chr. in kurzer Zeit die Seeräuber, danach den König → Mithridātēs und ordnet die römische Herrschaft in Kleinasien durch die Einrichtung neuer Provinzen. Schloss im Jahr 60 v. Chr. gemeinsam mit → Caesar und Crassus das Triumvirat, stellte sich aber im Bürgerkrieg (ab 49 v. Chr.) gegen Caesar und übernahm den Oberbefehl über die Truppen des Senats. 48 v. Chr. von Caesar bei Pharsalos geschlagen und auf der Flucht in Ägypten ermordet. | 34 |
| Pontus, ī m. | Königreich an der Nordküste Kleinasiens am Südostrand des Schwarzen Meeres. Nach dem Sieg des → Pompēius über → Mithridātēs wurde es römische Provinz. | 34 |
| Porsenna, ae m. | König der etruskischen Stadt Clūsium; belagerte im Jahr 508 v. Chr. Rom. | 21, P 25 |

| | | |
|---|---|---|
| Prōserpina, ae f. | Tochter der Cerēs und des → Iuppiter; Königin der Unterwelt, die sie gemeinsam mit → Plūto regiert. | 28 |
| Pyrrhus, ī m. | König von → Epīrus (319/18–272 v. Chr.); setzte 280 v. Chr. auf Bitten der Einwohner der Stadt → Tarentum nach Italien über und führte Krieg gegen die Römer. | 22 |
| Pȳthia, ae f. | die Pythia, Priesterin des Gottes Apoll in Delphi | 13 |
| Rēmus, ī m. | Zwillingsbruder des → Rōmulus | 11 |
| Rhēnus, ī m. | der Rhein | P 45 |
| Rōmulus, ī m. | sagenhafter Gründer Roms; Sohn des Gottes Mars und der Rea Silvia. | 11, 12 |
| Rubicō, Rubicōnis m. | kleiner Fluss, der südlich von Ravenna in die Adria mündet. Er galt als natürliche Grenze zwischen → Italia und → Gallia Cisalpīna. | 34 |
| Sabīni, ōrum m. | die Sabiner; italischer Stamm in den Sabiner Bergen des Apennins. | 12 |
| Sabīnus, ī m. | Quīntus Titurius Sabīnus, Legat im Herr → Caesars; hatte im Winter 54/53 v. Chr. gemeinsam mit dem Legaten → Cotta ein Lager im Gebiet der Eburonen bezogen; geriet dort in einen Hinterhalt des → Ambiorix und wurde dabei getötet. | 41 |
| Sāturnus, i m. | Saturn; altrömischer Gott der Saaten und des Ackerbaus; sein Tempel befand sich auf dem Forum. | P 10 |
| Scīpiō, ōnis m. | Publius Cornēlius Scīpiō Africānus minor (ca. 185–129 v. Chr.); Konsul 147 und 134 v. Chr.; eroberte und zerstörte 146 v. Chr. im 3. Punischen Krieg Karthago. Freund und Schüler des griechischen Geschichtsschreibers → Polybius. | 23, 31 |
| Sicilia, ae f. | Sizilien; seit 238 v. Chr. erste römische Provinz. | 16, 19 |
| Sinon, Sinōnis m. | Name des griechischen Helden, der die Trojaner überredete, das hölzerne Pferd als Weihegeschenk anzunehmen. | 29 |
| Sphinx, Sphingis f. | die Sphinx; ein Ungeheuer mit dem Körper eines geflügelten Löwen und dem Kopf einer Frau. Sie bedrohte die Stadt Theben, indem sie alle Menschen, die ihr Rätsel nicht lösen konnten, fraß. | 28 |
| Syrācūsae, ārum f. | Syrakus; Stadt auf der Insel Sizilien. | 22 |
| Syria, ae f. | Syrien, im Jahr 64 v. Chr. von → Pompēius zur römischen Provinz gemacht. | 34 |
| Tarentīnī, ōrum m. | die Tarentiner; Einwohner der Stadt → Tarentum. | 22 |

| | | |
|---|---|---|
| Tarentum ī n. | Tarent; Stadt in Unteritalien | 22 |
| Tarquinius Superbus, ī m. | der Sage nach siebter und letzter König Roms; von → L. Iūnius Brūtus im Jahr 510 v. Chr. aus der Stadt vertrieben. | 13 |
| Tartarus, ī m. | der Tartarus, die Unterwelt | 28 |
| Thēbae, ārum f. | Theben, Stadt in Böotien, Griechenland | 27 |
| Thēbānī, ōrum m. | die Thebaner, die Einwohner der Stadt Theben | 28 |
| Tiberis, Tiberis m. | der (Fluss) Tiber | 40 |
| Tiberius, ī m. | Tiberius Iulius Caesar Augustus (42 v. – 37 n. Chr.) römischer Kaiser seit 14 n. Chr. | 18 |
| Tigrānēs, is m. | Tigranes I. (95 – ca. 55 v. Chr.), König von Armenien; verbündet mit → Mithridātēs VI. von Pontus. | 34 |
| Trāiānus, ī m. | Marcus Ulpius Trāiānus (53 – 117 n. Chr.); stammte aus einer Senatorenfamilie aus Itālica (Spanien); Konsul im Jahr 91, danach Statthalter in Obergermanien (97). Im selben Jahr von Kaiser Nerva adoptiert, dessen Nachfolger er im Jahr 98 wurde. Durch die Eroberungen Trajans erreichte das Imperium Rōmānum seine größte Ausdehnung. Sein Briefwechsel mit → Plīnius gibt einen Einblick in die Probleme der römischen Provinzialverwaltung zu Beginn des 2. Jahrhunderts. | P 40 |
| Trōia, ae f. | Troja, heute Hisarlık. Antike Stadt im Nordwesten Kleinasiens, wo der sagenhafte Krieg zwischen den Griechen und den Trojanern stattgefunden haben soll. | 29, 30 |
| Trōiānī, ōrum m. | die Trojaner, Einwohner der Stadt Troja | 29, 30, P 30 |
| Ulixes, Ulixis m. | Lateinischer Name des Odysseus. König von Ithaka, der am Krieg vor Troja teilnahm und nach einer zehnjährigen Irrfahrt nach Hause zurückkehrte. | 29 |
| Vārus, ī m. | Publius Quīntīlius Vārus (47/46 v. – 9 n. Chr.), Konsul 13 v. Chr.; seit dem Jahr 6 n. Chr. römischer Statthalter in Germanien; wurde im Jahr 9 n. Chr. mit seinen drei Legionen vom Cheruskerfürsten → Armīnius im Teutoburger Wald vernichtend geschlagen und beging daher Selbstmord. | 42 |
| Venus, Veneris f. | Venus, die Göttin der Liebe und der Schönheit. Mutter des Trojaners → Aenēās. Entspricht in der griechischen Mythologie der Göttin Aphrodite. | P 15, 30 |

| | | |
|---|---|---|
| Vercellae, ārum f. | Ort in der Nähe des heutigen Ferrara (Oberitalien). Dort fand im Jahr 101 v. Chr. die entscheidende Schlacht gegen die Kimbern statt, die nach Norditalien eingedrungen waren. | 32 |
| Vergilius, ī m. | Pūblius Vergilius Maro (Vergil), 70–19 v. Chr.; römischer Dichter und Verfasser des römischen Epos Aeneis. | 10 |
| Vesta, ae, f. | die Göttin des Herdfeuers | P 10 |
| Vetūria, ae f. | Mutter des → Coriolānus | 15 |
| Vīsurgis, is m. | die Weser | 43 |
| Volscī, ōrum | die Volsker, italischer Volksstamm in Latium | 15 |
| Volumnia, ae f. | Ehefrau des → Coriolānus | 15 |
| Zama, ae f. | Stadt in Nordafrika; hier besiegte → Publius Cornēlius Scīpiō Africānus māior 202 v. Chr. die Truppen des → Hannibal. | 23 |

# Vokabelverzeichnis (Lektionen 1–45)

(Angegeben ist jeweils die Lektion, in der die Vokabel erstmals auftritt.
Hinweis: P15 = Plateaulektion nach Lektion 15 etc.)

| | | |
|---|---|---|
| ā, ab (Präp. mit Abl.) | von, von ... her | 9 |
| abdūcere, abdūcō, abdūxī, abductum | wegführen, abbringen | 15, P15, 37 |
| abesse, absum, āfuī | abwesend sein, entfernt sein, fehlen | 14, 16 |
| abicere, abiciō, abiēcī, abiectum | wegwerfen, niederlegen | 41 |
| abīre, abeō, abiī | weggehen | 26 |
| ac profectō | und wirklich; und tatsächlich | 21 |
| accēdere, accēdō, accessī, accessum | herantreten, hinzukommen | 35, 37 |
| accidere, accidit, accidit | geschehen, sich ereignen | 40 |
| accipere, accipiō, accēpī, acceptum | annehmen, aufnehmen | 22, P25, 38 |
| accūsāre | anklagen | 8 |
| incendiī accūsāre | (jemanden) der Brandstiftung anklagen | 39 |
| ācer, ācris, ācre | scharf, heftig, eifrig | 20 |
| ācrī animō | mit Begeisterung | 20 |
| aciēs, aciēī f. | die Schlacht(reihe); die Schärfe | 40 |
| ad (Präp. mit Akk.) | zu, bis zu, bei | 9 |
| addere, addō, addidī, additum | hinzufügen, ergänzen | 19, P20, 39 |
| adesse, adsum, affuī | da sein; mit Dativ: (jemandem) helfen | 7, 16 |
| adhibēre, adhibeō, adhibuī, adhibitum | anwenden, hinzuziehen | 12, P15, 40 |
| adhūc (Adv.) | bisher, bis jetzt | 8 |
| adīre, adeō, adiī | herangehen, aufsuchen, angreifen | 20, P20 |
| adiuvāre, adiuvō, adiūvī, adiūtum (mit Akk.) | (jemanden) unterstützen, (jemandem) helfen | 5, P15, 43 |
| adulēscēns, adulēscentis m. | der junge Mann (zwischen 18 und 25 Jahren) | 21 |
| adventus, adventūs m. | die Ankunft | 41 |
| adversārius, ī m. | der Gegner, Feind | 10 |
| adversus, a, um | entgegengesetzt, feindlich | 30 |
| aedificāre | bauen, erbauen | 8 |

| | | |
|---|---|---|
| aedificium, ī n. | das Gebäude | 8 |
| aeger, aegra, aegrum | krank, erschöpft | 20 |
| aes, aeris n.<br>aes aliēnum | das Geld, das Erz<br>die Schulden | 14 |
| afferre, afferō, attulī, allātum | herbeitragen, hinzufügen | 26, 38 |
| afficere, afficiō, affēcī, affectum | (mit etwas) versehen, behandeln | 35, 38 |
| curīs afficere | (jemanden) in Sorge versetzen; (jemandem) Sorgen bereiten | 35 |
| suppliciō afficere | (jemanden) hinrichten, mit dem Tode bestrafen | 39 |
| ager, agrī m. | der Acker, das Feld | 14 |
| agere, agō, ēgī, āctum | handeln, verhandeln, betreiben | 11, P15, 37 |
| id agere, ut (mit Konjunktiv) | sich darum kümmern, dass | 30 |
| Sāturnālia agere | die Saturnalien feiern | 17 |
| āgmen, āgminis n. | der Heereszug | 18 |
| alere, alō, aluī | ernähren, großziehen | 27 |
| aliquandō (Adv.) | irgendwann, einst | 13 |
| alius, alia, aliud | ein anderer | 21 |
| alter, altera, alterum | der eine (von zweien), der andere | 34 |
| altus, a, um | hoch, tief | 8 |
| amāre | lieben, gern haben | 4 |
| ambō, ambae, ambō | beide (zusammen) | 43 |
| ambulāre | spazieren gehen | 2 |
| amīca, ae f. | die Freundin | 26 |
| amīcitia, ae f. | die Freundschaft | 38 |
| amīcus, ī m. | der Freund | 2 |
| amittere, amittō, amīsī, amissum | verlieren | 22, P25, 37 |
| amoenus, a, um | schön, lieblich, hübsch | 20 |
| amplus, a, um | weit, groß; großartig, prächtig | 18 |
| an | oder (in der Frage) | 15 |
| animadvertere, animadvertō, animadvertī, animadversum | wahrnehmen, bemerken | 41 |
| animal, animālis n., Abl. Sg. animālī; Nom./ Akk. Pl. animālia, Gen. Pl. animālium | das Tier, Lebewesen | 38 |

| | | |
|---|---|---|
| animus, ī m. | das Herz, der Sinn, der Mut, der Geist | 15 |
| bonō animō esse | guten Mutes sein | 30 |
| annus, ī m. | das Jahr | 12 |
| ante (Präp.mit Akk.) | vor | 9 |
| anteā (Adv.) | früher, vorher | 13 |
| antīquus, a, um | alt | 8 |
| aperīre, aperiō, aperuī, apertum | öffnen, aufdecken | 29, 40 |
| appārēre, appāreō, appāruī | erscheinen, auftauchen, sich zeigen | 5, 13, P15 |
| appellāre | nennen, ansprechen, ernennen zu | 36 |
| apportāre | herbeitragen, herbeischaffen | 3 |
| appropinquāre | sich nähern, herankommen | 1 |
| apud (Präp. mit Akk.) | bei | 45 |
| aqua, ae f. | das Wasser | 4 |
| āra, ae, f. | der Altar | 9 |
| arcēre, arceō, arcuī | fernhalten, abwehren | 10, 14, P15 |
| arcessere, arcessō, arcessīvī, arcessītum | (jemanden) herbeiholen, herbeikommen lassen | 27, 41 |
| ardēre, ardeō, arsī | brennen, entbrannt sein | 20, P20 |
| arēna, ae f. | der Sand, die Arena, der Kampfplatz | 16 |
| arma, ōrum n. | die Waffen | 11 |
| ascendere, ascendō, ascendī, ascēnsum | besteigen; hinaufsteigen, emporsteigen | 18, P20, 42 |
| asper, aspera, asperum | rau, schroff, mühsam | 23 |
| at | aber, jedoch | 39 |
| atque, ac | und (dazu); und auch | 17 |
| ātrium, ī n. | die Eingangshalle (das Atrium) | 4 |
| auctōritās, auctōritātis f. | das Ansehen, der Einfluss, die Macht | 34 |
| audācia, ae f. | die Kühnheit, der Wagemut | 10 |
| audāx, audācis | waghalsig, kühn, furchtlos | 22 |
| audīre, audiō, audīvī, audītum | hören | 3, 13, P15, 39 |
| auferre, auferō, abstulī, ablātum | wegtragen, wegbringen | 26, 38 |
| augēre, augeō, auxī, auctum | vermehren, vergrößern, fördern | 34, 41 |

| | | |
|---|---|---|
| aut | oder | 31 |
| aut ... aut | entweder ... oder | 15 |
| autem (Adv.; nachgestellt) | aber | 3 |
| auxilium, ī n. | die Hilfe, Unterstützung | 11 |
| auxilium ā deīs petere | die Götter um Hilfe bitten | 11 |
| avāritia, ae f. | die Habgier, der Geiz | 45 |
| avē! | sei gegrüßt!; lebe wohl! | 18 |
| avia, ae f. | die Großmutter | 20 |
| avus, ī m. | der Großvater | 20 |
| barbarus, a, um | fremd; ungebildet; barbarisch | 32 |
| barbarus, ī m. | der Ausländer; Barbar | 32 |
| bellum, ī n. | der Krieg, Kampf | 14 |
| bene (Adv.) | gut | 17 |
| bibere, bibō, bibī | trinken | 17, P20 |
| bonus, a, um | gut, tüchtig | 7 |
| brevis, breve | kurz, klein | 22 |
| caedere, caedo, cecīdī, caesum | fällen, niederhauen, töten | 33, 39 |
| caedēs, caedis f. | das Morden, das Blutbad | 42 |
| caelum, ī n. | der Himmel | 11 |
| calamitās, calamitātis f. | das Unglück, die Niederlage | 13 |
| calamitātem īnferre | (jemandem) Unglück bringen, (jemanden) ins Unglück stürzen | 27 |
| callidus, a, um | schlau, gewitzt | 13 |
| canere, canō, cecinī | singen; ertönen | 39 |
| capere, capiō, cēpī, captum | fassen, ergreifen, erobern | 11, P15, 38 |
| arma capere | die Waffen ergreifen, zu den Waffen greifen | 11 |
| cōnsilium capere | einen Plan fassen | 11 |
| Capitōlium, ī n. | das Kapitol (einer der sieben Hügel Roms mit dem Tempel Jupiters) | 9 |
| captīvus, ī m. | der (Kriegs)gefangene | 8 |
| carēre, careō, caruī (mit Abl.) | (etwas) entbehren, (etwas) nicht haben | 8, P15 |
| carmen, carminis n. | das Lied, Gedicht | 28 |
| castra, ōrum n. (Pluralwort) | das Lager | 15 |

| | | |
|---|---|---|
| cāsū (Adv.) | aus Zufall, zufällig | 27 |
| causa, ae f. | die Angelegenheit, der Sachverhalt; der Grund, die Ursache; der Prozess | 17 |
| celebrāre | feiern | 6 |
| celer, celeris, celere | schnell | 20 |
| cēna, ae f. | das Essen, die Mahlzeit | 4 |
| cēnāre | essen, speisen | 2 |
| centum (indekl.) | hundert | 7 |
| certē (Adv.) | sicher, gewiss | 27 |
| certus, a, um | sicher, gewiss | 31 |
| cessāre | zögern, sich nicht beeilen | 1 |
| cēterī, ae, a | die übrigen | 7 |
| cibus, ī m. | die Speise, Nahrung, Plur.: die Lebensmittel | 4 |
| circumdare, circumdō, circumdedi, circumdatum | umgeben, herumlegen | 11, P 20, 37 |
| circumvenīre, circumveniō, circumvēnī, circumventum | umzingeln; umgeben | 41 |
| circus, ī m. | der Zirkus, die Rennbahn | 6 |
| cīvīlis, cīvīle | bürgerlich, Bürger- | 34 |
| cīvis, cīvis m. | der Bürger | 18 |
| cīvītās, cīvītātis f. | die Bürgerschaft, der Staat | 13 |
| clādēs, clādis f. | die Niederlage | 22 |
| clam (Adv.) | heimlich | 13 |
| clāmāre | schreien, laut rufen | 5 |
| clāmor, clamōris m. | das Geschrei | 12 |
| clārus, a, um | hell, klar, berühmt | 9 |
| cōgere, cōgō, coēgi, coāctum | zusammenbringen; zwingen | 23, P 25, 37 |
| cōgitāre | denken, überlegen | 13 |
| cōgnōscere, cōgnōscō, cōgnōvī, cōgnitum | kennenlernen, erkennen | 16, P 20, 42 |
| cohors, cohortis f. | die Kohorte (10. Teil einer Legion) | 41 |
| colere, colō, coluī, cultum | bebauen, pflegen, verehren | 14, P 15, 39 |

| | | |
|---|---|---|
| agrōs colere | die Äcker bebauen | 14 |
| deōs colere | die Götter verehren | 14 |
| collocāre | aufstellen, errichten | 40 |
| castra collocāre | ein Lager aufstellen, errichten | 40 |
| comes, comitis m. | der Gefährte, Begleiter | 30 |
| commemorāre | in Erinnerung rufen, erwähnen | 31 |
| committere, committō, commīsī, commissum | zusammenbringen, übergeben, anvertrauen | 34, 37 |
| bellum committere | einen Krieg beginnen | 34 |
| proelium committere | eine Schlacht beginnen | 40 |
| scelus committere | ein Verbrechen begehen | 36 |
| commovēre, commoveō, commōvī, commōtum | bewegen, antreiben, erregen, erschüttern | 31, 37 |
| comparāre (cum) | erwerben, (vor)bereiten; vergleichen (mit) | 34 |
| comperīre, comperiō, comperī, compertum | erfahren | 19, P 20, 40 |
| complēre, compleō, complēvī, complētum | anfüllen, erfüllen, vollenden | 32, 41 |
| complūrēs, complūrium | mehrere, ziemlich viele | 22 |
| comprehendere, comprehendō, comprehendī, comprehēnsum | erfassen, ergreifen, verhaften | 39 |
| condere, condō, condidī, conditum | gründen, erbauen; aufbewahren, verbergen | 11, P 20, 39 |
| oppidum condere | eine Stadt gründen | 11 |
| condiciō, condiciōnis f. | die Bedingung, Lage | 28 |
| condiciōnem pōnere | (jemandem) eine Bedingung stellen, auferlegen | 28 |
| sē conferre, conferō, contulī | sich (wohin) begeben | 30 |
| cōnficere, cōnficiō, cōnfēcī, cōnfectum | zustande bringen, vollenden; aufreiben | 36, 38 |
| bellum cōnficere | einen Krieg beenden | 36 |
| cōnfīrmāre | stärken, (be)festigen; (fest) versichern | 40 |
| conicere, coniciō, coniēcī, coniectum | schleudern, werfen; vermuten | 41 |
| coniungere, coniungō, coniūnxī, coniūnctum | verbinden, vereinigen | 44 |
| coniūnx, coniugis m./f. | der Ehemann/die Ehefrau | 37 |
| coniūrātiō, coniūrātiōnis f. | die Verschwörung | 44 |

| | | |
|---|---|---|
| conscrībere, conscrībō, conscrīpsī, conscrīptum | in eine Liste eintragen, verfassen | 23, P 25, 37 |
| copiās conscrībere | Truppen ausheben | 23 |
| conservāre | bewahren, erhalten; retten | 31 |
| cōnsīdere, cōnsīdō, cōnsēdī | sich niederlassen, sich setzen | 26 |
| cōnsilium, ī n. | der Rat, Plan, Beschluss | 11 |
| cōnsistere, cōnsistō, cōnstitī | sich hinstellen, haltmachen | 28 |
| cōnstat | es steht fest, es ist bekannt | 19 |
| cōnstituere, cōnstituō, cōnstituī, constitūtum | festsetzen, beschließen | 27, 42 |
| cōnsul, cōnsulis m. | der Konsul | 22 |
| cōnsulātus, cōnsulātūs m. | das Konsulat | 32 |
| cōnsulere, cōnsulō, cōnsuluī, cōnsultum | (mit Akk.) jemanden um Rat fragen<br>(mit Dat.) für jemanden sorgen | 13, P 15, 32, 43 |
| contendere, contendō, contendī, contentum | sich anstrengen; eilen; kämpfen | 11, P 20, 41 |
| dē rēgnō contendere | um die Herrschaft kämpfen | 11 |
| contingere, contingit, contigit | gelingen, zuteil werden | 40 |
| contrā (mit Akk.) | gegen | 24 |
| convenīre, conveniō, convēnī, conventum | zusammenkommen; mit Akk.: (jemanden) treffen | 7, P 15, 39 |
| amīcōs convenīre | die Freunde treffen, mit den Freunden zusammenkommen | 7 |
| in forum convenīre | auf dem Forum zusammenkommen | 18 |
| convīva, ae m. | der Gast | 4 |
| convīvium, ī n. | das Gastmahl, Festessen | 4 |
| convocāre | zusammenrufen | 29 |
| cōpia, ae f. | die Menge (im Plural: Truppen) | 6 |
| cōpia equōrum | eine Menge Pferde | 6 |
| corpus, corporis n. | Körper | 14 |
| corrumpere, corrumpō, corrūpī, corruptum | verderben, bestechen | 22, P 25, 43 |
| creāre | verursachen, erschaffen, wählen | 31 |
| crēdere, crēdō, crēdidī, crēditum | glauben; (an)vertrauen | 17, P 20, 39 |
| crēscere, crēscō, crēvī | wachsen | 22, P 25 |

| | | |
|---|---|---|
| crīmen, crīminis n. | die Anklage, der Vorwurf; das Verbrechen | 39 |
| crīminī dare | (jemandem etwas) zum Vorwurf machen | 39 |
| crūdēlis, crūdēle | grausam | 39 |
| cum (Präp. mit Abl.) | mit, zusammen mit | 10 |
| cum (Subjunktion mit Indikativ) | immer wenn; sooft | 32 |
| cum (Subjunktion mit Indikativ) | (damals) als; (dann) wenn | 23 |
| cum (Subjunktion mit Indikativ) | als (plötzlich) | 28 |
| cum (Subjunktion mit Konjunktiv) | als, nachdem; weil; während (dagegen) | 33 |
| cupere, cupiō, cupīvī, cupītum | wünschen, begehren | 11, P15, 39 |
| cupidus, a, um (mit Gen.) | (be)gierig (nach etwas) | 45 |
| cupidus proeliī | kampfeswütig | 45 |
| cūr? | warum? | 1 |
| cūra, ae f. | die Sorge | 5 |
| cūrāre | besorgen, sorgen für | 40 |
| currere, currō, cucurrī | eilen, laufen, rennen | 17, P20 |
| currus, currūs m. | der Wagen | 33 |
| cursus, cursūs m. | der Lauf; die Bahn; die Laufbahn | 32 |
| dare, dō, dedī, datum | geben | 7, 17, P20, 37 |
| facultātem dare | (jemandem) die Möglichkeit geben | 43 |
| dē (Präp. mit Abl.) | von; von ... herab; über | 9 |
| dea, ae f. | die Göttin | 6 |
| dēbere, dēbeō, dēbuī, dēbitum | müssen | 3, P15, 40 |
| dēcernere, dēcernō, dēcrēvī, dēcrētum | entscheiden, beschließen | 35, 41 |
| dēcipere, dēcipiō, dēcēpī,dēceptum | täuschen, betrügen, hintergehen | 42 |
| dēdere, dēdō, dēdidī, dēditum | übergeben, ausliefern | 43 |
| sē dēdere | sich ergeben, kapitulieren | 43 |
| dēesse, dēsum, dēfuī | fehlen, nicht vorhanden sein | 16 |
| dēfendere, dēfendō, dēfendī, dēfēnsum | verteidigen | 18, P20, 42 |
| dēferre, dēferō, dētulī, dēlātum | (hinab)tragen, -bringen, darbieten | 34, 38 |
| cōnsulātum dēferre | (jemandem) das Konsulat übertragen | 34 |
| dēficere, dēficiō, dēfēcī, dēfectum | abnehmen, fehlen; abfallen | 42 |

| | | |
|---|---|---|
| animō dēficere | den Mut sinken lassen, mutlos werden | 42 |
| deinde (Adv.) | dann, darauf; ferner | 17 |
| dēlectāre | erfreuen | 36 |
| dēlēre, dēleō, dēlēvī, dēlētum | vernichten, zerstören | 10, P15, 39 |
| dēmōnstrāre | (auf)zeigen, darlegen | 8 |
| dēmum (Adv.) | endlich; erst | 41 |
| dēnique (Adv.) | schließlich, endlich | 11 |
| dēpōnere, dēpōnō, dēposuī, dēpositum | niederlegen, aufgeben | 15, P15, 41 |
| dēscendere, dēscendō, dēscendī | herabsteigen | 41 |
| dēserere, dēserō, dēseruī, dēsertum | verlassen, im Stich lassen | 30, 43 |
| dēsīderāre | wünschen, verlangen; vermissen | 18 |
| dēsilīre, dēsiliō, dēsiluī | herabspringen, hinabspringen | 33 |
| dēspērāre | verzweifeln, die Hoffnung aufgeben | 21 |
| deus, ī m. | der Gott | 6 |
| dēvincere, dēvincō, dēvīcī, dēvictum | (völlig) besiegen | 32, 43 |
| dexter, dext(e)ra, dext(e)rum | rechts; günstig | 9 |
| dext(e)ram iungere | die (rechte) Hand geben | 35 |
| dīcere, dīcō, dīxī, dictum | sagen, sprechen; mit dopp. Akk.: (jemanden) ernennen zu | 15, P15, 31, 39 |
| diēs, diēī m., f. | der Tag, f.: der Termin | 29 |
| difficilis, difficile | schwierig, schwer (zu tun) | 44 |
| dīmittere, dīmittō, dīmīsī | entsenden, entlassen, aufgeben | 15, P15 |
| discēdere, discēdō, discessī, discessum | auseinandergehen, weggehen | 31, 37 |
| ē vītā discēdere | sterben | 31 |
| disciplīna, ae f. | die Disziplin, Ordnung | 32 |
| discipulus, ī m. | der Schüler | 10 |
| discordia, ae f. | die Zwietracht, Uneinigkeit | 36 |
| disserere, disserō, disseruī | sprechen über, erörtern | 29 |
| diū (Adv.) | lange | 1 |
| dīves, dīvitis | reich | 45 |
| dīvidere, dīvidō, dīvīsī, dīvīsum | trennen, teilen, verteilen | 38 |
| dīvīnus, a, um | göttlich | 40 |

| | | |
|---|---|---|
| dīvitiae, ārum f. | der Reichtum | 24 |
| docēre, doceō, docuī, doctum | lehren, unterrichten | 38 |
| dolēre, doleō, doluī | Schmerzen empfinden, traurig sein | 26 |
| dolor, dolōris m. | der Schmerz | 12 |
| dolus, ī m. | die List | 12 |
| dolum adhibēre | eine List anwenden | 12 |
| domī | zu Hause | 35 |
| domina, ae f. | die Herrin, Ehefrau | 1 |
| dominus, ī m. | der Herr, Hausherr | 1 |
| domum | nach Hause | 33 |
| domus, domūs f. | das Haus, Gebäude | 33 |
| donum, ī n. | das Geschenk | 9 |
| dormīre, dormiō, dormīvī | schlafen | 2, P15 |
| dubitāre | zweifeln, zögern | 35 |
| dūcere, dūcō, dūxī, ductum | führen, ziehen; mit dopp. Akk.: (jemanden) halten für | 15, P15, 31, 37 |
| dum (Subjunktion mit Ind. Präsens) | während | 14 |
| dux, ducis m. | der Führer | 23 |
| ē, ex (Präp. mit Abl.) | aus, aus ... heraus | 19 |
| ecce! | siehe da! schau! | 5 |
| ēdūcere, ēdūcō, ēdūxī, ēductum | herausführen, herausziehen | 33, 37 |
| gladium ēdūcere | das Schwert zücken | 33 |
| effugere, effugiō, effūgī | entfliehen, entkommen | 42 |
| egēre, egeō, eguī (mit Abl.) | Mangel (an etwas) haben, etwas entbehren | 14, P15 |
| egēre cibō | keine Nahrung haben | 14 |
| ego | ich | 11 |
| ēgregius, a, um | herausragend, hervorragend, ausgezeichnet | 31 |
| ēloquentia, ae f. | die Redekunst; die Beredsamkeit | 8 |
| ēloquentiae studēre | Redekunst studieren | 25 |
| emere, emō, ēmī, ēmptum | kaufen | 16, P20, 43 |
| enim | denn, nämlich | 3 |
| epistula, ae f. | der Brief | 5 |

| | | |
|---|---|---|
| equidem | (ich) allerdings, zumindest | 39 |
| equus, ī m. | das Pferd | 6 |
| ergō (Adv.) | folglich, also | 19 |
| ēripere, ēripiō, ēripuī, ereptum | entreißen | 12, P15, 43 |
| errāre | sich irren, herum irren | 28 |
| error, errōris m. | der Irrtum, die Irrfahrt | 37 |
| in errōrem indūcere | (jemanden) zu einem Fehler verleiten | 37 |
| esse, sum, fuī | sein | 7, 13, P15 |
| est | er, sie, es ist | 1 |
| et | und | 1 |
| et ... et | sowohl ... als auch | 32 |
| etiam | auch; sogar | 1 |
| etsī | auch wenn, obwohl | 33 |
| excitāre | aufwecken, antreiben | 10 |
| īram deōrum excitāre | den Zorn der Götter erregen | 27 |
| exclāmāre | aufschreien; ausrufen | 37 |
| exemplum, ī n. | das Beispiel, Vorbild | 31 |
| exercitus, exercitūs m. | das Heer | 32 |
| exīre, exeō, exiī | herausgehen | 20, P20 |
| exīstimāre | urteilen, meinen | 35 |
| expellere, expellō, expulī, expulsum | vertreiben, verbannen | 40 |
| explicāre | erklären, darlegen | 2 |
| expōnere, expōnō, exposuī, expositum | aussetzen, ausstellen | 27, 41 |
| expūgnāre | erobern | 24 |
| exspectāre | warten, (jemanden oder etwas) erwarten | 1 |
| fābula, ae f. | die Geschichte, Erzählung, Fabel | 4 |
| facere, faciō, fēcī, factum | machen, tun; mit dopp. Akk.: machen zu | 20, P20, 31, 38 |
| bene facere, quod | gut daran tun, dass | 42 |
| faciēs, faciēī f. | das Gesicht, Aussehen, die Gestalt | 29 |
| facilis, facile | leicht, mühelos | 42 |
| factum, ī n. | die Tat; die Tatsache | 31 |

| | | |
|---|---|---|
| facultās, facultātis f. | die Fähigkeit; die Möglichkeit | 43 |
| fallere, fallō, fefellī | täuschen, betrügen | 36 |
| falsus, a, um | falsch | 45 |
| familia, ae f. | die Familie; die Hausgemeinschaft | 1 |
| familiāris, familiāris m. | der Familienangehörige, Vertraute | 31 |
| favēre, faveō, fāvī (mit Dat.) | (jemanden) begünstigen, (jemanden) fördern | 34 |
| amīcō favēre | dem Freund günstig gesinnt sein, den Freund begünstigen | 34 |
| fēmina, ae f. | die Frau | 9 |
| ferē (Adv.) | ungefähr, fast, beinahe | 34 |
| ferre, ferō, tulī, latum | tragen, bringen; ertragen; berichten | 26, 38 |
| lēgēs ferre | Gesetze beantragen | 32 |
| fessus, a, um | erschöpft, müde | 7 |
| fidēs, fideī f. | die Treue, das Vertrauen, der Glaube | 29 |
| fidem habēre (m. Dativ) | (jemandem) vertrauen | 29 |
| fīdus, a, um | treu, zuverlässig | 7 |
| fīlia, ae f. | die Tochter | 1 |
| fīlius, ī m. | der Sohn | 1 |
| fīnis, fīnis m. | das Ziel; das Ende; die Grenze, Pl.: das Gebiet | 18 |
| fīnem bellī facere | einen Krieg beenden | 22 |
| fīnitimus, a, um | benachbart; Substantiv: der Nachbar | 12 |
| flectere, flectō, flexī, flexum | biegen, beugen, umstimmen | 15, P15, 42 |
| animum Coriolānī flectere | Coriolan umstimmen | 15 |
| flēre, fleō, flēvī | weinen, beweinen | 28, 41 |
| flōs, flōris m. | die Blume, die Blüte | 26 |
| flūmen, flūminis n. | der Fluss | 34 |
| foedus, foederis n. | das Bündnis, der Vertrag | 24 |
| foedus facere | ein Bündnis schließen | 44 |
| fōrma, ae f. | die Form, die Gestalt, die Schönheit | 26 |
| fortasse (Adv.) | vielleicht | 19 |
| fortis, forte | tapfer, mutig | 22 |
| fortitūdō, fortitūdinis f. | die Tapferkeit, der Mut | 32 |

| | | |
|---|---|---|
| fortūna, ae f. | das Schicksal, Glück | 16 |
| forum, ī n. | der Marktplatz (das Forum) | 3 |
| frāter, frātris m. | der Bruder | 14 |
| frīgus, frīgoris n. | die Kälte, der Frost | 37 |
| frūmentum, ī n. | das Getreide | 3 |
| frūstrā (Adv.) | vergeblich, umsonst | 29 |
| fuga, ae f. | die Flucht | 30 |
| fugāre | in die Flucht schlagen, vertreiben | 10 |
| fugere, fugiō, fūgī (mit Akk.) | (vor jemandem) fliehen | 15, P15 |
| futūrus, a, um | zukünftig | 35 |
| gaudere, gaudeō | sich freuen | 1 |
| gaudium, ī n. | die Freude | 8 |
| gens, gentis f. (Gen. Pl.: gentium) | das Geschlecht, der (Volks)Stamm | 14 |
| genus, generis n. | die Abstammung, Art; das Geschlecht | 45 |
| gerere, gerō, gessī, gestum | tragen, ausführen | 14, 15, P15, 40 |
| bellum gerere | Krieg führen | 14 |
| gladius, ī m. | das Schwert | 33 |
| glōria, ae f. | der Ruhm, die Ehre | 25 |
| grātia, ae f. | die Anmut; das Ansehen; das Wohlwollen; der Dank | 18 |
| deīs grātiās agere | den Göttern Dank sagen, danken | 18 |
| gravis, grave | schwer | 22 |
| habēre, habeō, habuī, habitum | haben, halten; mit dopp. Akk.: (jemanden) halten für | 14, P15, 40 |
| herī (Adv.) | gestern | 17 |
| hīc (Adv.) | hier | 2 |
| hic, haec, hoc | dieser, diese, dieses | 31 |
| hiems, hiemis f. | der Winter, die Kälte | 37 |
| hinc (Adv.) | von hier; daher; daraufhin | 37 |
| hodiē (Adv.) | heute | 2 |
| homō, hominis m. | der Mensch | 13 |
| honōs, honōris m. | die Ehre, das Ehrenamt | 32 |
| hōra, ae f. | die Stunde | 12 |

| | | |
|---|---|---|
| hortus, ī m. | der Garten | 2 |
| hostis, hostis m. | der Feind; der Landesfeind | 18 |
| hūc (Adv.) | hierher | 28 |
| iacēre, iaceō, iacuī | liegen | 35 |
| iam (Adv.) | schon, bereits | 1 |
| ibi (Adv.) | dort | 2 |
| īgnārus, a, um (mit Gen.) | ohne Kenntnis (von etwas); unwissend (in etwas) | 45 |
| īgnārus terrae | ohne Kenntnis des Landes | 45 |
| īgnis, īgnis m. | das Feuer | 21 |
| īgnōrāre | nicht kennen | 6 |
| nōn īgnōrāre | gut kennen, genau wissen | 6 |
| īgnōtus, a, um | unbekannt | 19 |
| ille, illa, illud | jener, jene, jenes | 31 |
| imāgō, imāginis f. | das Bild, Abbild; Ahnenbild | 31 |
| immortālis, immortāle | unsterblich | 28 |
| impedīre, impediō, impedīvī, impedītum | hindern, verhindern | 30, 40 |
| amīcum impedīre, nē (mit Konjunktiv) | den Freund daran hindern, dass | 30 |
| imperāre | befehlen, einen Befehl erteilen, (be)herrschen | 4 |
| imperātor, imperātōris m. | der Oberbefehlshaber, Feldherr; der Kaiser | 18 |
| imperium, ī n. | die Herrschaft, das Herrschaftsgebiet, Reich | 8 |
| impetus, impetūs m. | der Ansturm, Angriff; der Drang | 32 |
| implōrāre | anflehen | 30 |
| imprīmīs (Adv.) | vor allem, besonders | 22 |
| improbus, a, um | schlecht, dreist, unanständig | 38 |
| in (Präp. mit Abl.) | in an, auf (wo?) | 9 |
| in (Präp. mit Akk.) | nach (wohin?) | 13 |
| incendere, incendō, incendī, incēnsum | anzünden, entflammen | 39 |
| incendium, ī n. | der Brand, die Feuersbrunst | 39 |
| incipere, incipiō, coepī, coeptum | anfangen, beginnen | 41 |
| incitāre | antreiben, erregen | 31 |
| incolumis, incolume | wohlbehalten, unverletzt | 42 |
| incrēdibilis, incrēdibile | unglaublich | 29 |

| | | |
|---|---|---|
| indūcere, indūcō, indūxī, inductum | hineinführen; verleiten, veranlassen | 37 |
| īnfēlīx, īnfēlīcis | unglücklich | 37 |
| īnferre, īnferō, intulī, illātum | hineintragen | 26, 38 |
| īnfestus, a, um | feindlich, feindselig | 11 |
| ingenium, ī n. | die Begabung, das Talent | 23 |
| ingēns, ingentis | sehr groß, gewaltig, ungeheuer | 22 |
| inimīcitia, ae f. | die Feindschaft | 24 |
| inimīcus, ī m. | der Gegner, (persönliche) Feind | 32 |
| initium, ī n. | der Anfang; der Beginn | 45 |
| inīre, ineō, iniī | hineingehen, beginnen | 20, P 20 |
| cōnsilium inīre | einen Entschluss fassen | 20 |
| iniūria, ae f. | das Unrecht; die Ungerechtigkeit | 8 |
| inquit (eingeschoben) | sagt(e) er | 21 |
| īnsidiae, ārum f. | der Hinterhalt | 16 |
| īnsidiās parāre | einen Hinterhalt legen, eine Falle stellen | 16 |
| īnstāre, īnstō, īnstitī | bevorstehen, drohen | 13, P 20 |
| īnstruere, īnstruō, īnstrūxī, īnstrūctum | aufstellen; ausrüsten; unterrichten | 40 |
| aciem īnstruere | eine Schlachtreihe aufstellen | 40 |
| īnsula, ae f. | die Insel | 26 |
| intellegere, intellegō, intellēxī, intellēctum | erkennen, begreifen | 19, P 20, 39 |
| inter (Präp. mit Akk.) | zwischen, unter | 23 |
| interesse, intersum, interfuī (m. Dat.) | (an etwas) teilnehmen | 16 |
| interficere, interficiō, interfēcī, interfectum | töten | 33, 38 |
| intrā (Präp. mit Akk.) | innerhalb (von) | 40 |
| intrāre | eintreten, betreten | 1 |
| invenīre, inveniō, invēnī, inventum | finden, erfinden | 27, 39 |
| invītāre | einladen | 12 |
| ipse, ipsa, ipsum | selbst | 38 |
| īra, ae f. | der Zorn, die Wut | 15 |
| īram plēbī movēre | beim Volk Zorn erregen | 15 |
| īrātus, a, um | zornig, erzürnt | 11 |
| īre, eō, iī | gehen | 20 |

| | | |
|---|---|---|
| is, ea, id | dieser, diese, dieses; er, sie; es | 18 |
| iste, ista, istud | dieser (da) | 38 |
| ita (Adv.) | so | 15 |
| itaque | daher, deshalb | 7 |
| iter, itineris n. | die Reise, der Weg, Marsch | 20 |
| iterum (Adv.) | wiederum, zum zweiten Mal | 31 |
| iterum atque iterum (Adv.) | immer wieder | 5 |
| iubēre, iubeō, iussī, iussum (m. Akk) | (jemandem) befehlen | 21, P25, 37 |
| iūcundus, a, um | erfreulich, angenehm | 7 |
| iungere, iungō, iūnxī, iūnctum | verbinden, vereinigen | 35, 42 |
| Iuppiter, Iovis, Iovī, Iovem, ā Iove | Jupiter | 30 |
| iūs, iūris n. | das Recht | 14 |
| iussū (Abl.) | auf Befehl | 39 |
| iūstitia, ae f. | die Gerechtigkeit | 25 |
| labor, labōris m. | die Arbeit, Anstrengung, Mühe | 17 |
| laborāre | arbeiten, sich anstrengen | 2 |
| lacessere, lacessō, lacessīvī, lacessitum | reizen, herausfordern | 11, P15, 41 |
| lacrima, ae f. | die Träne | 15 |
| laetus, a, um | froh, freudig, fröhlich; beglückend | 17 |
| laudāre | loben | 4 |
| lectus, ī m. | die Liege, das Bett; das Speisesofa | 4 |
| lēgātus, ī m. | der Gesandte; der Legat (Offizier) | 15 |
| legiō, legiōnis f. | die Legion | 18 |
| leō, leōnis m. | der Löwe | 38 |
| lēx, lēgis f. | das Gesetz | 32 |
| libellus, ī m. | das Schriftstück, Heft; das kleine Buch | 5 |
| libenter (Adv.) | gern | 4 |
| līber, lībera, līberum | frei | 44 |
| liber, librī m. | das Buch | 38 |
| līberāre | (von etwas) befreien | 8 |
| līberī, ōrum m. | die Kinder | 10 |

| | | |
|---|---|---|
| lībertās, ātis f. | die Freiheit | 17 |
| licentia, ae f. | die Zügellosigkeit, Ausgelassenheit; die Willkür | 17 |
| licet, licuit | es ist erlaubt | 11, P 15 |
| littera, ae f. | der Buchstabe; Plur.: das Schriftstück; das Schreiben | 5 |
| lītus, lītoris n. | die Küste, der Strand | 26 |
| loca, ōrum n. | die Orte; die Gegend | 42 |
| locus, ī m. | der Ort, Platz, die Stelle | 11 |
| longus, a, um | lang, ausgedehnt, weit | 20 |
| lūctus, ūs m. | die Trauer | 37 |
| lūdere, lūdō, lūsī, lūsum | spielen | 17, P 20, 42 |
| lūdus, ī m. | das Spiel; das Schauspiel; die Schule | 6 |
| lūdō praeesse | eine Schule leiten | 16 |
| sē lūdō dare | sich dem Spiel hingeben | 17 |
| lūx, lūcis f. | das Licht, Tageslicht | 28 |
| ante lūcem | vor Tagesanbruch | 37 |
| magister, magistrī m. | der Lehrer | 10 |
| magistrātus, magistrātūs m. | der Beamte; das Amt | 32 |
| māgnitūdō, māgnitūdinis f. | die Größe, Bedeutung | 32 |
| māgnus, a, um | groß | 7 |
| māiestās, māiestātis f. | die Erhabenheit, Würde, Größe | 26 |
| māiōrēs, māiōrum m. | die Vorfahren | 25 |
| mālle, mālō, māluī | lieber wollen, vorziehen | 22, P 25 |
| malus, a, um | böse, schlimm | 13 |
| mandāre | übergeben, anvertrauen | 7 |
| māne (Adv.) | in der Früh, morgens | 4 |
| manēre, maneō, mansī | bleiben, warten; erwarten | 35 |
| mare, maris n. | das Meer | 19 |
| māter, mātris f. | die Mutter | 12 |
| maximus, a, um | sehr groß, der Größte | 32 |
| mē miserum! | ich Armer! | 28 |
| medium, ī n. | die Mitte, der Mittelpunkt | 8 |

| | | |
|---|---|---|
| medius, a, um | mittlerer, in der Mitte | 29 |
| memor, memoris (mit Gen.) | sich erinnernd, in Erinnerung (an etwas) | 45 |
| este māiōrum memorēs! | denkt an eure Vorfahren! | 45 |
| mercātor, mercātōris m. | der Kaufmann, Händler | 19 |
| merx, mercis f. (Gen. Pl.: mercium) | die Ware | 19 |
| meus, a, um | mein | 16 |
| mīles, mīlitis m. | der Soldat | 18 |
| mīlitāris, mīlitāre | militärisch, soldatisch | 43 |
| mīrus, a, um | seltsam, sonderbar | 13 |
| miser, misera, miserum | elend, unglücklich | 14 |
| mittere, mittō, mīsī, missum | schicken | 12, 15, P15, 37 |
| modo ... modo (Adv.) | bald ... bald | 42 |
| modus, ī m. | die Art, Weise | 22 |
| moenia, moenium n. | die (Stadt-)Mauern | 40 |
| monēre, moneō, monuī, monitum | ermahnen, erinnern | 3, P15, 40 |
| mōns, montis m. (Gen. Pl.: montium) | der Berg | 14 |
| monumentum, ī n. | das Denkmal | 3 |
| mors, mortis f. | der Tod | 15 |
| sibi mortem dare | sich den Tod geben, Selbstmord begehen | 42 |
| mortuus, a, um | gestorben, tot | 28 |
| mōs, mōris m. | die Sitte, der Brauch, Pl.: der Charakter | 25 |
| amīcum mōrēs docēre | den Freund das richtige Verhalten lehren, den Freund im richtigen Verhalten unterweisen | 38 |
| movēre, moveō, mōvī, mōtum | bewegen, veranlassen | 15, P15, 37 |
| mox (Adv.) | bald | 4 |
| mulier, mulieris f. | die Frau | 12 |
| multī, ae, a | viele, zahlreiche | 7 |
| multitūdō, multitūdinis f. | die Menge | 18 |
| multum (Adv.) | sehr, viel | 17 |
| mūrus, ī m. | die Mauer | 10 |
| mūtāre | (ver-)ändern, verwandeln | 26 |
| nam | denn; nämlich | 2 |

| | | |
|---|---|---|
| nārrāre | erzählen | 5 |
| nauta, ae m. | der Seemann, der Matrose | 19 |
| nāvigāre | mit dem Schiff fahren, segeln | 16 |
| nāvis, nāvis f. (Gen. Pl.: nāvium) | das Schiff | 19 |
| nāvēs solvere | die Anker lichten | 29 |
| -ne (Fragepartikel) | (wird nicht übersetzt) | 34 |
| nē ... quidem | nicht einmal | 15 |
| nē m. Konjunktiv | dass nicht | 30 |
| necessārius, a, um | notwendig | 7 |
| necesse est | es ist notwendig, nötig, unausweichlich | 36 |
| negāre | ablehnen; leugnen; sagen, dass nicht | 21 |
| neglegere, neglegō, neglēxī, neglēctum | vernachlässigen, unbeachtet lassen | 24, P25, 39 |
| nēmō (Gen.: nūllīus, Dat.: nēminī) | niemand, keiner | 26 |
| nepōs, nepōtis m. | der Enkel; der Neffe | 31 |
| neque; nec | und nicht, auch nicht, aber nicht | 20 |
| nescīre, nesciō, nescīvī | nicht wissen, nicht verstehen | 27 |
| nēve (nach ut, nē) | und nicht | 43 |
| nihil | nichts | 29 |
| nisī | wenn nicht | 25 |
| nihil nisī | nichts außer; nur | 36 |
| nōbilis, nōbile | berühmt, vornehm, adelig | 31 |
| nōlle, nōlō, nōluī | nicht wollen | 22, P25 |
| nōmen, nōminis n. | der Name | 29 |
| nōmināre | nennen, benennen; mit dopp. Akk.: (jemanden) bezeichnen als | 27, 31 |
| nōn | nicht | 1 |
| nōn iam (Adv.) | nicht mehr | 14 |
| nōn sōlum | nicht nur | 4 |
| nōn sōlum ... sed etiam | nicht nur ... sondern auch | 9 |
| nōnne (Fragepartikel) | nicht? denn nicht? etwa nicht? | 34 |
| nōnnūllī, ae, a | einige, manche | 23 |
| noster, nostra, nostrum | unser | 12 |

| | | |
|---|---|---|
| nōtus, a, um | bekannt | 19 |
| novus, a, um | neu, neuartig | 11 |
| nox, noctis f. | die Nacht | 29 |
| mediā nocte | mitten in der Nacht | 29 |
| nūbēs, nūbis f. | die Wolke | 35 |
| nūllus, a, um | kein, keiner | 12 |
| num (Fragepartikel) | direkte Frage: etwa? etwa gar?<br>indirekte Frage: ob, ob nicht | 34, 35 |
| numquam | niemals | 24 |
| nunc (Adv.) | jetzt | 6 |
| nūntiāre | melden, benachrichtigen | 13 |
| nūntius, ī m. | der Bote, die Nachricht | 6 |
| nūntius deōrum | der Götterbote (Merkur) | 6 |
| nūper (Adv.) | vor kurzem, neulich | 19 |
| observāre | beobachten; auf etwas aufpassen | 7 |
| obtinēre, obtineō, obtinuī, obtentum | besitzen, verwalten | 32, 40 |
| occāsiō, occāsiōnis f. | die Gelegenheit | 41 |
| occidere, occidō, occidī | untergehen, umkommen | 44 |
| occīdere, occīdō, occīdī, occisum | niederhauen, töten | 11, P 20, 39 |
| occupāre | besetzen, in Besitz nehmen | 10 |
| occurrere, occurrō, occurrī | entgegeneilen, begegnen | 17, P 20 |
| ōdisse, ōdī | hassen | 39 |
| odium, ī n. | der Hass | 24 |
| odium in hostēs | Hass auf die Feinde | 24 |
| offerre, offerō, obtulī, oblātum | entgegen bringen, anbieten | 26, 38 |
| mortem offerre | (jemandem) den Tod bringen | 27 |
| oleum, ī n. | das (Oliven)öl | 19 |
| ōlim (Adv.) | einmal, einst | 27 |
| omittere, omittō, omīsī, omissum | aufgeben, beiseite lassen | 24, P 25, 37 |
| omnis, omne | jeder, ganz; Pl.: alle | 22 |
| oppidum, ī n. | die Stadt, befestigte Landstadt | 11 |

| | | |
|---|---|---|
| opportūnus, a, um | günstig, geeignet | 41 |
| opprimere, opprimō, oppressī, oppressum | unterdrücken, überfallen | 36, 41 |
| oppūgnāre | angreifen, bestürmen | 21 |
| ops, opis f.; Pl.: opēs, opum f. | die Kraft, Macht; Pl.: die Streitkräfte, der Reichtum, Einfluss | 42 |
| ōrāculum, ī n. | der Götterspruch, das Orakel; die Orakelstätte | 27 |
| ōrāculum adīre | ein Orakel aufsuchen | 27 |
| ōrāre | bitten, beten | 30 |
| ōrātiō, ōrātiōnis f. | die Rede | 25 |
| ōrātiōnem habēre | eine Rede halten | 25 |
| orbis, orbis m. | der Kreis, Kreislauf | 45 |
| orbis terrārum | der Erdkreis, die Welt | 45 |
| ōrdō, ōrdinis m. | die Reihe, Ordnung, der Stand | 41 |
| ōrnāre | schmücken | 8 |
| ōs, ōris n. | der Mund, das Gesicht | 43 |
| ostendere, ostendō, ostendī | zeigen, darlegen | 31 |
| ōtium, ī n. | die freie Zeit, Muße, Ruhe | 7 |
| ōtiō mē dō | ich gebe mich der Ruhe hin, ich genieße die freie Zeit | 7 |
| paene (Adv.) | fast, beinahe | 32 |
| palūs, palūdis f. | der Sumpf | 42 |
| parāre | vorbereiten, bereiten; (mit etw.) beginnen | 4 |
| parātus, a, um | bereit, vorbereitet, kampfbereit | 10 |
| parcere, parcō, pepercī (m. Dat.) | (jemanden) (ver)schonen; (etw.) sparen | 41 |
| hostibus parcere | die Feinde verschonen | 41 |
| parentēs, parentum m. | die Eltern | 12 |
| pārēre, pāreō, pāruī | gehorchen | 3, 13, P15 |
| parere, pariō, peperī, partum | hervorbringen, gebären | 27, 43 |
| pars, partis f. | der Teil | 38 |
| partēs facere | (etwas) (auf)teilen | 38 |
| parvus, a, um | klein, gering | 11 |
| pāstor, pāstōris m. | der Hirte | 27 |
| pater, patris m. | der Vater | 12 |

| | | |
|---|---|---|
| patria, ae f. | die Vaterstadt, das Vaterland, die Heimat | 14 |
| patrōnus, ī m. | der Anwalt | 8 |
| paucī, ae, a | wenige | 16 |
| paulātim (Adv.) | allmählich | 36 |
| paulō post (Adv.) | etwas später, bald darauf | 6 |
| pauper, pauperis | arm | 45 |
| pāx, pācis f. | der Frieden | 18 |
| pecūnia, ae f. | das Geld, das Vermögen | 8 |
| per (Präp. mit Akk.) | durch (... hindurch) | 9 |
| perdere, perdō, perdidī, perditum | verderben, zugrunde richten; verlieren | 17, P 20, 39 |
| perferre, perferō, pertulī, perlātum | aushalten, ertragen; überbringen | 26, 38 |
| perīculum, ī n. | die Gefahr | 9 |
| perīculum est, nē (mit Konjunktiv) | es besteht die Gefahr, dass | 30 |
| perīre, pereō, periī | zugrunde gehen, umkommen | 20, P 20 |
| perniciēs, perniciēī f. | das Verderben, der Untergang | 29 |
| perpetuus, a, um | beständig, ununterbrochen | 35 |
| persuādēre, persuādeō, persuāsī, persuāsum (mit Dat.) | (mit ut: jemanden) überreden; (mit AcI: jemanden) überzeugen | 42 |
| Germānīs persuādēre, ut | die Germanen (dazu) überreden, dass | 42 |
| perterrēre, perterreō, perterruī, perterritum | sehr erschrecken, in Angst versetzen | 37 |
| pervenīre, perveniō, pervēnī, perventum | ankommen, (wohin) gelangen | 10, P 15, 39 |
| petere, petō, petīvī, petītum | erstreben, (er)bitten, eilen; angreifen | 11, P 15, 40 |
| Clōdium petere | Clodius angreifen | 33 |
| cōnsulātum (praetūram) petere | das Konsulat (die Prätur) anstreben, sich um das Konsulat (die Prätur) bewerben | 32, 33 |
| Ītaliam petere | nach Italien eilen | 11 |
| philosophia, ae f. | die Philosophie | 25 |
| philosophus, ī m. | der Philosoph | 25 |
| pietās, pietātis f. | das Pflichtbewusstsein, die Frömmigkeit | 37 |
| pīrāta, ae m. | der Seeräuber, Pirat | 16 |
| placēre, placeō, placuī | (jemandem) gefallen | 4, 13, P 15 |

| | | |
|---|---|---|
| Brūtō placet | es gefällt Brutus; Brutus beschließt | 13 |
| plēbēius, ī m. | der Plebejer | 14 |
| plēbs, plēbis f. | das (einfache) Volk | 14 |
| plēnus, a, um (mit Gen.) | voll (von etwas) | 19 |
| plēnus perīculōrum | voll von Gefahren, voller Gefahren | 19 |
| plūrimī, ae, a | die meisten, sehr viele | 16 |
| plūs (Adv.) | mehr | 17 |
| plūs vīnī | mehr Wein | 17 |
| poena, ae f. | die Strafe; die Buße | 39 |
| poēta, ae m. | der Dichter | 10 |
| pōnere, pōnō, posuī, positum | setzen, stellen, legen | 28, 41 |
| pōns, pontis m. (Gen. Plur.: pontium) | die Brücke | 34 |
| populus, ī m. | das Volk | 18 |
| porta, ae f. | die Tür, das Tor | 2 |
| portāre | tragen, bringen | 30 |
| poscere, poscō, poposcī | fordern, verlangen | 34 |
| posse, possum, potuī | können, imstande sein | 16, P 20 |
| possidēre, possideō, possēdī, possessum | besitzen | 45 |
| post (Präp. mit Akk.) | hinter, nach | 9 |
| posterī, ōrum m. | die Nachkommen | 45 |
| postquam (Subjunktion mit Perf.) | nachdem | 13 |
| postrēmō (Adv.) | schließlich, zuletzt | 30 |
| pōstulāre | fordern, verlangen | 44 |
| potēns, potentis | mächtig | 22 |
| potēntia, ae f. | die Macht, der Einfluss | 34 |
| potestās, potestātis f. | die Macht, Herrschaft | 21 |
| praeclārus, a, um | glänzend, herrlich | 7 |
| praeda, ae f. | die Beute | 18 |
| praedicāre | ausrufen; rühmen, preisen | 43 |
| praeesse, praesum, praefuī (m. Dat.) | (einer Sache ) vorstehen, (etwas) leiten | 16 |
| praeferre, praeferō, praetulī, praelātum | vorziehen, lieber mögen (als etwas) | 36, 38 |
| praemium, ī n. | die Belohnung, der Preis | 43 |
| praesidium, ī n. | der Schutz, die Schutztruppe | 11 |
| praestāre, praestō, praestitī (mit Dat.) | (jemanden) übertreffen | 45 |

| | | |
|---|---|---|
| sē praestāre, praestō, praestitī | sich erweisen als | 31 |
| sē fortem praestāre | sich als tapfer erweisen | 31 |
| praetor, praetōris m. | der Prätor | 32 |
| precēs, um f. (Pluralwort) | die Bitten, das Gebet | 15 |
| premere, premō, pressī, pressum | pressen,bedrängen | 40 |
| pretium, ī n. | der Preis, Wert | 43 |
| prīmō (Adv.) | zuerst | 44 |
| prīmum (Adv.) | zuerst; erstens; zum ersten Mal | 17 |
| prīmus, a, um | der erste, der vorderste | 23 |
| prīnceps, prīncipis m. | der Erste, Führende; der Kaiser | 36 |
| prīncipātus, prīncipātūs m. | die erste Stelle, der Vorrang | 44 |
| prō (Präp. mit Abl.) | für, vor, an Stelle von | 14 |
| probāre | billigen, für gut befinden; prüfen, beweisen | 39 |
| prōcōnsul, prōcōnsulis m. | der Prokonsul, Statthalter | 34 |
| procul (Adv.) | in der Ferne, weit; von weitem | 26 |
| procul ā patriā | fern der Heimat | 26 |
| prōdere, prōdō, prōdidī, prōditum | überliefern; verraten | 43 |
| proelium, ī n. | die Schlacht, das Gefecht | 23 |
| prohibēre, prohibeō, prohibuī, prohibitum | (etwas von jemandem) abhalten, (jemanden an etwas) hindern | 9, P15, 40 |
| properāre | eilen, sich beeilen | 3 |
| prōvidēre, prōvideō, prōvīdī, prōvīsum | vorhersehen; Vorsorge treffen | 41 |
| prōvincia, ae f. | die Provinz | 18 |
| prūdēns, prūdentis | klug, verständig | 38 |
| pūblicum, ī n. | die Öffentlichkeit, der staatliche Bereich | 31 |
| pūblicus, a, um | öffentlich, staatlich | 31 |
| puella, ae f. | das Mädchen | 9 |
| puer, puerī, m. | der Junge, das Kind | 9 |
| pūgna, ae f. | der Kampf | 16 |
| pūgnīs interesse | an Kämpfen teilnehmen | 16 |
| pūgnāre | kämpfen, streiten | 10 |
| pulcher, pulchra, pulchrum | schön | 9 |

| | | |
|---|---|---|
| putāre | meinen, glauben; mit dopp. Akk.: (jemanden) halten für | 16, 31 |
| quaerere, quaerō, quaesīvī, quaesītum | suchen, erwerben wollen; fragen | 30, 39 |
| quam | als | 25 |
| quamquam (Subjunktion) | obwohl, obgleich | 21 |
| quandō? | wann? | 18 |
| quantus, a, um | wie groß, wie viel | 28 |
| quasi (Adv.) | gleichsam, (gleich)wie | 39 |
| -que (angehängt) | und | 4 |
| qui, quae, quod (adjektivisches Fragepronomen) | welcher, welche, welches | 34 |
| qui, quae, quod (Relativpronomen) | der, die, das; welcher, welche, welches | 23 |
| quia (Subjunktion) | weil | 13 |
| quid? | was? | 2 |
| quīdem (Adv.) | gewiss, sicherlich | 16 |
| quīdem ..., sed | zwar..., aber | 16 |
| quintus, a, um | fünfter, der Fünfte | 32 |
| quis? | wer? | 23 |
| quō? | wohin? | 8 |
| quod (Subjunktion) | weil, da | 20 |
| quōmodo | wie, auf welche Weise | 16 |
| quoque (nachgestellt) | auch | 6 |
| quot? | wie viele? | 19 |
| rapere, rapiō, rapuī, raptum | an sich reißen, rauben | 45 |
| raptāre | rauben, wegnehmen | 12 |
| recipere, recipiō, recēpī, receptum; sē recipere | zurücknehmen, aufnehmen; sich zurückziehen | 40 |
| recitāre | vorlesen, vortragen | 4 |
| recūsāre | zurückweisen | 22 |
| reddere, reddō, reddidī, redditum | zurückgeben; mit dopp. Akk.: (jemanden) machen zu | 28, 39 |
| redīre, redeō, rediī | zurückgehen, zurückkehren | 20, P 20 |
| referre, referō, rettulī, relātum | zurückbringen, berichten | 26, 38 |

| | | |
|---|---|---|
| regere, regō, rēxī, rēctum | lenken, leiten | 11, P 15, 42 |
| regiō, regiōnis f. | das Gebiet, die Gegend | 34 |
| rēgnum, ī n. | die Herrschaft, das Königreich | 11 |
| relinquere, relinquō, relīquī, relictum | verlassen, zurücklassen | 14, P 15, 37 |
| reperīre, reperiō, repperī, repertum | finden | 5, P 20, 38 |
| repetere, repetō, repetīvī, repetītum | wiederholen; zurückfordern | 39 |
| reprehendere, reprehendō, reprehendī, reprehēnsum | zurückhalten; kritisieren, tadeln | 45 |
| res, reī f. | die Sache, das Ding | 29 |
| rēs adversae f. (Plur.) | das Unglück | 30 |
| rēs pūblica, reī pūblicae f. | das Gemeinwesen, der Staat | 31 |
| rēs secundae f. (Plur.) | das Glück | 30 |
| respondēre, respondeō, respondī, respōnsum | antworten, erwidern | 4, 17, P 20; 41 |
| respōnsum, ī n. | die Antwort | 43 |
| restituere, restituō, restituī, restitūtum | wiederherstellen, zurückgeben | 36, 42 |
| retinēre, retineō, retinuī, retentum | zurückhalten, festhalten | 43 |
| rēx, rēgis m. | der König | 12 |
| rīdēre, rīdēo, rīsī, rīsum | (über etwas) lachen | 2, P 15, 41 |
| rīpa, rīpae f. | das Ufer | 34 |
| rogāre | fragen, bitten | 3 |
| Rōma, ae f. | Rom | 8 |
| Rōmānus, a, um | römisch | 7 |
| Rōmānus, ī m. | der Römer | 6 |
| rūmor, rumōris m. | das Gerücht, Gerede | 39 |
| rursus (Adv.) | wieder(um) | 22 |
| rūs, rūris n. | das Land, Landgut | 20 |
| rūsticus, a, um | ländlich, bäuerlich; Subst.: der Bauer | 20 |
| vīlla rūstica | das Landgut | 20 |
| sacer, sacra, sacrum | heilig, (einem Gott) geweiht | 9 |
| sacerdōs, sacerdōtis m./f. | der Priester, die Priesterin | 13 |

| | | |
|---|---|---|
| sacrificāre | opfern, ein Opfer bringen | 9 |
| sacrum, ī n. | das Opfer; das Heiligtum | 39 |
| sacra facere | Opfer darbringen, opfern | 39 |
| saeculum, ī n. | das Zeitalter, Jahrhundert | 10 |
| saepe (Adv.) | oft | 5 |
| salūs, salūtis f. | die Rettung, das Wohlergehen | 21 |
| dē salūte dēspērāre | die Hoffnung auf Rettung aufgeben | 21 |
| salūtem fugā petere | sein Heil in der Flucht suchen | 30 |
| salūtāre | grüßen, begrüßen | 1 |
| salvē! | Sei gegrüßt! Guten Tag! | 1 |
| salvēte! | Seid gegrüßt! Guten Tag! | 4 |
| salvus, a, um | gesund, wohlbehalten, unverletzt | 42 |
| sapientia, ae f. | die Weisheit | 6 |
| scelus, sceleris n. | das Verbrechen, der Frevel | 36 |
| scīre, sciō, scīvī (sciī) | (etwas) wissen, (jemanden) kennen | 6, P15 |
| scrībere, scrībo, scrīpsī, scrīptum | schreiben | 37 |
| scūtum, ī n. | der Schild | 40 |
| secundus, a, um | zweiter; günstig | 25 |
| sēcūrus, a, um | sorglos, unbesorgt | 42 |
| sed | aber; sondern | 5 |
| sedēre, sedeō, sēdī | sitzen | 21, P25 |
| sēdēs, sēdis f. | der Platz, Sitz; der Wohnsitz | 44 |
| semper (Adv.) | immer | 2 |
| senātor, senātōris m. | der Senator | 21 |
| senātus, senātūs m. | der Senat, die Ratsversammlung | 32 |
| senex, senis m. | der alte Mann, Greis | 27 |
| sententia, ae f. | die Meinung, Ansicht; der Satz | 25 |
| sentīre, sentiō, sēnsī, sēnsum | fühlen, meinen | 26, 40 |
| septimus, a, um | siebter, der Siebte | 32 |
| sermō, sermōnis m. | die Unterhaltung, das Gespräch | 41 |
| sermōnem cum amīcō habēre | sich mit dem Freund unterhalten | 41 |
| sermōnem trahere | ein Gespräch in die Länge ziehen | 41 |
| sērō (Adv.) | spät | 17 |

| | | |
|---|---|---|
| serva, ae f. | die Dienerin, Sklavin | 1 |
| servāre | schützen, retten, bewahren | 6 |
| servitūs, servitūtis f. | die Knechtschaft, Sklaverei | 15 |
| servus, ī m. | der Diener, Sklave | 1 |
| sī | wenn, falls | 25 |
| sīc (Adv.) | so, auf diese Weise | 29 |
| sīgnum, ī n. | das Zeichen | 11 |
| silva, ae f. | der Wald | 38 |
| simulacrum, ī n. | das Götterbild | 6 |
| sine (Präp. mit Abl.) | ohne | 18 |
| sinere, sinō, sīvī | lassen, zulassen | 21, P 25 |
| sinister, sinistra, sinistrum | links, ungünstig, unheilvoll | 9 |
| situs, a, um | gelegen, liegend | 44 |
| socius, ī m. | der Bundesgenosse, Verbündete | 24 |
| sōl, sōlis m. | die Sonne | 20 |
| sōlācium, ī n. | der Trost | 37 |
| sollicitāre | beunruhigen | 5 |
| solvere, solvō, solvī, solūtum | lösen | 29, 42 |
| somnium, ī n. | der Traum | 35 |
| spectāculum, ī n. | das Schauspiel | 6 |
| spectāre | anschauen, betrachten | 3 |
| spēs, speī f. | die Hoffnung | 29 |
| spēs victōriae | die Hoffnung auf den Sieg | 29 |
| statim (Adv.) | auf der Stelle, sofort | 3 |
| statua, ae f. | das Standbild, die Statue | 3 |
| studēre, studeō, studuī (mit Dat.) | sich (um etwas) bemühen, (nach etwas) streben; (etwas) studieren | 25, P 25 |
| novīs rēbus studēre | einen Umsturz vorbereiten; sich um eine Änderung der bestehenden Verhältnisse bemühen | 44 |
| stupēre, stupeō, stupuī | verblüfft sein, staunen | 2, 13, P 15 |
| subicere, subiciō, subiēcī, subiectum | unterwerfen | 34, 42 |
| subīre, subeō, subiī | herangehen, auf sich nehmen | 20, P 20 |
| labōrēs subīre | Arbeiten, Strapazen auf sich nehmen | 20 |

| | | |
|---|---|---|
| subitō (Adv.) | plötzlich | 2 |
| summus, a, um | der höchste, der oberste | 9 |
| superāre | übertreffen, überwinden, besiegen | 10 |
| superbia, ae f. | der Hochmut, Stolz | 13 |
| superesse, supersum, superfuī | übrig sein, überleben | 16 |
| supplicium, ī n. | die Todesstrafe; die Hinrichtung | 39 |
| suprā (Präp. m. Akk.) | oberhalb, über, über ... hinaus | 35 |
| surgere, surgō, surrēxī | sich erheben, aufstehen | 18, P 20 |
| sustinēre, sustineō, sustinuī | aushalten, ertragen | 23, P 25 |
| suus, a, um | sein, ihr | 17 |
| taberna, ae f. | der Laden, das Wirtshaus | 3 |
| tabula, ae f. | die Tafel, Schreibtafel | 5 |
| tacēre, taceō, tacuī | schweigen, still sein | 2, P 15 |
| tam (Adv.) | so | 5 |
| tamen (Adv.) | trotzdem, dennoch | 21 |
| tandem | endlich; schließlich | 1 |
| tangere, tangō, tetigī, tāctum | berühren | 26, 38 |
| tantus, a, um | so groß | 12 |
| taurus, ī m. | der Stier | 18 |
| tēlum, ī n. | das Geschoss, der Speer, die Waffe | 33 |
| tempestās, tempestātis f. | das Wetter; das Unwetter, der Sturm | 19 |
| templum, ī n. | der Tempel | 3 |
| temptāre | versuchen, prüfen; angreifen | 35 |
| tempus, temporis n. | die Zeit | 14 |
| tendere, tendō, tetendī, tentum | ausstrecken | 21, P 25, 43 |
| tenēre, teneō, tenuī | halten, festhalten | 15, P 15 |
| tergum, ī n. | der Rücken | 33 |
| ā tergō | von hinten | 33 |
| terra, ae f. | die Erde, das Land | 13 |
| terrēre, terreō, terruī, territum | erschrecken, in Schrecken versetzen | 23, P 25, 37 |
| theātrum, ī n. | das Theater | 3 |

| | | |
|---|---|---|
| thermae, ārum f. | die Badeanlage (die Thermen) | 7 |
| timēre, timeō, timuī | sich fürchten | 19, P 20 |
| timēre, nē (mit Konjunktiv) | fürchten, dass | 30 |
| timor, timōris m. | die Angst, Furcht | 12 |
| toga, ae f. | das Obergewand (die Toga) | 7 |
| tolerāre | ertragen, aushalten | 42 |
| tollere, tollō, sustulī, sublātum | aufheben, erheben, beseitigen | 36, 41 |
| tōtus, a, um (Gen.: tōtīus, Dat.: tōtī) | ganz | 23 |
| trādere, trādō, trādidī, trāditum | überliefern; übergeben | 39 |
| trahere, trahō, trāxī, tractum | ziehen, schleppen | 21, P 25, 41 |
| trānsferre, trānsferō, trānstulī, trānslātum | hinüberbringen | 26, 38 |
| transīre, transeō, transiī | hinübergehen, überschreiten | 23 |
| trēs, tria | drei | 34 |
| trīstis, trīste | traurig, finster, unfreundlich | 28 |
| triumphus, ī m. | der Triumph(zug) | 18 |
| tum (Adv.) | da, dann, damals | 2 |
| tunica, ae f. | das Untergewand (die Tunika) | 7 |
| turba, ae f. | die Menge, Schar | 6 |
| turpis, turpe | hässlich, schändlich | 42 |
| tūtus, a, um | sicher, geschützt | 24 |
| tūtus ab hostibus | sicher vor den Feinden | 24 |
| tuus, a, um | dein | 16 |
| ubi? | wo? | 1 |
| ultimus, a, um | der, die, das letzte | 13 |
| umerus, ī m. | die Schulter | 30 |
| undique (Adv.) | von allen Seiten, überall | 41 |
| ūnus, a, um (Gen.: ūnīus; Dat.: ūnī) | ein einziger, einer | 20, 36 |
| urbs, urbis f. (Gen. Pl.: urbium) | die Stadt | 14 |
| urgēre, urgeō, ursī | bedrängen | 41 |
| ūsque ad (Präp. mit Akk.) | bis zu | 34 |
| ūsus, usūs m. | der Gebrauch, die Verwendung; der Nutzen | 32 |
| ūsuī esse | von Nutzen sein, nützlich sein | 32 |

| | | |
|---|---|---|
| ut (mit Indikativ) | wie | 6 |
| ut (mit Konjunktiv) | dass; damit; sodass | 30, 40 |
| utrum ... an (-ne ... an; ... an) | ob ... oder | 35 |
| uxor, uxōris f. | die Ehefrau | 12 |
| uxōrem dūcere, dūcō, dūxī | heiraten | 27 |
| valdē (Adv.) | sehr | 4 |
| valēre, valeō, valuī | stark sein, mächtig sein, gelten | 38 |
| plūs valēre | stärker sein, mächtiger sein (als jemand) | 38 |
| varius, a, um | bunt; verschieden; vielfältig | 7 |
| vehemēns, vehementis | heftig, energisch, gewaltig | 32 |
| vel | oder | 5 |
| velle, volō, voluī | wollen | 22, P 25 |
| velut | wie; wie zum Beispiel | 10 |
| vendere, vendō, vendidī, venditum | verkaufen | 15, P 20, 39 |
| venīre, veniō, vēnī, ventum | kommen | 1, P 15, 39 |
| verbum, ī n. | das Wort | 8 |
| versus, versūs m. | der Vers, die Zeile | 38 |
| vertere, vertō, vertī, versum | wenden, drehen | 28, 38 |
| vērus, a, um | wahr; wahrhaftig | 17 |
| vester, vestra, vestrum | euer | 12 |
| vestis, vestis f. | die Kleidung, das Kleidungsstück, Kleid | 33 |
| vetus, veteris | alt | 45 |
| vexāre | quälen | 5 |
| via, ae f. | der Weg, die Straße | 8 |
| victōria, ae f. | der Sieg | 18 |
| vidēre, videō, vīdī, vīsum | sehen | 3, P 15, 41 |
| vīlla, ae f. | das Landhaus, die Villa | 20 |
| vincere, vincō, vīcī, victum | siegen, besiegen | 18, P 20, 40 |
| vīnum, ī n. | der Wein | 3 |
| vir, virī m. | der Mann | 9 |
| virgō, virginis f. | das junge Mädchen | 26 |

| | | |
|---|---|---|
| virtūs, virtūtis f. | die Tüchtigkeit, Tapferkeit, Tugend | 14 |
| vīs, vim, vī f.; Plur.: vīrēs, vīrium | die Kraft, Stärke, Gewalt; Plur. die Kräfte, Streitkräfte | 27 |
| vīsitāre | besuchen | 6 |
| vīta, ae f. | das Leben | 16 |
| vītam agere | das Leben verbringen; leben | 16 |
| vīvere, vīvō, vīxī | leben | 12, P15 |
| vocāre | rufen, nennen; mit dopp. Akk.: (jemanden) bezeichnen als | 2, 31 |
| volāre | fliegen, eilen | 35 |
| vōx, vōcis f. | die Stimme, die Äußerung, der Laut | 28 |
| māgnā vōce | mit lauter Stimme | 28 |
| vulnus, vulneris n. | die Verletzung, die Wunde | 43 |

# Bildquellenverzeichnis

© Archaeological Receipts Fund, Athens: S. 8 o., 30 o.l.; Museo archeologico regionale di Palermo/Giovanni Dall'Orto: S. 8 u.; Staatliche Antikensammlung, München/Foto: C. Koppermann: S. 9 o., 24 l.; © Antikenmuseum Basel u. Sammlung Ludwig. Foto: C. Niggli: s. 9 u., 30 u.r.; bpk / Herbert Kraft: S. 10 l.; picture-alliance / Simela Pantzartzi: S. 10 r.; bpk / Antikensammlung, SMB / Reinhard Saczewski: S. 12; bpk / Hermann Buresch: S. 14, 20 l., 30 o.r.; akg-images/Erich Lessing: S. 16, 63 o.; bpk / Antikensammlung, SMB / Johannes Laurentius: S. 18; © Gerhard Marcks: S. 20 r.; akg-images/Tristan Lafranchis: S. 22; picture-alliance / dpa: S. 24 r., 88 u.l., 113 M.l.; © Scala, Florenz: S. 28, 62 u.l.; ullstein bild – TopFoto: S. 30 u.l., 31; akg / Bildarchiv Steffens: S. 34 o.; © Werner Heinz: S. 34 u.; nach: Karl-Wilhelm Weeber, Luxus im alten Rom (2003): S. 35 o.; ullstein bild – AISA: S. 35 u.l.; akg-images: S. 35 u.r., 55, 57 o.l./r. 62 o., 63 u.l., 72 o.; akg-images / Electa: S. 36, 58; © Marie-Lan Nguyen: S. 40; akg / De Agostini Pict.Lib.: S. 41; picture-alliance / DUMONT Bildarchiv: S. 44; British Museum, London: S. 48 o., M., 90 (2), 113 o. (2); ullstein bild - The Granger Collection: S. 48 u.; Louvre, Cabinet des Dessins: S. 51 o.; Hirmer Verlag, München: S. 53; Jean-Claude Golvin, Metropolen der Antike (2005)/Peter Connolly: S. 57 u.; © Trustees of the British Museum: S. 62 u.r.; Römisches Museum, Augsburg: S. 63 u.r.; Vatikanische Museen, Rom: S. 64, 84 o.l.; Thomas Dold, Ettenheim: S. 66, 84 o.r.; © Ion Theodorescu-Sion: S. 68; picture-alliance / Bildagentur Hubert: S. 70; Museo del Prado, Madrid: S. 72; Der Abdruck erfolgt mit Genehmigung der Universitätsbibliothek Mannheim: S. 74; ullstein bild: S: 76; © Bibi Saint-Pol: S. 77, 84 u.l.; © Blauel/Gnamm – ARTOTHEK: S. 78; Staatliche Münzsammlung München: S. 80 o., 84 u.r.; © Wolfgang Deuter: S. 80 u.; Kunsthalle Bremen/Foto: Lars Lohrisch: S. 82; Lębork, Muzeum w Lęborku: S. 88 o.r.; vario images: S. 88 u.r.; picture-alliance / Bildagentur Huber: S. 89 o.l.; LVR-Archäologischer Park Xanten / LVR-RömerMuseum, Illustrator: Horst Stelter: S. 89 o.r.; © H & S Virtuelle Welten GmbH, Trier: S. 89 u.l., 113 M.r.; mediacolors Bildagentur & -produktion/Merten: S. 89 u.r.; Franz Josef Domke, Hannover: S. 93, 95 u., 104, Vorsatzkarten vorne/hinten; Deutsche Post AG: S: 95 o.; akg-images: S. 97; Manfred Eberlein, Prähistorische Staatssammlung, München: S. 99; Archäologische Staatssammlung, München: S. 102 (3); bpk/Antikensammlung, SMB/Ingrid Geske-Heiden: S. 103; www.colonia3d.de – Köln International School of Design: S. 107; Dießenbacher Informationsmedien: S. 108; picture alliance / Arco Images GmbH: S. 109, 113 u.; © Crown copyright: Royal Commission on the Ancient and Historical Monuments of Wales: S. 111; © Rainer Jahns: S. 112; R. Mayrock/Stadtarchäologie Kempten: S. 115 o.; B. Kata/Stadtarchäologie Kempten: S. 115 u.; weitere: Verlagsarchiv Schöningh

Sollte trotz aller Bemühungen um korrekte Urheberrechtsangaben ein Irrtum unterlaufen sein, bitten wir darum, sich mit dem Verlag in Verbindung zu setzen, damit wir eventuell notwendige Korrekturen vornehmen können.

Eburacum
Britannia
Londinium
Oceanus Atlanticus
Germania Inferior
Claudia Ara Agrippinensium
Germania
Mogontiacum
Augusta Treverorum
Belgica
Lutetia
Lugdunensis
Castra Regina
Augusta Vindelicum
Raetia
Germania Superior
Aquitania
Lugdunum
Noricum
Aquileia
Gallia Cisalpina
Bononia
Narbonensis
Massilia
Italia
Lusitania
Tarraconensis
Tarraco
Corsica
Roma
Beneventum
Corduba
Baleares
Sardinia
Baetica
Carthago Nova
Sicilia
Carthago
Mauretania Tingitana
Mauretania Caesariensis
Numidia
Africa Proconsularis
Africa Proconsularis
Italia
Römische Erwerbungen bis 201 v. Chr.
Römische Erwerbungen bis 100 v. Chr.
Römische Erwerbungen bis 44 v. Chr.
Römische Erwerbungen bis 14 n. Chr.
Römische Erwerbungen bis 96 n. Chr.
Römische Erwerbungen bis 106 n. Chr.
Römische Erwerbungen bis 200 n. Chr.
0
200
400
600 km